U0603311

东方教育文库
系列教育丛书

上海市浦东新区教育局

慧

——

教育

浦东新区第十届教育科研优秀成果选粹

上海教育出版社
SHANGHAI EDUCATIONAL
PUBLISHING HOUSE

编 委 会

本书编委会

主　编　张　伟
编　委　（以姓氏笔画为序）
　　　　王丽琴　戈玉洁　吕　萍　杨海燕
　　　　吴诗沁　张　娜　郑新华　赵明艳
　　　　俞莉丹　徐婵娟　殷　凤　唐林倚
　　　　曹　鑫　傅敏敏

前言

　　"东方教育文库"是浦东新区为出版高质量的教育研究成果而设立的一个项目。通过"东方教育文库"的编辑出版,形成有品位的、能多方面反映浦东教育改革与发展面貌和教育研究成果的系列教育丛书。

　　"十四五"时期,是浦东落实中共中央、国务院《关于支持浦东新区高水平改革开放打造社会主义现代化建设引领区的意见》,实现新时代浦东教育高质量发展的重要时期。《浦东新区教育发展"十四五"规划》指出,要着力打造"五育并举、公平优质、开放融合、活力创新"的新时代浦东教育品牌。在各级政府的领导下,浦东教育已经实现了快速发展,不仅规模持续扩大,而且内涵日益丰富,呈现出多样化、特色化的发展趋势,在教育改革与发展过程中涌现出许多新的业绩和成果。许多校长用先进的办学理念进行教学改革,积极探索新颖的办学之路,大胆实践,在提升教育质量、建设师资队伍、建设校园文化、创建学校教育特色等方面取得了显著的成效,获得了丰硕的改革成果,积累了丰富的办学经验。浦东新区作为上海市区域教育综合改革创新示范区和国家级信息化教学实验区的叠加效应正在形成。

　　同时,在学校的改革、发展过程中,我们也看到,有许多教师怀着强烈的热情,投身于教育教学探索中,在专业发展的道路上孜孜不倦地追求,探索教育规律,研究课堂、学生、教材,努力寻找解决问题的策略和方法,探索有效的教学方式,最终形成了鲜明的教学特色,积累了丰富的教学经验。这些成功的经验具有显著的推广价值和实践意义。

　　总结和推广成功的学校办学经验和教师教学经验,对推进教育改革和发展,提升区域教育的整体水平具有积极作用。出版"东方教育文库",就是希望能更好地宣传当前基础教育改革发展的业绩,彰显优秀学校的办学特色,总结优秀教师的教育教学经验，使更多有办学特色的学校和校长、有教学特色的教师进入公众视野，发挥优秀成果的影响力和辐射示范作用。

"东方教育文库"的推出，有利于树立学校和教师的研究典范，为广大教师提供丰富的教育信息和研究资源，为学校和教师搭建交流、分享成果的平台，有利于引领广大学校和教师走向规范化、精致化的科研之路，促进群众性科研的持续性发展。同时，"东方教育文库"的出版，有利于扩大一批优秀学校和品牌教师的社会影响力。

"东方教育文库"系列教育丛书收录的著作内容广泛，涉及教育教学多个领域，既有对教育综合改革创新示范区、国家级信息化教学实验区建设等重大问题、前沿探索的追踪，又有对立德树人、课程建设、学科教学、数字化转型、班主任工作、学校管理等改革焦点、实践难点的探讨；既有反映教育教学改革实践的优秀科研成果，又有反映校长办学经验和教师课改智慧的典型案例。

由于我们的认识水平有限，加上时间仓促，"东方教育文库"系列教育丛书中难免会有一些不足之处，恳请广大教育同人批评指正。

编　者

目录

课程建设

课堂教学

创新实践

素养培育

心理发展

专业成长

课程建设

跨学科视角下的数学
研究性学习课程建设的探索与实践

上海市实验学校　金　珉①

数学作为一门研究数量关系和空间形式的自然学科,与其他学科有着不同程度的联系。在"双新"背景下,数学研究性学习课程建设所蕴含的丰富的跨学科研究价值逐渐显现出来。本研究分别从折纸活动、真实情境、理科实验中的数学研究性学习案例 3 个方面来总结跨学科融合的实践经验,还从学习评价、数据评价两方面进行学生评价。本研究将结合数学创新实验室的创建,尝试通过新的教学模式、新的课程载体、新的探究平台,让学生能充分认识跨学科视角下的数学之美、数学之用,改善学生的学习状态,提高学生对数学探究的兴趣,使学生的思维能力得到锻炼,数学素养得到有效提高,体现立德树人、育人为先的重要意义。

一、研究背景

研究性学习指学生在教师的指导下,以类似科学研究的方式去获取知识、应用知识、解决问题的学习方式。近年来,国外教育理念不断融入国内课堂,如STEAM、项目化学习等逐渐成为研究性学习的热门范式。在国内,上海较早地将研究性学习融入高中学生的学习活动中,始终围绕拓展学习方式、培育创新素养、促进学生发展等目标进行实践探索。这对教学体系中的各个要素都提出了新的挑战。

---

① 　课题组其他成员:金一鸣、季鑫、曹晶伟、张唯、陆骅、史复辰。

跨学科视角下的数学研究性学习为学生创设了不同寻常的数学学习情境和引人入胜的问题研究平台。本课题组成员从课内知识到课外拓展、从学科内部挖潜研究到跨学科合作综合应用,对该领域的数学研究性学习开展了丰富多样的课程建设与实践研究。在跨学科视角下,数学研究性学习进一步向纵深发展,同时,我们也意识到创新人才的培养需要突破封闭的教育盲区,建立"以人为本"的开放包容的教育观。

二、研究基础

(一) 高中数学课程标准中的"跨学科"

数学是研究数量关系和空间形式的自然学科,与其他学科有着不同程度的联系,正如马克思所说:"一种科学只有在能运用数学的形式时,才算达到了真正完善的地步。"①

在新时期,国家关注学生个性化、多样化的学习和发展需求,着力促进人才培养模式的转变,发展学生的核心素养。在《普通高中数学课程标准(2017 年版 2020 年修订)》中,数学探究活动是围绕某个具体的数学问题,开展自主探究、合作研究并最终解决问题的过程。具体表现为:发现和提出有意义的数学问题,猜测合理的数学结论,提出解决问题的思路和方案,通过自主探索、合作研究论证数学结论。

(二) 其他学科课程标准中的"数学工具"

在物理、化学、生物等学科的普通高中课程标准中,多次强调要重视证据推理和模型认知,利用数学工具培养科学探究与创新意识等素养。《普通高中物理课程标准(2017 年版 2020 年修订)》强调,物理学基于观察与实验,建构物理模型,应用数学等工具,通过科学推理和论证,形成系统的研究方法和理论体系。

化学和生物学科关注数学模型的作用。《普遍高中化学课程标准(2017 年版 2020 年修订)》强调,化学学科要发挥化学实验的教学功能,可通过具体实验

① [法]保尔·拉法格,[德]威廉·李卜克内西.回忆马克思[M].北京:人民出版社,1954:8.

数据引导学生通过实验探究活动、化学实验事实认识物质及其变化的本质和规律。在《普通高中生物课程标准（2017 年版 2020 年修订）》中有 11 处提到了"数学"这一词。比如,运用数学模型表征种群数量变化的规律,分析和解释影响这一变化规律的因素,并应用于相关实践活动中;教师将实验数据加以归纳和抽象,最终提升到建立数学模型的高度;等等。

（三）教育技术促进各个学科的多元融合与联系

当下,人们越来越提倡在真实情境下,用数学的眼光提出问题、用数学的思维分析问题、用数学的方法解决问题。在开展真实问题探究活动中,数学软件、图形计算器、传感器等教育技术和手持终端产品,促进了各个学科之间的多元融合与联系。技术赋能学习的观点证明,人们对技术在教育教学中的应用已经由先前的"技术呈现知识"过渡到"技术与教育的深度融合"。技术的发展为跨学科学习的实施提供了有利条件。这些技术的有效使用能促进学习者将多学科、跨学科的知识内容与恰当的表现形式整合起来。

三、研究思路

本研究是在青年教师课题、学科德育研究课题结论的基础上,结合跨学科背景做进一步探索,边实践边研究,开展多层次、多维度的实验教学,积累研究素材,以上海市实验学校校本课程的构建和实施为研究对象,不断优化课程结构,探索实践教学的创新路径。

跨学科视角下的数学研究性学习为学生创设了不同寻常的数学学习情境和引人入胜的问题研究平台。本课题组成员从课内知识到课外拓展、从学科内部挖潜研究到跨学科合作综合应用,对该领域的数学研究性学习开展了丰富多样的课程建设与实践研究。不断深化的教育改革对一线数学教师提出了更高的要求,教师需不断构建创新课程,实施多元评价。本研究从教师普遍面临的问题出发,希望能探索出一条解决数学研究性学习课程问题的路径。

表1　本课题研究针对的现实问题和研究思路

现实问题	研究思路
1. 如何跳出数学"看数学、教数学、研究数学"	在跨学科视角的融合下,让中学数学研究性学习课程的教与学向纵深发展,并实现横向拓展,为学生搭建丰富多元的研究性学习课程
2. 如何在跨学科背景下研究、开发具有研究性、实践性的数学学习项目	通过自发组合、跨界合作、联合教研等模式,形成大理科跨学科教研小组,尝试走出因各学科相对封闭而造成的教育盲区,以项目化学习为基础,构建创新人才培养课程
3. 如何在跨学科背景下的实践活动中做好学生数学研究性学习的评价	设置校本课程,为学生提供探索实践与学习交流的平台,采取以过程性、表现性评价指标为基础的有别于常规知识考试的评价方式

四、成果价值

(一) 本课题的创新亮点

亮点一:在"双减""双新"背景下,做好数学课程内涵建设

本研究是数学研究性学习校本化实施的探索,同时也是中学数学活动内容的有益拓展,研究选题新颖、研究视角独特、支撑材料充实,在"双减""双新"背景下进行了多次有益尝试,既有利于学生的学业发展,也有利于教师的专业发展。

亮点二:大理科共同融合研究的成果,促进以点带面

大理科研究性学习课程的建设与实施有利于落实学校的育人目标,构建主动学习的数学课堂,有利于培养学生的逻辑推理、空间想象、抽象概括、数理运算,以及团队协作等面向未来的必要素养,体现"激发学生兴趣、促进个性发展"的教育理念。

亮点三:教学模式"新",信息技术为融合创新赋能

在实践中总结以跨学科学习为背景,以课堂教学、交流活动为载体,在教师的引导下,学生自主创新作品、自主探索数学研究的教学模式。将跨学科学习活动与数学学习探究相结合,有利于数学学习和研究性学习成果的创新。

（二）课程内涵建设的收获

跨学科视角下的教学研究对学生数学核心素养的培养具有积极意义。教师创设问题情境，引导学生参与到问题学习中，围绕问题开展合作探究，科学评价，有利于提高教学效率。折纸与数学课程模块有利于构建主动学习的数学课堂，有利于培养学生的空间想象、抽象概括、数理运算、团队协作、动手创造等能力。图形计算器思维课程模块主要以图形计算器为操作平台，注重有效利用图形计算器所具有的数值运算、数据处理、函数拟合、函数作图和动态图像处理等强大功能，组织学生进行高中数学课程有关内容的学习、探索和研究活动。在综合理科实验课程模块中，积极使用传感器开展数据实验设计，引导学生立足情境与问题（数学问题）、知识与技能（数学方法）、思维与表达（数学思想）、交流与反思（情感体悟）4 个方面，增强数学思维体验，提高问题解决能力。

（三）信息技术赋能，掌握学习研究新技能

数学是一切科学的基础，未来国家的可持续发展还需要更多善于观察生活、懂得思考、善于提问、善用数学思维的社会精英。同时，技术也促使课程体系呈现出跨学科整合的趋势。在信息技术的支持下，课程设计者通过创设虚实结合的学习情境，提供贴近真实的学习体验，甚至打破校园"围墙"，进入真实社会，让学生在解决真实复杂问题的过程中掌握多学科知识，形成主动学习的意识，激发创造力。

五、成果要点

（一）挖掘数学研究性学习课程理论的研究价值

本课题组成员在跨学科视角下对数学研究性学习课程进行了一定的理论研究。高中数学"课标"中提出要重视"跨学科"应用，其他学科课程标准也强调重视"数学工具"的模型、思辨作用。同时，技术在促进各个学科之间的多元融合与联系方面发挥的作用已经日益显现。技术赋能学习的观点证明，人们对技术在教育教学中的应用已经由先前的"技术呈现知识"过渡到"技术与教育的深度融合"。

（二）形成校本模块化的数学研究性学习课程

本次探索实践活动初步构建了基于跨学科视角的数学研究性学习课程，课程设置 3 个模块，分别为：折纸活动中的数学研究性学习、真实背景下的数学研

图 1 学生展示折纸作品

图 2 "小老师"讲课

拓展课的影响不仅在课堂内,还在课堂外。课程推动学生在校外进行展示,让学生在课程学习中多了一些与社会接触的机会。

图 3   学生在社区望江驿展示折纸作品

（二）真实背景下的数学研究性学习

在不改变教学体系的情况下,本研究对现行高中数学学习内容做了适当更改及补充,注重利用图形计算器所具有的数值运算、数据处理、函数拟合、函数作图和动态图像处理等强大功能,组织学生进行高中数学课程有关内容的学习、探索和研究活动,体现出以下目标。

1. 促进教学:所选内容与手持图形技术的教学运用紧密配合,较好地体现了用图形技术解决数学问题的迫切性、简洁性和效率性,有利于学生主动学习、有效学习。

2. 强调体验:重视数学实验和探究活动,重视数学应用,有助于促进学生开展研究性学习、个性化学习,有利于学生自主学习能力、数学探究能力和数学应用能力的提高。

3. 训练思维:突出技术优势和算法思想,着力促进学生增强技术意识及技术运用能力,在数学思想构建和应用方面加强训练。

4. 寓教于乐:注重趣味性和启发性,帮助学生提高学习兴趣,改善学习过程,深入理解数学。开展创意绘图大赛,推荐优秀作品参加市级评比。

5. 教学相长:面对新技术,教师要重视培训,积极参加教研活动和学术论坛,与学生共同成长,帮助学生在数学学习的过程中掌握技术,在运用技术的学习过程中理解数学。

课程在高一、高二年级开设,根据学校的教学进度,本课程集中在高一下学期和高二上学期这两个学期。

图4 学生利用数学建模方法进行校园测量

开展研究性学习有助于探索手持技术环境下如何提高数学教学的有效性，使教师在教学观念、教学设计、教学实践，和学生在做数学、学数学、用数学等方面，都能获得更好的发展，同时也为贯彻新课程关于"信息技术与课程整合"的理念提供范例、经验与教训。

目前，国内外有关高中数学手持技术应用的研究领域主要包括数字化数学活动(DIMA)、手持技术与中学数学课程整合(GCE)，其主要研究内容包括整合应用案例、应用的有效性、技术整合的实施方法等。

（三）理科实验中的数学研究性学习

课堂上，教师引导学生在综合理科实验过程中积极使用传感器开展数据实验设计，在掌握理科本体专业的基础上，对定量和定性研究的实验有充分的认识和思考，培养敢于尝试、勇于探索的魄力和耐心，熟练掌握数字传感器、数据分析软件的使用方法。

"图形计算器数学思维与数字实验校际挑战"是数字化数学活动(DIMA)的尝试和延伸，有利于学生在图形计算器数学思维和数字实验方面的实践中进行交流与创新，探索培养学生使用图形计算器解决思维发散性问题，以及使用数字传感器进行跨学科实验操作或实验设计的教学路径。

教师对学生的活动提出明确的要求，引导学生科学观察、准确记录。在科学研究中，构建数学模型是一种解决实际问题、探索客观规律的有效途径。学生构建数学模型，有利于培养透过事物现象揭示其本质特性的洞察力，以及简约、严密的思维品质，体验由具体到抽象的思维模式的转化。学生将实验数据加以归纳，从理论上建立数学模型。有些实验活动如果需要较长时间，教师可以采用课内外结合的方式开展。

    课程的辐射面包含本校初、高中学生,以及集团学校和兄弟学校的学生。在高中学业水平等级考选科的背景下,本课题组的跨学科教师团队设计了专业的研究性实验,并且创新性地将理、化、生实验观察与数学规律分析进行整合、挖掘。

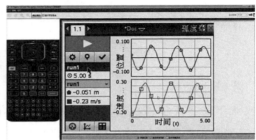

图5 生物教师正在指导学生采集数据并分析

七、结束语

    荷兰数学教育家弗赖登塔尔提出,数学教学应再现数学知识的"发生过程",通过再创造获得的知识与能力要比以被动方式获得更容易理解,也更容易保持。所以,跨学科视角下的数学研究性学习课程不仅要传授学生知识与技能,更重要的是培养学生发现问题、分析问题、解决问题的能力。

    本研究是一次跨学科视角下的数学研究性学习课程建设的探索与实践,同时也是中学数学活动内容的有益拓展。数学研究性学习课程的建设与实施将有利于落实学校的育人目标,构建主动学习的数学课堂,提升学生的综合素养,体现"激发学生兴趣、促进个性发展"的教育理念。

基于学生良好学习方式的 M-LABS
心愿活动课程建设的研究

上海市实验学校东校　　仇虹豪①

一、研究背景

教育部在 2022 年 4 月颁布的新版义务教育课程方案和课程标准中,明确了以各学科核心素养为方向的课程建设要求,提出探究式、合作式、项目式等学习方式的选择与融合。同时,各个国家和地区也在深度转向核心素养教育的轨道。目前,国家所倡导的"核心素养"之必备品格与关键能力是所有学生应具有的共同素养。M-LABS(Morality 德性、Life 生活、Art 艺术、Body exercise 健体、STEM 科创这 5 类课程的首字母组合)心愿活动课程关注学生在"三程"(课程实施前中后3 个阶段)中所养成的相关能力,有助于培养学生的"完人"品质,弥补教学大纲内被弱化的、被遗弃的学科及知识,弥补传统教育的不足,促使学生养成基于个人情况、适应终身发展的相关能力和素养。

学校在"为每一个孩子的幸福童年和美好未来服务"的办学理念的指导下,通过开发与实施相关课程来促进学生良好学习素养的形成,已被证明是有效的实施途径,但学校对这一途径的范围与深度还需要拓展,内容还需要深入。通过良好学习方式养成教育下的 M-LABS 心愿活动课程的建设与完善,让学生能更集中深入地参与"四良式"(自主、合作、研究、体验这些良好学习方式的简称)、

————————

①　课题组其他成员:王月容、王凯、白云云、张纯、沈佳、康逸红、曹迎、祝俊风、朱青、曹晔莉、凌洁敏。

"三程"多门课程,接触多样学习方式,更好地成长起来。这对落实学校办学理念,促进学生养成良好学习方式,完善学校课程建设等,有着积极意义。

二、研究目标

(一) 理论目标

通过研究揭示培养学生良好学习方式的 M-LABS 心愿活动课程的内涵,阐明其基本特征,了解这类课程开发与实施的现状,探索课程开发的理论、目标、结构、内容、计划与保障措施,课程实施的原则、基本流程、途径、形式、方法与评价体系,总结基于学生良好学习方式的 M-LABS 心愿活动课程建设的经验,丰富这方面的理论。

(二) 实践目标

通过培养学生良好学习方式的 M-LABS 心愿活动课程建设的研究,促进各年级学生能初步或较好地养成自主、合作、探究、体验等学习方式,以及相关的意识、能力和精神;引导学生在不同领域中顺利迁移各种知识和技能,更主动地、富有个性地学习,进而提升学生整体素养,促进学生可持续发展。同时,通过建成 5 类心愿活动课程,促进教师专业素养的提升与学校特色的发展。

三、研究过程与策略

(一) 设计和培训先行策略

1. 设计领先

首先,研究方案设计领先,总课题与各级子课题,以及参与研究的教师小课题的总设计超前一步。其次,培养教育内容细化设计领先,基于学生良好学习方式的 M-LABS 心愿活动之学生素养培养内容的分解设计领先于其他研究内容的细化设计。如 M-LABS 5 类心愿课程从"知识、意识、能力、行为"4 个角度出发,与自主、合作、探究、体验等学习方式有机组合,进行学生素养的分解,并在"三程"的每一步中融入相关的良好学习方式。

2. 培训跟进

首先,进行按序按需专项培训,针对不同阶段的子—分—小课题,学校聘请专家,以需求为导向,进行选题—设计—实施—总结等培训。其次,进行定期针对性培训,每月安排项目组组长针对课题研究的困惑和需求适时展开培训。

"设计和培训先行"策略保证了研究组织实施的艺术,形成了研究内涵、研究目标、研究内容、研究方法、研究过程和预期成果的清晰脉络,引导了一级子课题及分课题、小课题的"选题—设计—实施—总结"等工作,提高了课题研究的质量和效率。

(二) 整合实施策略

1. 国家基础课程和学校限定课程整合实施

国家基础课程就是国家规定的基础型、拓展型和探究型课程,学校限定课程就是限定性拓展课程,国家课程和学校课程的整合主要定位在"四个纳入":M-LABS心愿活动课程的编制,纳入学校课程总方案;M-LABS心愿活动课程的分类和具体课程的编制,纳入学校分年度课程编制计划;M-LABS心愿活动课程的总体实施,纳入学校课程实施计划;M-LABS心愿活动课程的分学期实施,纳入国家规定的3类课程(基础型、拓展型和探究型课程)的学期实施计划。M-LABS心愿活动课程的具体操作与评价,是在多元主体(学科教师、班主任、学校管理者、其他员工、专家、家长和其他工作人员等不同主体)、多元场所(不同区域的多种多样的场所)、多元环境(校内相对固定的班级、校园环境和据需特设的临时环境,校外不同区域的特有环境、特色资源)形成合力、共同作用下完成的。

2. 综合实践活动和"快乐活动日"整合实施

根据上海市课程计划,结合学校实际,小学部将"快乐活动日"安排在每周一下午进行。"快乐活动日"由拓展型课程中的兴趣活动、探究性课程组成,与综合实践活动整合,试行心愿课程选修模式。除一至五年级外,六至九年级开设有陶艺、蝶艺、思维训练、英语生活、魔术、生活中的物理/化学、台球、羽毛球等M-LABS心愿活动课程,课程实施做到"四定":定课表、定场地、定时间和定人员。

3. 与学校校本研修结合

整个研究过程中进行的培训,与学校暑期校本培训、定期校本培训、上级各类主题研修培训等有机结合。

4. 与学校教育论坛结合

研究过程中不定期举办交流研讨会,与学校每学期的教育论坛相结合,同时,与不定期举行的交流研讨相结合,如班主任工作室相关的研究讨论。

"整合实施"的艺术,统整了学校的常态化工作,调动了教师的工作积极性,提高了研究的效率和质量,保证了研究的常态化落实。

（三）多元资源挖掘与利用策略

一方面,本研究全面地考虑到了 M-LABS 相关教育资源的利用。如课程中的许多场馆和工作人员,在课程落地的实践过程中都扮演了课程编制和实施的协作者角色。

另一方面,本研究充分考虑到了家长教育资源的挖掘与借力。如通过有序、优质的家校合作,学校建立了家长资源库,每年在原有资源库的基础上,保留、开发、传承一批经得住考验的教育基地。学校将这些资源建设成一个动态、可流动的"库"。但同时,家长资源的不稳定性是学校遇到的挑战。学校根据实践课程的时效性特征,及时更新家长资源库,如对"家长大讲堂"资源库中的资料进行时时更新等。

（四）全面跟踪策略

学校组织授课教师对学生活动前的准备、活动中的具体实施和活动后的交流与反思等,进行全过程跟踪记录。子课题组接受学校发展部进行的不定期随访和督检工作,以保障子课题和小课题的有效实施。

全面跟踪策略较好地推动了研究的落实,尤其是学生 M-LABS 心愿活动课程中的分类培养,既增强了师生全程参与 M-LABS 心愿活动课程和有效记录的意识,又促进了师生对活动设计、活动准备、活动实施和活动成效交流反思的开展,提高了反思质量和研究效率。

（五）反思策略

出于即时反馈的考量,本研究注重对过程、材料、实效的回顾、审查与研讨,注重建立和运用电子教师档案袋、活动课程资源包、主题网站等。在完善专题活动的设计、案例、论文等成果的过程中,教师需注重自我建构的获得感。

（六）加强交流策略

一是注重课题组内部的研究、交流。每学期初,课题组会召开面向全体教师的经验分享活动,如"M-LABS 心愿活动课程之学生素养分解"的分享。

二是注重与专家进行互动与讨论。课题组成员就"选题—设计—实施—总结—反思",分别与各类专家在实施过程中进行了数十次互动交流与研讨。专家也以各类研究样例为标准,以现场互动、网上指导等方式,与课题组成员进行频繁的学术交流、研讨。

（七）总结与跟进策略

一是注重过程性研究成果的总结、跟进，主要包括 M-LABS 心愿课程的学案编制和课程活动实施的质量。例如，学生、家长和老师的具体反馈；对主题模块的活动目标、活动形式及活动细节、活动实施评价单、学生的记分卡等进行及时汇总、梳理；对课程学案编制的不足进行修订。

二是注重一级子课题研究成果的总结、跟进，主要把好"十关"：第一关——设计细化关；第二关——规范实施落实关；第三关——成果总结提纲关；第四关——研究表述"干货"关；第五关——"基本视角"关；第六关——目标实践匹配关；第七关——实证材料关（调查数据、课例、案例等）；第八关——研究结论证据关；第九关——反思有效关；第十关——文本规范关。

四、解决的主要问题

通过分学科探究、分年段培养、分学段实践等途径，学校打造了"三生"教育理念（与生活相连、与生命相通、与生态相融）下"学生良好学习方式养成"的课程与活动。在此基础上构建的"心愿课程"有效解决了 3 个问题。

（一）全面探索心愿课程对学生良好学习方式养成的教育价值

2004—2010 年，以"学生良好学习方式养成"为核心，学校在教育科研、课程建设、教师发展方面进行探索，总结了"以课程开发为主要途径"的课程经验。2010 年起，通过调研、访谈、课题研究等方式，学校调查多方对心愿课程的理解与关注，形成"家校合作"的课程模式。学校在十多年的课题研究、家校合育等活动中，不断改进、完善心愿课程，摸索家、校、社合力构建课程的路径，以积累学生良好学习方式养成的教育经验，归纳心愿课程的内容和价值。

（二）逐步确立国家课程校本化实施理念下的"课程体系图谱"

2010 年起，学校将中小学心愿课程统整实施，具体表现为：将心愿课程纳入学校课程总理念与总计划，并根据情况灵活执行。十多年来，M-LABS 心愿课程的实施路径在国家课程整体架构与学校课程教育理念的整合、实践的基础上逐渐清晰。符合学生心愿、持续调整完善、有着选修性质的中小学地方课程、校本课程（心愿课程）的拓展模块趋于明朗，学校课程体系逐步完善。（见图 1）

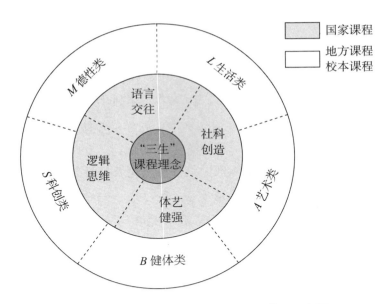

图1   国家课程校本化实施的学校课程体系示意图

（三）积累了核心素养培育理念下的一至九年级心愿课程经验

为配合心愿课程的实施与建构，学校整体开发了适用于一至九年级学生核心素养教育的心愿课程读本80册；打造了"走班制"选班模式和"第二特长"型教师队伍：每名学生以学年为单位选择"心愿"进行选修，每名教师依据特长定制心仪的心愿课程进行带教；形成了以"学分制"为主的心愿课程评价体系。同时，学校融合家庭、学校、社区、社会资源，弥补课程建设、人力、资源等缺口，有效避免了中小学分段教育造成的素养培育不连贯的问题，填补了九年一贯制学校心愿课程的空白。

五、主要研究成果

通过十多年的探索与实践，学校已形成以"开发与实施拓展课程"促进学生养成"良好学习方式"的教育特色，但近年来也逐渐暴露出一些"痛点"问题，比如，学校提供的不是学生想要的，教师传授的内容不能很好地促进学生兴趣与能力的发展等。因而，学校基于国家课程方案的总体要求构建了 M-LABS 心愿课程，在多年的课程实施中，主要取得了以下成果。

（一）厘清了心愿课程对学生良好学习方式养成的教育价值

心愿课程让一至九年级的学生集中、深入地参与多门课程，使他们的身心得以更好地成长,同时,落实了学校的"三生"教育理念,推动学校实现良性发展。

（二）形成了国家课程观下的校本化实施图谱体系

基于学生的心愿选择与能力发展,学校现在已有 100 多门心愿课程,注重学生相关能力的发展,4 种属性(语言交往、社科创造、体艺健强、逻辑探索)的 5 类课程(M-LABS)与国家"五育并举"育人思想高度契合,形成了行之有效、科学合理的学校课程体系图谱。

（三）总结了以 M-LABS 心愿课程为基础的核心素养培育经验

实施心愿课程以来,学校在各项指标检测与中考中取得优异成绩,学生在各类活动竞赛中获得充分成长,学校成为"老百姓家门口的好学校"。

六、成果创新点

（一）提炼出义务教育阶段选修课程的教与学策略框架

在心愿活动课程的体系建构与具体实施中,学校提炼出基于学生良好学习方式养成的"三程"—"四良式"—"四区域"(校区、社区、本区、本市)—"六法"(社会交往、文献、问卷、访谈、观察、动手操作)—"八步"(设计、准备、实施、总结、交流、反思、改进、体悟)—"十二亲"(亲自读、亲口问、亲口说、亲耳听、亲眼见、亲手做、亲身行、亲自记摄录、亲笔写、亲心思、亲历改、亲心悟)的心愿课程教与学策略框架(见图 2)。经过多轮实践调整,学校现已形成心愿课程教与学策略框架,并在此基础上着力发展一至九年级学生应对复杂学习情境的能力。

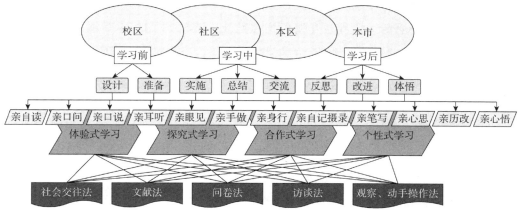

图 2　基于学生良好学习方式养成的 M-LABS 心愿课程教与学的策略框架图

（二）探索出心愿课程体系下素养与学习方式培育的有效途径

基于"四良式"5类心愿课程的实施,学校探索出了一至九年级心愿活动课程体系下素养与学习方式培育的途径:德性类素养(社会公德、家庭美德、法律法规)——体验式学习;生活类素养(厨艺类素养、出行类素养)——探究式学习;艺术类素养(绘画素养、音乐素养、表演素养、手工素养)——个性式学习;健体类素养(操类素养、球类素养)——合作式学习;STEM类素养(学科应用素养、跨学科综合素养)——综合式学习(PBL项目化学习)。学校多管齐下,多条途径交叉进行,满足不同学生的学习需求,实现学生的差异化、个性化成长。(见表1)

表1　心愿课程体系下素养与学习方式培育途径

M类课程			L类课程		A类课程				B类课程		S类课程	
社会公德	家庭美德	法律法规	厨艺类素养	出行类素养	绘画素养	音乐素养	表演素养	手工素养	操类素养	球类素养	学科应用素养	跨学科综合素养
体验式学习			探究式学习		个性式学习				合作式学习		综合式学习	

七、成果的主要应用及效果

（一）形成了良好的课程体系

M-LABS心愿活动课程共开发了5大类、13小类、78门校本学案,围绕学校"三生"教育理念搭建了拓展课程的4类框架(语言交往类、社科创造类、体艺健强类、逻辑思维类),每一类课程都有独立的课程目标、课程内容、课程途径、课程评价与管理,每一类课程之下都有细分的小课程,从总体上对心愿课程进行系统划分,同时,基于学生的心愿选择(年度数据),学校以年度为单位对课程内容进行更新。

（二）促进了学生素养的全面发展

学生在教师的指导下主动、富有个性地学习,在自主、合作、体验、探究的学习方式下,提升M-LABS五大类素养。以德性类素养为例,一项后测数据显示了学生在德性类心愿活动中的素养水平:知识层面上认知度较高,尤其是在社会公德(三年级学生得分 4.12、预备年级学生得分 4.20)和家庭美德(预备年级学生得分 4.38)两个模块中特别突出,这说明家庭、学校对学生进行道德教育的效果比较显著,学生头脑中已经具有了较为丰富的知识储备,有利于其形成相关素养。(见表 2)

表 2　M-LABS 心愿课程之德性类(M)学生素养的分析

调查主体	社会公德				家庭美德			
	知识	意识	能力	行为	知识	意识	能力	行为
三年级	4.12	3.71	3.63	3.29	3.70	3.66	3.61	3.44
预备年级	4.20	3.91	3.88	3.67	4.38	4.10	4.01	3.90

(三) 提高了教师课程开发与评价体系研究的素养

心愿课程评价体系包括 3 条评价理念(表现性评价、过程性评价、发展性评价)、7 个评价标准、7 种评价方法。

通过评价的实施与完善,教师收获了宝贵的经验。例如,语文教师依据序列化写作指导学生,美术教师借助项目化单元作业考评学生的过程性学习,历史教师将学科知识融合拓展……课程要素的提炼体现在行动研究中,以学生心愿为"节拍器"的课程动态也倒逼教师不断提高对评价体系的探索,最终形成了基于不同学习方式的评价研究素养。

(四) 促进学校完善机制,实现特色发展

学校心愿课程的学案编制和组织实施的一整套举措及评价体系,深化了学生良好学习方式养成教育的研究,形成了拓展课程机制,体现出家校共育的特色。在课程的实践、学习与考察的选择、学生训练、带队教师培训、考察方案制订、学习设计和评价、考察评价、展示颁奖、对外交流等方面,学校、教师、家长、学生、社区都进行了合理的规划与任务分工。这些举措完善了学校的特色课程,形成了氛围良好的家、校、社合育的运行机制。

初中"宽课程"的逻辑构建与深度实施研究

上海市南汇第二中学　刘玉华[①]

一、问题的提出

学校是落实立德树人根本任务、实施国家课程的基本单位。学校课程是国家课程、地方课程和校本课程在学校场域中有机整合的结果,具有场景现实性、内容全面性、实施统整性、操作具体性和行动扎根性等特点。

在实践过程中,学校课程存在以下现象:①碎片化,无计划,随意性较强。学校课程在起步阶段大多以教师设计、实施为主,随意性大,但缺少对学生需求的调研、调控,缺少专家、同行的专业指导。②有框架,无逻辑。学校有课程框架意识,但各校本课程间缺少关联,缺少与国家课程、地方课程的统整。实施过程缺少科学监管,整体的逻辑性、系统性无法得到保障,逻辑建构没有形成。③有经验,无反思,低水平重复。学校有大量的课程经验,但缺少在反思基础上的提升,始终处于低水平重复状态。

本课题聚焦问题导向的学校课程实践,要解决的主要问题是:如何诊断、分析学校课程发展的基础和问题? 如何形成合理有效、符合逻辑的学校课程架构? 如何在实践中与时俱进地对学校课程进行校本化实施、迭代更新与推广?

二、文献研究的发现

因为本课题的研究重心是实践研究,而非理论研究,所以文献研究的主要目

---

① 课题组其他成员:冯镭、朱凤梅、张秋婉、张丽芝、严长宜、陈世豪、柴静、周妍、周晓凌、瞿菊玲、潘佳晨。

的在于了解相关研究的方向,博取各家之所长,探索实践之路径。

(一) 寻找领域权威,架构实践路径

本课题通过知网、读秀等平台进行相关研究领域的成果分析,以施良方的《课程理论——课程的基础、原理与问题》为重点文献,结合其他文献中与课程相关的论述,在整理目标模式、过程模式、实践模式、情境模式、理解模式、问题解决模式等若干课程模型的基础上,以杨四耕的"七步设计法"为原型,形成基于评估诊断和循环实践的行动模式——APPR 学校课程发展模式,此模式是由问题诊断(Analysis)、系统设计(Plan)、实施推进(Practice)和反思提升(Reflection)组成的四步循环实践路径。(见图1)

图 1 APPR 课程发展模式

(二) 立足学生自主学习,关注课程评价方式

1. 确定学习者立场,强调核心素养

课程建立在学生学习的基础之上,学习方式的变革需要课程进行相应的调整。核心素养可作为课程发展中可把握的教育目标实体、课程目标的来源、内容处理与教学实施的 GPS、学习质量评价的参照。

2. 促进学习评估,关注学习环境

近年来,关于学习评估的研究再成热点。要使学生从评估中学习,评估过程的透明度,包括评估标准非常关键。那些要求建立关联、进行分析、解决问题并做出评估的评估方式能够促使学生采用更深层次的学习方法。学生采用的深度学习方法与他们在收到反馈之后的行为之间存在显著的正向关联,学生对教学有效性的评分跟学生获得分数之间存在一定的正相关。运用活动理论分析评估对学习、教学方式、教学材料的影响,并超越"评估—学习"的分析视角,尝试分析"评估—教育—学习"在不同层面的互动与作用,是我校融合式评价的理论基础。

陈依婷、杨向东在《新课改理念下的学生学习结果类型及其生存环境》一文中从学习成绩、学业自我概念、自我效能感、学习动机、学习兴趣、学校幸福感、校内人际关系等维度,对学生在学习结果上存在的类型进行了分析,并在此基础上研究了不同类型的学生在家庭、班级和学校等学习和生活环境上的差异。OECD的 PISA 测试和上海市"绿色指标"测试也分别在这些方面做了尝试。

三、研究的设计

(一) 研究目标与内容

1. 研究目标

整体规划学校的"宽课程",探究"宽课程"的逻辑构建,探索深度实施"宽课程"的有效方法和途径,多维度满足学生的学习需求,促进教师专业发展。

2. 研究内容

(1) 通过文献研究与经验总结,探索初中"宽课程"逻辑构建的路径。

(2) 探索综合诊断、分析学校课程发展的基础、问题和方向的方法。

(3) 形成合理有效、符合逻辑的学校课程架构。

(4) 在实践中与时俱进地对学校课程进行校本化实施、迭代更新与推广。

(二) 研究方法

1. 问题诊断法

基于课程理念对学校课程的相关文献,包括上海市"绿色指标"测试对学校的数据反馈和督导报告等,进行梳理,以及对学校师生、校长进行问卷调查与访谈,深刻分析学校课程的优势与发展空间,以架构学校课程体系。在实践中完善了校长问卷、教师问卷和学生问卷,修改了分析框架,增强了学生、教师和校长的自我意识,从最初的"外来者"视角过渡到学校与师生的"自我评价"视角,实现了工具引领的课程主体转换。

2. 经验提炼法

主要采用 3 种提炼方式:对 30 余所学校的课程管理实践经验直接提炼;对通过调查获取的师生信息中的间接经验进行提炼;科研专家对所指导区域和学校的课程实践经验进行再提炼。

3. 理论整合法

梳理多种课程模式理论,整合目标模式、过程模式、实践模式、情境模式、理解模式、问题解决模式等若干课程模型,完善实践路径。

4. 循环实证法

APPR 课程模式的概念本身包含了由问题诊断、系统设计、实施推进和反思提升四步循环形成的行动模式,每一轮实践的反思即是以新的问题诊断开始,其结论也是下一个路径设计优化的起点。我们的课程实践也恰符合这一特征,从一所学校的实践,推广到学区 18 所学校及区校长基地 4 所学校、市"双名"攻关项目所学校等的实践,在推广过程中不断优化。

四、实践的过程

(一) 问题诊断:清晰把握学校课程发展基础

我们把问题诊断分为宏观、中观和微观 3 个层面:宏观上指学校所在地域文化特征分析,中观上指学校课程现状分析,微观上指校内的课程问题与师生需求分析。

诊断的方法包括观察法、查阅相关文献资料、问卷填写等。根据教师问卷、学生问卷、校长问卷与访谈,由表及里,对学校概况、学校课程情境进行诊断评估,分析学校课程现状的优势与可发展空间,挖掘学校特色与教师、学生和社会文化资源。

1. 观察

指校外人员通过观察校园环境、参加学校大型活动、听课等,对学校课程情况进行简单评估。

2. 文献

包括学校督导报告、绿色指标报告、学校课程规划文本等。

3. 问卷

在上海市"绿色指标"综合评价学校报告的基础上,补充若干追因评价模块,根据学校"绿色指标"数据报告进行针对性使用,拓展了学校课程分析、诊断、完善的空间。在课程实施过程中,创造性地利用历年数据,纵向比较信息,清晰地把握了学校课程的增值指数。

4. 访谈

访谈对问卷有重要的辅助作用。问卷设计时,借助访谈进行问卷优化;深度追因时,通过访谈了解数据背后的故事。

本校与上海市第四期"双名"工程刘玉华基地的9所学校进行了一次三类问卷调查,结合学校相关资料,我们可以知道本校教师在本学科领域有较高的素养,学校课程培训非常到位,学校相关课程理念、制度宣传非常到位,学生对学校课程有较高的需求,但学校课程设计还缺少评价措施,因而课程在落实方面尚有欠缺。学校各部门需坚持以评促行,推动评价措施的制订,以评价带动课程实施方案的优化和落实,以满足学生的课程需求。

(二) 系统设计:科学构建有逻辑的课程结构

学校课程的顶层设计需要以系统的思路解决学校课程碎片化、无逻辑等问题。为此,我们需要综合学校课程的相关问题诊断、结合学校课程的哲学与育人目标,以关联和整合为总原则,对学校课程进行整体规划。

1. 提炼学校的教育哲学

经过学校优势分析,我校确立以"宽"为校训,以"宽广的视野、宽阔的胸怀、宽容的心态、宽厚的基础、宽泛的兴趣与能力"为追求,以"宽教育"作为学校的教育哲学。

2. 分解学校的育人目标

在"宽教育"的引领下,学校建构"一颗美丽的心灵、一个智慧的头脑、一副健康的体魄、一双敏锐的眼睛、一身过硬的本领"的"五个一"育人目标。

3. 架构学校的课程体系

我校从对本校特征的分析入手,以多元智能理论为出发点,融入"通课程""跨学科""融德育"理念,融合基础型课程、拓展型课程和探究型课程,架构出"在这里,我们与整个世界相遇"的大视野课程逻辑图(见图2)和内容结构图(见图3)。

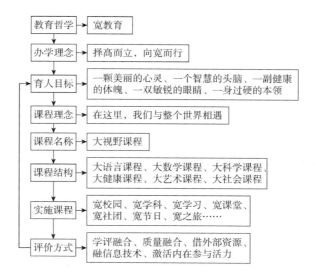

图 2　上海市南汇第二中学"大视野课程"逻辑图

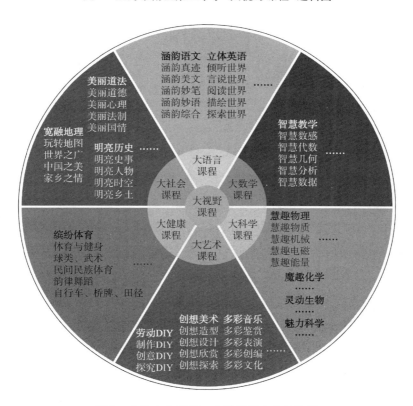

图 3　上海市南汇第二中学课程内容结构图

4. 设计实施路径和评价方法

以课题引领、以学科组为单位进行专家指导下的学科推进模式。以15个学科组为基础建立研究小组,每组以教研组长(备课组长)为领导,另配骨干教师为学科秘书,成立学科攻关小组,在专家指导下研读学科课程标准,确定学科课程哲学,围绕学科核心素养分解各阶段学科课程目标,围绕国家课程优化相关校本课程,以单元整体教学为原则,优化实施路径和评价方式,制订学科课程规划,以实现不同学生的个性化发展。

(三) 实践推进:激活学校课程实施的多维途径和方式

在学校课程的实施推进方法上,我们参考斯腾豪斯的过程模式和施瓦布的实践模式进行规划,结合当前课改热点,形成"串字形"教学、融合式评价、走动式管理的实践模式。

1. 变革学习方式,形成"串字形"教学

教学是育人目标落地、课程内容转化的关键环节。没有合适的教学活动,任何良好的教育目标与课程设计都只是空中楼阁。

我们正是在这种新型建构主义的指导下提出"串字形"教学:教师结合本校各学科的课程规划研制"三单"(预学单、课堂检测单、作业巩固拓展单),串联课堂上三次独学、两次合作、五度生成,形成"串字形"流程。(见图4)

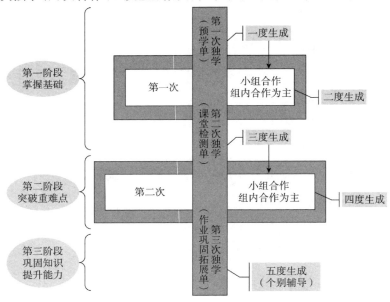

图4 上海市南汇第二中学"串字形"教学流程图

结合信息技术,我们对"串字形"课堂进行了两种变式:新课模式与复习课模式。新课模式:教师以学生的预习反馈为起点进行针对性教学,强调重点和指导难点;学生在课堂上完成学习任务,对错题进行微视频的补充学习和矫正练习,一次性达标的学生可以匹配"拓展提高"学习包的学习与探索。(见图5)

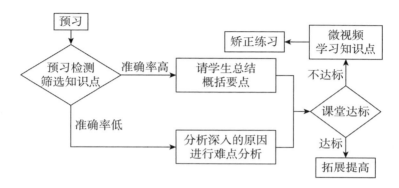

图5　人机模式下数学新课"串字形"教学

复习课模式:结合八、九年级的两两分班走读模式,探索复习课基于数据实证的分类递进的初中数学教学方式,以学生对过关练习的知识点的掌握程度为达成度,对学生进行动态分层走班学习。对基础班,教师结合数据,筛选遗忘率较高的知识点进行重点跟进指导;对提高班,教师结合学生拓展问题的过程呈现,分析学生的学习特征和提升点,进行互动指导。(见图6)

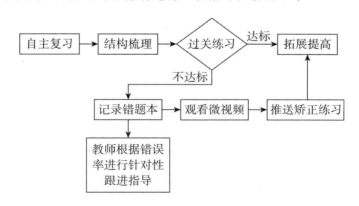

图6　人机模式下数学复习课"串字形"模式

不同的学科、不同的学生,其实践模式也会不同,形式可以是多样的,重要的是让学生与同伴之间形成"串联"。

2. 强化主体参与,探索融合评价

在育人方式的变革上,评价是关键突破点之一。有专家把融合评价定义为将定量评价(主要指计量评价)和定性评价(主要指同行评议,或称质性评价)相融合的评价。也有人把融合评价理解为"学评融合"的评价。"作为学习的评价"聚焦学生的元认知能力和素养发展,鼓励学生积极参与评价过程,通过自我评估、自我监控和自我调节,来缩小他们自身的学习差距,并确定下一步的学习计划和个人目标。多元主体的评价方式受到关注,以学生为中心的多元化教学评价开始从大学走向中学。

我们从学校育人实践的层面,将融合评价理解为基于学评融合、质量融合,借用外部资源,融合信息技术,激活内在参与活力的评价方式。

3. 倡导"走动"管理,激发校园活力

走动式管理中的"深入基层、了解情况""加强沟通、交流情感",正是这种制度文化转变的关键因素。

走动式管理的实践具有年级牵头、干部蹲点、处室服务、行政协作等"扁平化"管理特点,其操作追求"到位"(各司其职、各尽其责)、"主动"(时时有人管、事事有人管、处处有人管),重在"约束、执行与落实",我们不但要求管理者"走动"起来,也要求每一位教职工"走动"起来,行使主人翁的职责,让管理之路越走越宽。

在走动式管理中,学校管理活动不仅仅依靠管理者的主观经验,更依靠数字技术,利用数字技术收集、整理、分析学校相关人员、物资的交互信息。学校通过积极争创区、市信息标杆校,努力打造智慧校园,优化学校管理结构,提升学校管理能力。特别是在网课期间,各部门走进"云教室"、观摩"云课堂",及时了解教师在教学中遇到的问题,并协调解决,实现从"走动"到"互动",打通各部门壁垒。此外,学校还及时推广成功的经验。"云走动"让教师教学更用心、学生上课更安心。

走遍校园、走进师生、走进现场、走进课堂,在"走走、看看、聊聊、想想"中实施管理,可以促进管理者与师生之间的相互沟通与理解,使学校管理更贴合学校实际情况,也提升了管理者现场处置的能力,拓展和丰富了管理者的管理视角,培养出一批优秀的管理者。

（四）反思提升：把握学校课程发展的迭代更新技术

社会是发展变化的，这决定了先进的学校课程也不可能是一成不变的。对学校课程实践及时反思、总结，进行再设计，如此循环推进，可促进学校课程的迭代发展。APPR模式以行动研究为线索，每一发展周期（如学年）结束，借助更新的诊断工具对课程规划与推进实施成效进行反思、总结，然后进行再设计，如此循环，可提升学校课程应对各种变化的适应能力。

五、研究成效

（一）促进了学校课程体系的发展和完善

1. 建构了APPR课程发展模式，增强了学校课程发展的理性自觉

我们在实践中建构了APPR课程发展模式，APPR课程发展模式具有问题导向、实践聚焦性、螺旋上升性、理据多维性、发展灵活性等特征。

2. 开发课程诊断分析和实施的系列工具，增强了学校课程发展的自我提升能力

APPR课程发展模式是基于学校课程基础与学校特色的，是基于广泛征集师生意见的，因而充分体现了学校的主体性和学校师生的参与性，充分挖掘了师生的主动性。

3. 研制了学校整体课程规划技术，提高了学校整体课程的逻辑性和系统性

我们研制了APPR课程发展模式，并形成了完整案例，相关成果具有强系统性和强逻辑性。同时，区基地校和学区实践校的课程体系还在进一步逻辑化、系统化中，相关成果也在日趋完善。

（二）学生综合素养得到较大幅度提升

课题效果首先表现在学生综合素养的提升上。学生在科技、艺体方面取得累累硕果。2019—2021年，中国知网可检索到学生发表的12篇文章。学生对学校课程的整体认可度由60.17%提升至72.26%，学生参与选课的自主性由64.4%提升至71.73%，学生对学校9类专题教育的认同度有明显提升，有4项指标提升10个百分点以上，5项指标提升5—10个百分点。

（三）教师的专业素养得到较好发展

6年来，学校共有正式立项的市、区级课题19项，此外，还有信息化项目、德育课题、国际化项目的立项，以及参加的其他市级、国家级研究项目6

项。其中,获市级成果奖的课题有 3 项(2017 年上海市教学成果一等奖、第七届上海市学校教育科研成果三等奖、2021 年青年课题成果三等奖),获区级成果奖的课题有 2 项。除了正式的课题研究团队,学校还有学校教师阅读社团、跨校教师共读社团等读书团队,以读促研,提升教师实践研究的理论意识,以及理论与实践相结合的能力。教师发表论文 27 篇(知网上可查询),教师获市级以上奖 35 项。相关数据显示,经过实践,教师的课程意识明显增强,课程领导力明显提升。

(四) 学校综合办学质量得到较快提升

学校整体教育实力大大提升,家长对学校课程整体认同度由 83.44% 提升到89.55%。学校在梳理相关课程理论的基础上,撰写或编著成果 4 本,推广实践 30校,专题讲座 5 次。

在校本课程实施中进行小学生涯教育的启蒙

上海市浦东新区张江镇中心小学　秦蓉子①

一、研究背景

上海市教育委员会《关于加强中小学生涯教育的指导意见》文件指出：小学阶段的生涯教育侧重生涯启蒙。生涯教育是社会发展之必然，是构建现代职业教育体系的客观要求，也是教育改革的必然要求。生涯教育是系统的、持续的，是纵贯学生一生发展的终身教育，教育活动必须持续进行，作为新一轮教育改革落地的关键，小学生涯启蒙教育的开展迫在眉睫。小学阶段是学生世界观、人生观和价值观的萌芽时期，注重这一时期的生涯启蒙教育，对学生的健康成长、和谐发展具有重要意义。

二、研究实施

（一）当前小学生涯教育的现状分析

为深入了解学校生涯教育的实施现状及学生对生涯教育的认知情况，我们采用无记名问卷调查方式进行调查，共收到家长问卷 731 份，一、二年级学生问卷 435 份，三至五年级学生问卷 476 份。经过统计与分析调查数据，我们发现以下几点情况。

1. 小学生对生涯教育的认知现状

小学生对职业的认知存在欠缺。小学生对职业的概念缺乏明确的辨析，

---

①　课题组其他成员：冯铭、史美芳、卫珍、盛慧、唐晓阳、汪利芳、徐虹、严丽君、姚玉婷、袁晓昀、施翊芸。

只有 63.33% 的学生很清楚自己的学习动力是来源于自己的理想。在一些不良社会风气的影响下,部分小学生对不同的职业有自己的看法,甚至略带职业偏见。

小学生的自我觉察能力和人际关系能力有待提高。对于低年级的学生来说,94.48% 的学生知道自己的兴趣所在,但 26% 的学生无法自信地展示自己,42% 的学生需要在老师和家长的鼓励下才能有勇气表现自己。而在高年级中,32% 的学生不愿意与他人主动交流。这些孩子都是我们需要重点关注的对象。

小学生缺乏生活劳动操作技能,责任意识亟须培养。调查结果显示,有 62.9% 的学生长期由家长整理生活用品和学习用具,72.4% 的学生在生活和学习上离开父母就束手无策,只有 13.4% 的学生偶尔做些简单的家务。在大部分学生的意识里,劳动是大人的事情。学生劳动观念淡薄,缺乏动手操作能力,更谈不上责任意识和劳动习惯的培养。

2. 小学生生涯认知现状的原因分析

一是家庭教育中不合理的过度规划。“4+2+1”式的家庭结构使越来越多的家长包揽孩子的一切琐事,“唯分数论”的不合理家庭教育理念引发家长的“过度焦虑”,将“知识的习得”作为孩子的第一学习目标。10.5% 的家长认为小学生年龄太小,开展生涯教育的作用和意义不大,可以等他们长大后再来规划生涯。

二是学校教育中欠缺生涯启蒙的专业指导。对于大多数教师来说,生涯教育和生涯规划的相关专业知识相对薄弱,在学科教育教学中关于生涯启蒙的渗透不够深入。学校虽然邀请了专家入校开展生涯教育启蒙讲座活动,但内容比较单一,形式较为局限,大大降低了小学生涯教育启蒙的效果。

三是社会教育对生涯教育系统支持不完善。不同的年龄阶段有不同的生涯教育重点,完整的生涯教育是一个持续发展的系统工程,应该是社会、家庭、学校合力育人的生涯支持大系统,需要学校、社区和家庭的共同关注。

(二) 开发和完善实施小学生涯启蒙教育的校本课程

本课题中的“小学生涯启蒙教育”是指学校通过有组织、有目的、有计划的教育实践活动,指导小学生增强对自我和人生发展的认识与理解,促进学生在成长过程中学会选择,主动适应变化,开展生涯规划。

1. 小学生涯启蒙教育的目标和内容

在遵循小学生的身心发展特性和生涯发展特点的基础上,我校通过社团课程、心理课程为学生提供培植广泛兴趣的平台,引导学生逐步认识和发展自我;通过探究课程、少先队活动课程为学生提供开展生涯体验的实践舞台,培育学生的良好习惯,培养学生支撑终身发展、适应时代要求的关键能力。(见图1)

图1 张江镇中心小学生涯启蒙校本课程

(1) 社团课程百花齐放,让兴趣陪伴成长

据学生的调查问卷反馈,有94.43%的学生知道自己的兴趣爱好。兴趣是最好的老师,学生在社团活动中挖掘自身的天赋点,增强参与社团活动的积极性,激发内在的激情与创造力,这为他们进行职业定位,寻找更适合自己的兴趣方向和职业生涯目标奠定了基础。我校的社团课程内容广泛,各具特色。(见表1)

表1 张江镇中心小学社团课程内容

内容	手工类	文艺类	益智类	棋牌类	科创类	乐器类	体育类
具体项目	十字绣	民族舞	数独	象棋	人工智能	钢琴	足球
	编织	街舞	魔方	国际象棋	Scratch	古筝	篮球
	剪纸	拉丁舞	思维导图	围棋	航模	陶笛	网球
	彩泥	声乐		桥牌	建模	非洲鼓	羽毛球
	折纸	朗诵		巧算24点	乐高	管乐队	啦啦操
	简笔画	上海话				鼓号队	跆拳道
	创意画	戏曲赏析					

▨学生必修,教师走班 ▨学生自主选择参加 ▨学生选课,教师选择,组成校队

（2）心理课程服务终身发展，让沟通启发成长

小学心理健康教育有 4 大主题：学习辅导、人格辅导、生活辅导、升学择业（生涯）辅导。所有的辅导都是在指引学生认清"我是谁"。我们以年级为单位，基于生涯教育理念和心理辅导课的基本原则，对小学生生涯教育心理辅导进行了尝试，在全校范围内开展"以小见大"系列心理课程，采用分年级互动式讲座的方式，有梯度、有层次地将生涯启蒙教育的理念进行渗透，让学生有得、有悟、有成长。（见表2）

表 2　张江镇中心小学"以小见大"系列心理活动课程内容

年级	主题	活动目标	活动名称	活动内容
一年级	小不点，大能耐	领悟生命的伟大，懂得自信、自尊。感受全面认识自我对生涯规划的重要性	时空漫游	镜子中的"我" "我"最初的样子 生命争夺战 产生新生命 一分钟冥想体验
二年级	小优点，大未来	善于发现自己的优点，察觉自己的性格特质，感受自己的性格与生涯发展之间的联系	真心话大冒险	转动轮盘，指针指向谁，谁就大声地说出自己的 2 个优点
三年级	小兴趣，大职业	了解自身的兴趣与职业之间的关系，明白特长可以产生更多的职业选择，懂得职业生活在兴趣的力量支撑下可以走得更长远	名人故事	姚明、刘谦、达尔文、居里夫人、莱特兄弟、珍妮、斯皮尔伯格（包含不同行业和性别）
四年级	小伙伴，大家庭	懂得团队合作、沟通的重要性和必要性，培养领导力、应变力和创新意识。了解这些能力在自己的生涯发展过程中起到的作用	石头剪刀布	画画"手"形图 心手相连看我"手" 朋友说说我的"手" 猜猜这是谁的"手" 高高举起我的"手" 心心相印牵起我们的"手"
五年级	小规划，大人生	懂得什么是目标，什么是理想，知道如何才能达到目标，实现理想。初探自己的理想，学会制订小目标	昨天、今天、明天	回顾昨天 把握好今天（说出自己的优势和爱好） 规划好明天（心愿树） 做更好的自己（展望 10 年后的自己）

（3）探究课程为生涯赋能，让未来可期

将小学的生涯启蒙教育落实到探究课程中。探究课程分年级、分课程实施。学校利用高科技园区的有利位置，根据各个年级学生的年龄、知识结构和接受能力，开设"科创系列"探究型课程，以实践操作为主，旨在拓展学生视野，分梯度培养和提升学生各方面的综合能力。（见图2）

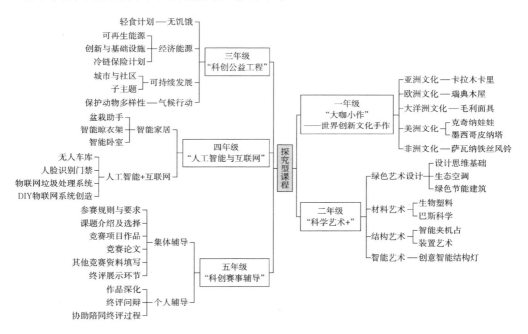

图2　张江镇中心小学"科创系列"探究型课程内容

（4）少先队课程精彩呈现，让体验助力成长

丰富多彩的活动是少先队课程突出的表现形式，通过创新课程实施模式，我校将不同形式、不同主题的活动与生涯启蒙活动有目的、有效地进行了整合，以"月份、节日"为切入口，有选择、开拓创新地组织生涯启蒙活动，让体验助力成长。

2. 探索在校本课程的实施中进行小学生涯教育的形式

我校在遵循学生生涯认知发展规律和特点的基础上，分3个层次在校本课程中实施生涯启蒙教育。（见图3）

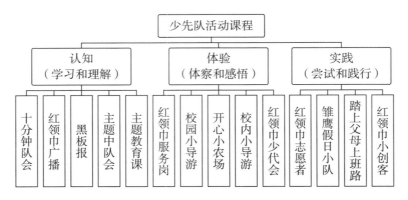

图3　少先队活动课程实施形式

　　少先队活动课程将生涯启蒙教育渗透到学校的每一个学生心中,提升学生对生涯教育的认知水平,从入眼到入耳,从入脑到入心,倡导学生憧憬美好生活从负责任的校园生活开始。学生在校园内创设的体验式教育活动中,沉浸式体验各种职业,体会职业的劳动价值,感悟职业的不可替代性,在体会劳动的不易中更加珍惜自己的权益。学生只有在体验中才能训练、验证自己的能力,丰富自己的生涯认知,从而促使自己内化知识,形成感悟,并产生学习内驱力。生涯规划的意识和能力只有在实践中才能形成,通过各种操作性强的实践活动,让学生获得最直观的生活和工作体验,对专业世界、职业世界和生活世界有基本的认知和感受,激发学生进一步了解和探索的兴趣。

　　(三) 开展生涯启蒙教育的实施途径——以心理课程为例

　　学校通过课程体系、课堂教学、社团活动、实践体验等学习活动,结合心理课程,为学生提供生涯启蒙的指导,帮助学生生成和内化自我认知及外部探索的成果,形成有效的生涯启蒙教育。以下是我校以心理课程为例,开展生涯启蒙教育教学的实施途径。

　　1."团体辅导"专业生涯心理辅导课

　　在心理教师的带领下,围绕团队成员关心的生涯发展规划核心问题,开展相应的活动,或者互动,推动团队成员之间形成良好的互动,相互启发,相互帮助,从而达成生涯发展教育共识,促进团队内成员的共同发展。

　　2. 演绎"生涯心理剧",唤醒生涯意识

　　"生涯心理剧"是一种针对性强、效果明显的团体心理辅导方法,是由学生、教师、家长等相关人员将学生在生涯启蒙过程中的内心困惑和解决方法在特定的场所和群体中演绎出来,通过表演、讨论、辩论等形式进行的教育教学活动。因其极具教育性、趣味性、活泼性,深受学生喜爱。组织全体学生观看心理剧,在全程浸润式的熏陶下,学生会从全新的角度对自己的人生进行前瞻性思考,唤醒自我意识,主动探索生涯发展。

3."悄悄话信箱"个体生涯辅导

在生涯启蒙教育的背景下,学生能全面认识自身特质尤为重要,心理老师会邀请部分学生走进心理辅导室,以"生涯启蒙"为主题,协助他们了解自己的优势与不足、兴趣与特长,帮助他们提升自己的观察能力、倾听能力、表达能力,改善他们不良的生活态度与情绪情感,协助他们建立正确的价值观。

4. 不同寻常的"生涯趣味访谈"

学校在每年暑假为学生设计一项特别的暑假作业"生涯趣味访谈",人物访谈是每个四、五年级学生必须要完成的任务。利用暑假这个特殊的时间段,学生可以访谈一个感兴趣的职业人 A;访谈结束后让 A 推荐 2—3 个熟悉且有趣的职业人,选择其中的 B 进行访谈;然后 B 再推荐……活动可以一直进行下去,学生的职业视野会扩大很多。大多数学生都能够采访到 1—2 个有趣的职业人,他们对职业世界有了更为直观的认识,与人交往的能力得到有效提升。(见图 4)

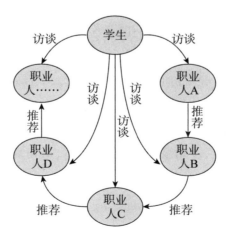

图 4　"生涯趣味访谈"活动示意图

(四) 生涯启蒙教育的实施策略

在推进生涯启蒙教育的过程中,我校立足校本课程,确立了 5 种策略,全面实施生涯启蒙教育。一是坚持学科融合原则。以课堂渗透为主渠道,在学校开设的所有学科课程中浸入式地开展生涯启蒙教育,在学科教学中运用渗透、挖掘、融合、引申、扩展等方法,将生涯启蒙教育融入教材中。二是坚持以人为本原则。生涯启蒙教育是"为了人"的教育,关注学生的个性与潜能发展,将学生主体放在首位,强调学生的情感因素及其与认知因素的结合,以此来调动学生主动参与的积极性。三是坚持协同育人原则。生涯启蒙教育要想获得良好的成效,就必须注重与外界建立各种关系,必须从动态和生成的角度去调整方向,即学校、家庭、社会等多方主体协同,全面进行生涯启蒙教育。四是坚持循序渐进原则。对学生的生涯启蒙教育必须是循序渐进的,要层次分明、有始有终。五是坚持与时俱进原则。践行新时代背景下学校教育发展的新要求,生涯启蒙教育要不断寻找适合时代发展要求的教育模式和教育内容。

（五）生涯启蒙教育的实施评价:以生为本的多元评价体系

评价的目的是全面考查学生的学习情况,激发学生的学习热情,促进学生全面发展。有鉴于此,我校对生涯启蒙教育的实施评价遵循以教促评、以评促教的原则。结合学生实际,制订多元评价标准;突出导向功能,采取多元评价方式;落实全方位评价,形成多层次评价主体。我们基于学生在认知、人格特质、成长经历等方面的差异,制订并依据多元化评价标准,对他们进行了更公平、科学和有效的评价。评价标准不仅涉及生涯启蒙知识、生涯规划相关技能的掌握情况,还关注学生的情感态度及价值观的生成,包括学生在学习及活动情境中的热情投入程度、参与积极性与努力程度。相较于个体间评价,我们更侧重个体内评价,即关注学生自身在生涯启蒙方面的进步转化。采取多元评价方式,可以引起学生对评价的兴趣,放大评价的效用。依托多元评价主体,可以对学生进行全方位、多角度、深层次的评价,从而更好地促进学生生涯素养的全方面提升。

三、成效与问题

（一）取得的成效

1. 培育学生核心素养,赋能学生终身发展

在课题实施近两年后,学校对全体学生再次进行问卷调查,结果显示,学生

社团课程的参与率达100%,有近62%的学生有2项以上兴趣和特长,学生的兴趣更广泛了,学习动力更充足了。无论是社团课程,还是实践课程,学生都通过交往、沟通,与他人交流情感,寻求理解,建立友谊,切磋学问。积极的交往方式和沟通能力直接影响学生的人际关系,为学生塑造健全人格奠定良好的心理基础。学校实施生涯启蒙教育的同时,将劳动教育也融入其中,学生在校人人有岗位,在家样样学着做,在社会志愿活动中积极行动。据统计,我校的志愿者注册率达到85%。

2. 提升教师综合能力,锻造优秀教师团队

在学校开展生涯启蒙教育的过程中,全校教师都积极参与。学校在确立大众思维的基础上,"地毯式"开展全员生涯教育,让全员都能自主提供"动力",形成"底部力量",坐稳地基。教师利用教研活动,开展讨论交流,畅谈课程实施经验,开展头脑风暴,思维碰撞,实现共同进步,使自己的科研能力和业务素养得到大幅度提高。

3. 畅通家校沟通渠道,提高家庭教育能力

家长是孩子的第一任教师,家庭教育也是开始时间最早、持续时间最长的教育形式,家长的教育素养直接关系到家庭教育质量的高低,并对小学生的健康成长产生直接影响。学校通过家长学校培训、家长问卷、家长论坛等方式,指导家庭教育,为家长家庭教育工作的开展提供强有力的支持,提升家庭教育的效果。

4. 迈好学校发展步伐,打造生涯品牌特色

学校基于学生核心素养的培养,通过4类校本课程的实施,探索生涯启蒙教育,在开展生涯启蒙教育的过程中,促进学校特色的形成和特色学校的创建。在学校从特色走向深度的过程中,通过多元化艺术课程的实施,学校的艺术教育又跃上了新台阶,艺术社团百花齐放。体育是学校的又一亮点,学校始终如一地抓好这一拳头项目,着力打造校园足球特色项目,体育攀高更亮眼。科技教育是我校又一办学特色。在校本课程中实施小学生涯启蒙的研究,推动了新优质学校的创建,学校特色的形成,学校良好的校风、教风、学风的形成,和谐校园的建设,这一举措获得了社会的肯定和家长的信赖。

（二）存在的问题

1. 缺少专业生涯咨询师的引领

对大多数教师来说,在校本课程中实施生涯启蒙教育也是在学习新的教育内容,探索新的教育手段,这使他们的生涯教育和生涯规划的相关专业知识得到了较大提升。但在生涯启蒙教育目标制订、活动设计、社会资源吸引、开展教育评价等整个实施过程中,教师也常常会遇到困惑和问题,这就需要更加专业的生涯咨询师进行指导和引领。

2. 社区资源与社会支持度有待提升

学生终将要从学校走进社会,系统性、完整性的生涯启蒙教育应从学校、家庭及社会3个方面展开。对小学生的生涯启蒙教育不能仅仅局限于学校和家庭环境。唯有通过社会各界的支持,构建生涯启蒙实践基地,完善基地内部结构,形成一个小型社会,配备不同职业、设备,给予学生最直观的体验,方能真正做到知行合一,取得最佳的教育实效。

3. 实施评价及保障有待进一步完善

就实施现状来看,现行的评价体系虽然吸引了家、校和学生共同参与评价,但教师和家长主要扮演的是评价的实施者,而学生是接受评价的一方。此外,教师对家长的家庭教育的评价、家长对教师在生涯启蒙教育中的指导情况的评价等,相对不够完善。

4. 自媒体时代需要正确的社会舆论导向

自媒体时代,"速成明星"在网络的推动下成了一种社会现象,急功近利的"网红案例"给社会造成了恶劣的影响。我们需要营造充满正能量的网络氛围,以传递社会新风尚,弘扬社会正气。

构建 IBPYP 园本课程，
培养"世界小公民"的实践研究

上海浦东新区民办维多利亚幼儿园　　徐红蕾①

一、研究背景

本研究旨在探讨如何通过构建 IBPYP 园本课程，培养儿童成为兼具中国情怀和国际视野的"世界小公民"。同时，基于课程改革的要求，探索如何实现教育本土化与国际化的结合。在学前教育阶段，新课程内容改革强调课程内容要面向社会和科学技术的新发展，贴近学生的生活，全面体现基础性、现代性和发展性的结合，民族性和全球性的结合，以及综合性和结构性的结合。有鉴于此，本研究比较了上海市幼儿园"二期课改"课程和 IBPYP 课程，并拓展进行了国家课程与 IBPYP 课程的比较。

通过实践探索，我园发现 IBPYP 园本化探究学习课程是有效融合国家课程和 IBPYP 课程的策略方法，有助于幼儿成为具有中国情怀和国际视野、身心康乐、尊重博爱、勤学好问、正直内省的终身学习者。同时，此课程也是提升家长和教师教育理念和专业能力的重要手段，有利于形成中西融合的办园特色。

---

① 课题组其他成员：张雪丹、方程琦、巩颜宁、吴秋英、李莹娇、费若雨、刘雪雯。

二、研究思路和主要观点

（一）概念界定

1. IBPYP 课程

IBPYP 课程以具有全球重要性的 6 个超学科主题为主导,学生运用在 6 个学科领域中习得的知识和技能,以及超学科技能,开展探索活动,本课程重点强调探究。该课程具有充分的灵活性来适应绝大多数国家或地方对课程的要求,并使幼儿为将来的学习做好充分准备,鼓励幼儿养成独立自主的能力,支持幼儿努力了解世界,并能够健康快乐地生活在其中,帮助幼儿建立起个人价值观,并以此为基础发展和发扬国际情怀。

2. 园本课程

园本课程在本研究中指幼儿园根据自己的办园理念、幼儿的兴趣与发展需求,将上海幼儿园"二期课改"课程和 IBPYP 课程有效融合,构建一套以幼儿为主体、具有趣味性和挑战性的本土化的探究学习课程,并通过创建兼具中国情怀和国际视野的学习者社区,培养幼儿成为"世界小公民"。

3. 世界小公民

"世界小公民"立足本土文化和传统价值,具备"身心康乐、尊重博爱、勤学好问、正直内省"的素养,能吸收先进、优秀、科学、多元的人类文化遗产,并兼具中国情怀和国际视野,且担负着凝聚共识的责任。他们坚守和弘扬全人类共同价值,为构建人类命运共同体、守护世界人民和平的梦想做准备。

（二）研究思路

1. 研究目标

（1）基于 IBPYP 课程本土化实施的理论,探索 IBPYP 园本课程的整体设计,形成 IBPYP 园本课程的系统架构,提炼 IBPYP 课程园本化实施的策略。

（2）建构一套以幼儿为主体、具有趣味性和挑战性的园本化探究学习课程,形成具有本园特色的课程品牌。

（3）通过家长调研、学生评价和教师访谈,总结 IBPYP 园本课程的实施成效,提炼园本课程实施中培养幼儿具备"世界小公民"素养的思路。

2. 研究方法

本研究综合运用了文献、问卷、访谈、案例研究和比较研究的方法。

3. 研究思路

第一阶段:IBPYP 课程本土化理论研究和前期调研。

第二阶段:设计和构架 IBPYP 园本课程的内容和框架,以及进行课程实施与管理,并有效开展课程评价。

总结阶段:梳理课程实施成效,总结提炼学生通过 3 年的探究学习对"世界小公民"素养的达成程度。(见图 1)

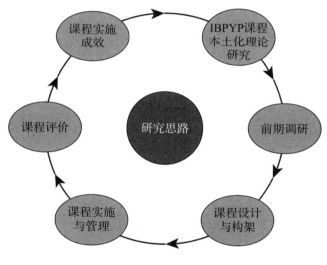

图 1　研究思路

(三) 主要观点

1. IBPYP 园本课程的设计与架构

(1) 课程目标

依据各种政策文件的具体要求,结合幼儿年龄特点和发展需求,围绕"身心康乐、尊重博爱、勤学好问、正直内省"的"世界小公民"的育人目标,制订出 IBPYP 园本课程目标,并形成各年龄阶段的具体发展目标。目标可被分成 3 个阶段和 4 个维度,细化为 10 个指标。(见图 2)

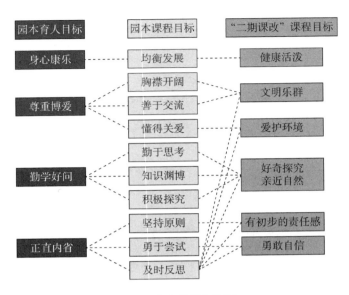

图 2　育人目标细化图

（2）全视野构建园本课程框架

我园的课程框架以培养"世界小公民"素养为目标，涵盖"学习、生活、运动和游戏"四大板块。核心要素为概念、技能、行动和知识，结合六大学科领域和六大超学科主题，开发园本课程，实现幼儿全面平衡发展。（见图3）

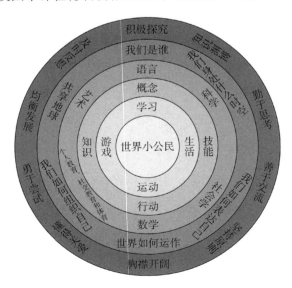

图 3　课程框架图

（3）全方位设计超学科课程内容

我园采用超学科主题设计,让幼儿跨越学科,探索课程内容,围绕六大主题领域进行课程设计,让幼儿了解当地问题、全球问题、不同文化,最终成为终身学习的"世界小公民"。（见表1）

表1　六大超学科探究主题内容

六大超学科探究主题	内容
我们是谁	个人、身体、心智、社交和精神等方面的健康;各种人际关系,包括家庭、朋友、社区和文化;权利与责任
我们如何组织自己	探究人类创造的制度与社区之间的相互联系;各种组织的结构与功能
我们如何表达自己	我们发现和表达自我观点、情感、大自然、文化、信仰与价值观的方式;我们的审美鉴赏
我们身处什么时空	探究个人的历史;旅程;人类的各种发现、探索与迁徙;从本地与全球的视角考察个人与文明之间的联系
世界如何运作	探究自然界及自然规律;自然界与人类社会的互动;科技进步对社会与环境的影响
共享地球	探究努力与他人及其他生命分享有限资源时的权利与责任;机会均等;和平与解决冲突

（4）设计符合不同年龄段的课程内容

在六大超学科主题的指引下,通过制订各个探究单元和课程内容,形成一个持续性发展的探究学习过程。在课程内容的设置中,针对横向小班、中班、大班的整体发展,设置了不同的探究单元,如在"我们是谁"超学科主题下,小班的探究单元是"关于我自己",中班的探究单元是"朋友",大班的探究单元是"健康生活"。这些探究单元与课程内容层层递进,逐步形成一个持续性发展的学习过程。以不同的探究单元为载体,助力幼儿自主学习与探究,最终成为终身学习的"世界小公民"。在具体制订中,需要确保各个年级制订的探究单元能清晰地衔接起来,以保证有横向和纵向的明确联系。

2. IBPYP 园本课程的实施与管理

(1) IBPYP 园本课程组织形式

本园共 14 个班级,按年龄分为 3 个班级,按学制分为中文班和双语班,所有班级均以"探究"为学习的主要形式。由中英文教师共同实施,课程组织形式以集体性学习、小组合作和个别化探究相结合。

(2) IBPYP 园本课程的实施方式

我园教师运用一系列策略、工具和实践方法,协助学习者展开探究之旅,形成了开放、可循环的探究六步骤:导入、发现、梳理、进一步延伸、反思和行动。(见表2)

表 2 探究六步骤策略

	导入	发现	梳理	进一步延伸	反思	行动
定义	教师了解幼儿的前期经验	教师引导幼儿在主题中主动探究,寻找答案	教师协助幼儿梳理在探究中获得的信息和经验	教师引领幼儿对在主题中产生的新问题进一步探究	教师和幼儿一起反思、总结、提炼前期探究经验和成果	教师支持幼儿运用多种方式展示学习成果
作用	激发幼儿学习兴趣,引起学习动机;为学习新知识做准备;明确学习目的	提升幼儿通过多种方法搜集信息的能力,进一步支持探究	帮助幼儿建构有意义的知识经验,形成新的认知	推动幼儿进一步深入探究主题,提高幼儿的综合素养	培养幼儿的总结和归纳能力,发展幼儿的批判性思维	鼓励幼儿学以致用,勇于创新
策略	KW工具表 T表 调查问卷 甜甜圈游戏 公共汽车站游戏 教师观察记录 红绿灯游戏	外出实践 采访、访问 小实验 表演 小组活动 个别化学习 家长辅助	分类 标记 统计表 表演 思维导图 记录 调查问卷	任务卡 问题箱 调查问卷 思维导图 外出实践 项目小组 个别化学习	自评 互评 评价表	表演 绘画 视频 录音 画报 自制小书 艺术作品

（3）IBPYP 园本课程的过程管理

在形成完善的课程框架后，我园构建了多元互助的管理组织架构，保证园本课程得以有效实施。我园在研究中形成了相应的课程管理体系，保证团队有效运转、协同工作，建立了问题收集机制，保证教师在课程实施中的问题得以及时交流和解决，形成了多种形式的学习共同体，在园本课程的实施中做到有效支持和引领。（见图 4）

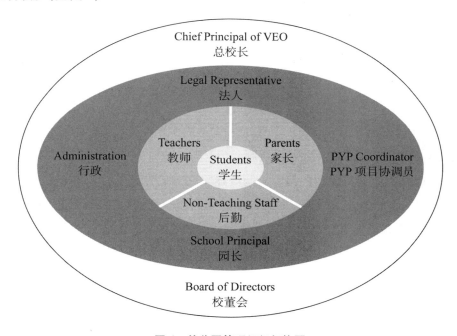

图 4　幼儿园管理组织架构图

作为具有国际视野的幼儿园，本园在教育的实施中，中外教师共同占据主体地位。针对具有不同教育背景、人生价值观、教育经验、民俗习惯的教师如何开展课程设计与实施，以推进"世界小公民"的培养的问题，我园经历了"调整、融合、再调整、再融合"的研究阶段，不断鼓励教师在课程实施中总结、提炼多种有效管理园本课程的手段和方法，形成了课程实施管理模式的 5 个可循环步骤。（见图 5）

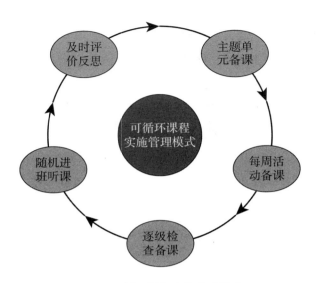

图 5　可循环课程实施管理模式

（4）IBPYP 园本课程的保障机制

建立 IBPYP 园本课程的保障机制需建立完善的课程监控机制,包括监控制度和监控内容两个方面。监控制度包括定期例会制度、随堂监测制度、课程计划审核制度、课程反馈调整制度和幼儿发展评价制度,监控内容包括课程计划、教研计划、班级计划、安全计划、专题计划、主题计划、周计划、日计划、区角活动计划、个案和监测点等。学校通过这些监控机制,保障园本课程的实施,提高教学质量和幼儿发展水平。

3. IBPYP 园本课程的评价

在课程目标的指导下,IBPYP 园本课程的评价手段和形式更加多样化。评价内容从原来的智育为本转向注重综合素养,评价模式从原来的量化转向量与质的结合,评价目标从诊断个体到客观的描述,真正通过有效评价来提高课程实施的实效性。另外,IBPYP 园本课程形成了一系列的评价原则:过程性与终结性评价相结合,定性与定量相结合,教师与幼儿自评、互评相结合。

三、成果要点

（一）促进幼儿素养的全面发展

通过园本课程的实施和渗透,幼儿逐渐成为具有"身心康乐、尊重博爱、勤学好问、正直内省"素养的"世界小公民",以及均衡发展、具有社会责任感的"终身学习者"。主要体现在以下3个方面:一是促进幼儿学习素养的发展;二是促进幼儿国际理解力的提升,如在大班的"旅行"探究主题活动中,通过探究幼儿感兴趣的国家的国旗、货币、服饰、特产等,有效地拓宽了幼儿的国际视野;三是促进幼儿身心的均衡发展,如围绕"健康生活"主题,教师为大班幼儿创设了健康的饮食、身心健康和良好的卫生习惯3个探究内容。通过调查、做实验等实践体验方式,让幼儿认识—了解—反思—改变—养成健康的生活习惯和良好的心态。在园本课程的实施和渗透下,我园幼儿开始积极投身于行动中,为建设更公平、更美好的世界贡献自己的一份力量。

（二）形成特色鲜明的教研模式

为了促进教师的专业化发展,中外教师需要一起学习,共同努力。通过开设园本培训,我园建构了一套中西融合的教研模式。协作备课模式促进了中外教师的合作,优化了课程内容。在备课会议上,中外教师一起讨论单元主题、课程目标、内容、探究线索和资源支持,并制订单元和周活动计划,通过选择相关概念概括探究目标,结合概念制订探究线索,以引导幼儿加深对探究目标的理解。此外,我园还创建了多种学习共同体,如课程交流分享会、特色活动组、语言学习互助小组和文化交流活动等。教师会分享探究方式、计划活动、设计材料,并互相学习对方的长处。IBPYP园本课程实施要求教师具备双语能力,通过多元文化的教研团队和多维度会议,加强课程研讨与合作。教师在设计活动的过程中学会了尊重不同的文化和思维方式,并积极合作。除此之外,在课题研究的过程中,教师之间相互帮助,相互学习、借鉴,以老带新。我园教师就是在这样的环境中相互理解与支持,在相互配合中成长的。

（三）提升我园教师的专业素养

1. 助推教师对"世界小公民"教育理念的转变

在课题即将结束之时,为了更好地了解我园教师对"世界小公民"教育的认识程度,我园开展了深度的问卷调查,该问卷设计了"这些目标对世界小公民素养的重要程度"等6个维度。为了便于统计、分析,课题组用李克特五级量表对选项进行量化,通过SPSS得出平均数和方差,并绘制出柱状图。

2. 教师对达成"世界小公民"目标的认识的转变

我园教师认为最重要的需要达成的"世界小公民"目标分别为：善于交流、胸襟开阔、积极探究、知识渊博、及时反思。可以看出，教师认为要想培育出"世界小公民"，首先需要幼儿具有基本的探究技能和开阔的胸襟，能够求同存异，并在认同本民族的基础上发展全球化的视野。（见图6）

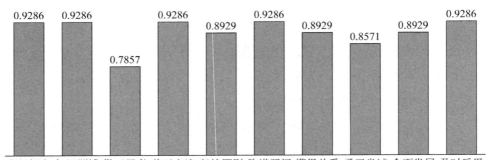

图6　教师对"世界小公民"目标的认识

（四）提升教师的课程领导力

1. 更新教师课程设计的理念

教师在教育教学中逐渐强化了"幼儿优先"的观念，注重突出幼儿的主体地位，采用多元的教学方法。教师也认识到自己的角色从管理者变为组织者、引导者和合作者。他们重视幼儿的个性和发展差异，采取个性化的教育策略，让幼儿从被动学习变为主动学习。

2. 提高教师课程设计的能力

教师的个别化教育意识和因材施教能力有了明显提升，能设计不同层次的幼儿探究活动，提供适宜的探究材料，有利于提高幼儿的探究、思考、反思、交流能力。除此之外，教师还为幼儿创设了园本探究学习活动，根据单元主题构建不同难度的教具和玩具，提供多元的探究环境，让幼儿探究融入一日生活。

3. 提升教师课程实施的能力

针对怎样开展园本探究课程，我园对教师进行了访谈。通过访谈可知，教师在实践中总结了一些经验和看法，并形成了园本课程实施的策略。教师认为实施园本课程遇到了一些问题,其中难点主要有如何让幼儿理解 IBPYP 信息、如何将 IBPYP 与"二期课改"进行有效的融合等。针对教师遇到的问题,我园采取以下解决办法:将 IBPYP 和"二期课改"中探究活动的不同形式进行有机的结合,使课程既有集体活动的形式,又有分组探究的活动形式;通过浅显易懂的语句、游戏,让幼儿更容易理解 IBPYP 的信息。我园还积累了指导家园合作的经验。为了能更好地实施园本课程,家园合作是非常关键的。在每次活动的进行过程中,家长会通过拍照片或者拍摄录像的形式参与其中,这可以调动幼儿的积极性,帮助幼儿更好地理解某一主题。为了便于家长得到幼儿在园的学习及生活情况,家长可以通过 seesaw 平台得到反馈,并及时与教师沟通,以此帮助幼儿进行更好的调整。

4. 提高教师教育研究的能力

在课题研究过程中,为了能顺利推进园本课程的开展,教师要善于用发现的眼光去观察和分析幼儿。教师在不断的实践—反思—调整中,逐渐提升了自身的专业素养,不仅自己成为一位热爱探究的终身学习者,还可以更有效地促进幼儿成为终身学习的"世界小公民"。

(五) 打造中西融合的办园特色

课题的研究带动了幼儿园在现代化治理、教育教学、特色建设、校园文化等方面的发展,打造了中西融合的办园特色。我园建立了科学系统的幼儿园治理机制,包括自下而上的制度修订,建立目标自评体系和激励机制,科研引领教学改革,信息化的智慧管理等方面。我们制订了各类规定和手册,开发了特色课程。经过 4 年研究,我园以"凝聚专业力量,创建学习者社区,帮助幼儿做好成为终身学习者和具有国际视野的全球公民的准备"的使命为引领,构建了"世界小公民"素养课程体系,形成了注重幼儿探究经验和学习品质的校园文化和学习环境。我们通过实践研究,做好教育服务和家园合作,加强教师研修培训,扩大了幼儿园特色课程的影响力。在实践中,幼儿的探究素养逐步提高,自主探究能力、能动性得到发展,教师的专业素养得到提高,办学理念得到真正落实,整体教育质量得到提高。随之,办园影响力也在不断扩大。

四、研究创新与展望

（一）创新之处

1. 拓展了国家课程与 IBPYP 园本课程的比较研究

经过比较分析，我园将"二期课改"与 IBPYP 加以融合，形成了一套系统、全面的园本课程体系，弥补了先前研究的不足，为今后该领域的发展奠定了研究基础。

2. 构建了系统的 IBPYP 园本课程的内容与架构

我园构建的育人目标和课程目标符合幼儿年龄特点，注重协同发展，完善了我园的系统化园本课程内容。

3. 形成了有效的 IBPYP 园本课程实施策略

我园的"超学科"课程是一种全面的、融会贯通的教育模式，以探究为核心，以问题为导向。课程的实施环节充满趣味性、自主性和游戏性，满足了幼儿的各方面需要，促使幼儿发展为具有责任感的终身学习者。

4. 形成了独特的 IBPYP 园本课程的评价方式

我园的评价体系注重主体多元，方式多样。

（二）研究展望

在未来，我园会进一步深化 IBPYP 园本课程的本土化实施，优化评价方式和手段，并进一步探索 STEAM 与 IBPYP 园本课程有效融合的途径。

基于幼儿核心素养的早期阅读课程重构的实践研究

上海市浦东新区浦南幼儿园　蒋耀琴①

一、研究背景

当前,科学技术快速发展,全球正进入第四次科技革命。这场革命深刻地影响着社会的经济和个人的日常生活,并给教育带来了全新的挑战。在这样的背景下,"核心素养"作为培养高素质国民和世界公民,实现自我发展和促进社会和谐发展的重要基础,日益受到关注。作为各大学校开展教育改革和创新的新突破口,核心素养在教育领域占有重要位置。幼儿期是人生发展中最关键的时期,因此,在这个阶段培养幼儿的核心素养,能达到事半功倍的效果,有效提高教育质量。

浦南幼儿园是一所以早期阅读为特色的市级示范性幼儿园。在多年的研究和实践中,我们在早期阅读领域取得了许多成绩,并形成了上海市知名、全国有影响的早期阅读品牌课程。随着时代的发展和课程改革的推进,我们看到了课程迭代发展的契机。当前"核心素养"理念的提出,正是回应"教育培养什么人"的问题,"核心素养"理念综合关注了人的知识、技能、情感、态度、价值观等多方面的综合表现。我园早期阅读课程以全人发展为目标的价值追求与"核心素养"理念不谋而合。为了使我园的课程品牌在新的时代背景下继续焕发新的活力,我们以"核心素养"为理论支撑,开启了基于幼儿核心素养的早期阅读课程重构

①　课题组其他成员:周葱葱、王红裕、徐静、张天、田辰、朱超波、徐晶晶、王珏、刘佳玺、邢玉平、罗静斯。

的实践研究,并全面更新课程体系。

二、主要观点

幼儿核心素养是指幼儿在学前阶段为适应终身发展和社会发展所需要的必备品格和关键能力。它包括文化基础、自主发展、社会参与3个方面,以及人文底蕴(人文积淀、人文情怀和审美情趣)、科学精神(理性思维、批判质疑、勇于探究)、学会学习(乐学善学、勤于反思、信息意识)、健康生活(珍爱生命、健全人格、自我管理)、责任担当(社会责任、国家认同、国际理解)、实践创新(劳动意识、问题解决、技术应用)6个要素和具体细化的18个基本要点。

早期阅读课程重构是指根据某种理念和价值判断,在具体情境中,对现行的早期阅读课程的目标、内容、组织实施、评价等进行的改进和创新。

本课题研究的主要观点有:

1. 早期阅读课程构建要关注幼儿核心素养,拓展早期阅读的育人价值,使幼儿不仅学习阅读,还能通过阅读来学习,以获得全面发展。

2. 早期阅读课程设计要以幼儿核心素养为出发点,充分考虑幼儿的年龄、学习规律等,科学设定课程内容、目标和教学策略,以实现对幼儿核心素养的全面培养。

3. 早期阅读课程形式要考虑多元化、个性化,尊重幼儿不同的兴趣、爱好、经验背景,以满足不同幼儿的学习需求。

4. 早期阅读课程实施要注重幼儿的亲身实践和体验,创设多种途径和机会,引导幼儿积极参与、探索和实践,以获得身心全面发展。

5. 早期阅读课程实施中要积极提高家长的参与度,让家长了解幼儿的学习状况,同时为幼儿的阅读兴趣、能力、核心素养的发展提供更多有益的支持。

6. 教师在早期阅读课程设计中要具有创新性和前瞻性思维,开阔视野,树立全球意识,更好地拓展幼儿的阅读视野,增强幼儿面对未来挑战的能力。

三、实践成果

经过3年多的探索,本课题组成员基于幼儿核心素养对早期阅读课程进行了全面的规划、设计和实施,形成了一个完整的早期阅读课程体系。研究成果大大拓展了原有的早期阅读课程内涵,丰富了早期阅读课程的育人功能,促进了幼儿核心素养的全面发展,提升了教师的专业能力,推动了幼儿园办园特色的发展。

(一) 课程理念的重构——通过阅读的阅读

在教育理论中,我们可以将有关教育价值的讨论分为两个主要派别,即本质论派和工具论派。在探讨绘本阅读的教育意义时,本质论派侧重于学科中心,认为阅读活动是一种语言活动。因此,通过严谨的绘本阅读活动,幼儿可以提高语言理解和表达能力,从而激发他们对阅读的兴趣,培养良好的阅读习惯,提升阅读能力。这些都是绘本阅读最为基本的教育价值。相应地,工具论派则认为绘本只是一种教学载体和工具,通过绘本阅读活动,幼儿可以开阔心智,得到语言能力和社交能力上的发展,而不仅仅是提高语言能力。

绘本阅读的教育价值不管是在本质论派,还是在工具论派,都得到了广泛的认可和重视。但是,随着教育实践和研究的深入,人们对早期阅读的认识已经深入到了更为深层次的层面。阅读是一种承载着幼儿身心全面发展的、具有多元价值的工具,因此,绘本阅读活动可以促进幼儿的认知发展、情感发展、社会发展和语言发展,助力他们拥有全面而健康的成长和发展。

(二) 课程目标的重构——聚焦核心素养

工具论价值倾向的早期阅读承载着多元的教育价值,于是我们把早期阅读课程的目标重构指向了幼儿的"核心素养"。我们以上海"两纲"教育为指导,基于原有课程目标,以上海市学前教育课程目标为纲,深入结合《3—6岁儿童学习与发展指南》的精神,初步建立了有层次、可操作的幼儿早期阅读教育的课程目标框架体系。同时,幼儿早期阅读课程的目标设置还充分考量了当前社会发展的时代背景,着重凸显了"民族精神教育和民族文化传承"及"创新素养和科学精神"的价值内容。(见表1)

表 1　幼儿早期阅读教育的课程目标框架体系

核心素养	素养释义	基本内涵	主要表现	大班	中班	小班
文化基础	文化基础，重在强调能习得人文、科学等各领域的知识和技能，掌握和运用人类优秀智慧成果，涵养内在精神，追求真善美的统一，发展为有宽厚文化基础、有更高精神追求的人	人文底蕴	人文积淀	1. 能与别人进行适宜的你来我往的正常交往 2. 理解并尊重别人；真诚地关心别人的需求，并提供力所能及的帮助 3. 能依据所处情境使用恰当的语言	1. 喜欢和长辈、同伴互动 2. 能注意到别人的情绪，并有关心、体贴的表现；尊重别人的需求 3. 能主动使用礼貌用语，不说脏话、粗话，表现文明的语言行为	1. 乐于交往，并在成人的提醒下，尊重别人，关心别人，尤其不因为自己打扰别人 2. 能在成人的提醒下使用恰当的礼貌用语，养成文明的语言习惯
			人文情怀			
			审美情趣	1. 尝试记录、分享、交流自己的美感体验 2. 能运用相对专业的艺术技巧、技法，创造和表达美	1. 能感知自然界或艺术作品的具体特征和其表达的内在情感 2. 能运用相对专业的艺术手法，表达自己对美的理解	1. 喜欢花草树木、日月星空、虫鸣蛙叫等大自然中美的事物，以及音乐、舞蹈、戏剧、绘画、泥塑等不同形式的艺术作品 2. 能够用自己的方式表达对美的理解
		科学精神	理性思维	1. 能通过合作的方式，有计划地利用相对理性的探究手段，探究并记录事物的关键特质 2. 能有序、连贯、清楚地讲述自己的思维过程和探究结果	1. 能运用对比、调查、实验等相对理性的方式，探索事物的特质，并尝试记录 2. 能完整、连贯地表述自己的想法和发现	1. 能用多种感官或动作去探索物体，关注动作所产生的结果，发现事物的明显特征 2. 愿意尝试用语言呈现自己的发现
			批判质疑			
			勇于探究			

（续表）

核心素养	素养释义	基本内涵	主要表现	大班	中班	小班
自主发展	自主发展，重在强调能有效管理自己的学习和生活，认识和发现自我价值，发掘自身潜力，有效应对复杂多变的环境，成就出彩人生，发展为有明确人生方向、有生活品质的人	学会学习	乐学善学	1. 能基于图文，进行自主阅读，并能围绕图书内容，开展分享和讨论 2. 通过相对理性的探究手段，感知事物的"结构—功能""原因—结果"等逻辑关系	1. 欣赏并理解图书，并尝试复述或讲述阅读的内容 2. 通过探究，进一步了解生命科学、物理科学的科学现象或事物的特征和习性等	1. 喜欢读书，并能够在成人的帮助下，理解图书内容 2. 基于探究，认识和感知生命科学和物理科学的科学现象或事物的特征和习性等
			勤于反思			
			信息意识			
		健康生活	珍爱生命	1. 养成良好的作息、饮食、穿着、卫生习惯 2. 具备基本的安全知识和自我保护能力 3. 理解死亡和生命，理解生命的价值在于奉献	1. 基本养成良好的作息、饮食、穿着、卫生习惯 2. 初步具备基本的安全知识和自我保护能力 3. 初步理解生命和死亡的意义	1. 在提醒下，初步养成良好的作息、饮食、穿着和卫生习惯 2. 在提醒下，具备初步的安全知识和自我保护能力 3. 初步具备珍惜生命、自我保护的意识
			健全人格	1. 能积极主动地发起或参与活动；能清晰大胆地表达自己的意见 2. 能较快融入新的人际关系 3. 能随着活动的需要较快地转换情绪和注意力，并能勇敢、恰当地表达自己的情绪	1. 知道自己的优点和长处，对自己感到满意；并能按自己的想法进行游戏或其他活动 2. 能较快适应人际环境中发生的变化 3. 经常保持愉快的情绪，负面情绪能得到较快缓解，不乱发脾气	1. 能根据自己的兴趣选择游戏或其他活动；能为自己好的行为或活动成果感到高兴 2. 换到新环境时，情绪能得到较快稳定，睡眠、饮食基本正常 3. 情绪比较稳定，很少因一点小事哭闹不止；不高兴时能听从成人的哄劝，较快地平静下来
			自我管理			

（续表）

核心素养	素养释义	基本内涵	主要表现	大班	中班	小班
社会参与	社会参与，重在强调能处理好自我与社会的关系，养成现代公民所必须遵守和履行的道德准则和行为规范，增强社会责任感，提升创新精神和实践能力，促进个人价值的实现，推动社会发展进步，发展为有理想信念、敢于担当的人	责任担当	社会责任	1. 理解规则的意义，能与同伴协商制订游戏和活动规则 2. 能通过合作协商的方式进行交往，并解决可能遇到的问题	1. 感受规则的意义，并能基本遵守规则 2. 会运用介绍自己、交换玩具、寻求帮助等简单技巧维系与他人的友好关系	1. 在成人的提醒下，能遵守社会、游戏的规则 2. 在成人的帮助下，能与同伴友好相处，并解决冲突
			国家认同	深化爱家爱国的情感；同时感知世界的多元，萌发人类命运共同体的意识	感知城市和国家的归属，萌发爱家乡爱祖国的情感	感受家庭社会和班级的归属，萌发爱家庭爱班级的情感
			国际理解			
		实践创新	劳动意识	1. 探究问题的解决方案，并用实践来验证 2. 能初步进行高新技术的迁移应用	1. 感知事物的因果关系 2. 了解高新技术在现实场景中的应用原理	感知事物，了解高新技术的运用

（三）课程设计的重构——基于多元视角

课程设计要兼顾内容选择和过程设计的科学性和适宜性。科学性体现在课程内容的领域特质,适宜性体现为符合幼儿的学习规律。而早期阅读课程设计的重构主要集中在课程模式上。我们在课题研究与探索中形成了一套可操作的实践模型。

1. 绘本的选择:精选绘本,意趣融合

早期阅读需要指向幼儿核心素养,因此,教师在对绘本的选择上要求要更高。绘本需要承载更多的教育价值和意义,不仅能提高幼儿的语言能力,而且要促进幼儿多方面发展。经过实践,我们总结出这类绘本除了要具有真善美的价值取向,满足趣味性以外,还要遵循以下两方面的原则。

（1）富有深刻内涵

内涵是绘本的灵魂,也是提升幼儿核心素养的重要工具。有深刻内涵的绘本能启发幼儿在不同层次和视角上进行意义理解。创作者是赋予绘本内涵的第一道源泉。在书籍的大海中,经典绘本是经历过历史长河磨砺的,其内涵丰富且深邃,符合真善美的价值取向,为幼儿发展提供了广阔的空间。因此,选择经典绘本可以为幼儿带来更多的发展可能性。

（2）具有延展意义

在基于幼儿核心素养的早期阅读中,绘本被视为一种工具,绘本阅读活动不仅有利于提升幼儿的语言能力,还有利于发展幼儿的核心素养,促进幼儿多方面的成长。因此,作为工具的绘本,除了具备其本身的深刻内涵外,还需要具有意义再赋予、价值再创造的延展空间,以便从各个角度挖掘其价值,向幼儿传递丰富的教育意义,促进幼儿多方面的发展。

2. 绘本的解读:精读绘本,深度挖掘

教师要发掘适合深度阅读的绘本的教育意义和价值,这些内容并不是显而易见的。他们不仅需要对绘本进行多方面的解读,以探寻绘本内在的深刻内涵,而且需要针对幼儿的成长与发展,为绘本注入更多的教育价值和意义。绘本精读活动将阅读看作幼儿、教师和绘本之间的一场对话,使教师和幼儿可以全情投入解读绘本的教育意义与价值的活动之中。

（1）教师读，多层次挖掘绘本意义

教师应该充分解读绘本，分析其结构、画面、人物、色彩、语言文字、叙事方式、主题内容和细节，以挖掘其中的教育价值和意义，找到培养幼儿核心素养的关键点。这是早期阅读活动的前提和基础。深入挖掘出的教育价值和意义将为后期的活动设计提供多元的着力点。教师对绘本的解读一般应遵循以下原则：

一是解读的自然性原则。绘本文本的解读应该符合基本的逻辑，顺应绘本的情节氛围和价值线索，而不能过度解读，以致偏颇。

二是解读的积极性原则。真善美是人类最崇高的感情，教师对任何绘本文本的解读，应当而且必须坚持真善美的价值导向。

三是解读的辩证性原则。绘本往往蕴含着丰富的社会意义，在对绘本文本解读的过程中，教师应当明晰：我们不是要传递一个固定的原则、观念，而是要促成一个价值概念的获得、一个判断能力的习得、一个价值信念的养成。因此，对事物进行全面辩证的认识，是教师绘本解读的重要原则。

（2）幼儿读，多角度呈现兴趣需求

幼儿在阅读绘本时能根据自身兴趣、经验和能力获得丰富的感受和体验，这可以帮助教师了解幼儿，并找到他们的成长点。因此，教师应当给予幼儿阅读的机会，并尊重他们独特的感受和体验。教师可以在班级活动区域放置相关绘本，让幼儿自主阅读，也可以给家长推荐绘本，鼓励家长进行亲子共读。阅读过程中，教师应对幼儿的阅读行为进行充分观察，可以与幼儿交流互动，了解幼儿的阅读兴趣、问题或困惑，从中收集幼儿阅读后的信息，为后续活动的开展提供依据。

3. 阅读的设计：全息覆盖，生态构筑

在对绘本进行深度解读后，教师需要将所挖掘的教育价值和意义与幼儿的已有经验、发展需求进行链接，从而筛选出合适的价值点，设计和组织与幼儿年龄适宜、难度契合的各类活动。比如，对于适合在环境中渗透的价值点，教师将其融入班级环境中；对于适合在区域中探索的价值点，教师将其设计成低结构材料，投放在班级区域中；对于适合进行集体教学活动的价值点，教师将其设计成一个个生动有趣的活动；等等。如此，绘本精读活动具有多形式、多领域、多途径整合的特点。

（1）环境中的浸润

在早期阅读课程实施中，环境扮演着不可或缺的角色，因此，在阅读中为幼儿创造潜移默化的环境至关重要。环境中融入绘本元素有三大作用：一是再现绘本场景，营造身临其境的体验；二是呈现关键话题，推动幼儿探索和发现；三是提供多元表征的平台，鼓励幼儿记录和表达阅读收获及问题。

（2）学习中的整合

集体教学活动是由教师组织的有目的、有计划、高度结构化的活动。要想找到合适的集体教学活动切入口，教师就要将绘本价值和幼儿的已有经验进行链接，在幼儿的最近发展区内找到幼儿共同的生长点，形成年龄适宜、难度契合的各类活动。绘本价值的多元和幼儿发展的多样需求使绘本的学习活动常常具有多领域整合的特质，有利于幼儿不同核心素养、不同领域核心经验的获得。

（3）区域中的渗透

在绘本所挖掘出的丰富价值中，一些有利于幼儿自主探索或是能满足幼儿个性化需求的价值点，教师可通过低结构材料投入到区域中，以促进幼儿实现不同层次、不同水平的发展，实现绘本阅读活动的差异化教育。设计这类材料时，不仅内容要来源于绘本，而且要有助于幼儿对绘本的感受和理解。

（4）家庭中的融入

家庭是孩子成长的肥沃土壤，家庭和学校只有形成教育共同体，才能全面促进孩子的健康成长。在早期阅读课程中，家庭作为重要的教育场域，通过各种互动方式，在绘本活动的前期、中期和后期融入其中，有利于扩展孩子的活动空间，丰富孩子对绘本的感知和体验，同时增进亲子互动关系，实现高质量的家庭陪伴。

4. 课程的组织：纵横有序，内外有章

早期阅读活动的组织体现的是课程的内在逻辑。基于幼儿核心素养的早期阅读课程关注幼儿在学习中如何阅读，获得阅读能力，同时也重视幼儿通过阅读来学习，发展全面的核心素养。因此，在课程设计中，我们强调内容的全面整合、结构的系统衔接。

（1）高结构与低结构相融合

基于幼儿核心素养重构的早期阅读让绘本成了一个多元化、支撑性强的活动主题。绘本中的价值要素被演绎成了丰富多彩的教学活动,无论是集体教学、区域活动、亲子互动,还是隐性渗透,都能在幼儿的学习和生活中发挥作用。这种高低结构融合的活动体系,可以满足幼儿多样化的学习方式和需求,促进幼儿核心素养的全面提升。

(2)全面性与个别性相结合

在绘本的设计中,需要深度挖掘其中的教育价值,以满足幼儿培育多方面核心素养的需求。然而,并非每本经典绘本都具有可挖掘的内容。因此,课程内容的组织需要全面性与个别性相结合,从而在保障幼儿核心素养发展的同时,实现"少而精"和"多而全"的平衡。全面性强调活动设计的多样性,以最大程度挖掘绘本的教育价值,覆盖幼儿全方面的核心素养。个别性突出绘本意义的特殊性,利用绘本的某一价值,培养幼儿的某一类核心素养。

(3)顺序性和连续性相衔接

基于幼儿核心素养的早期阅读课程遵循连续性和顺序性原则,即通过直线式地重复主要课程要素,让幼儿在不同的学习阶段有机会反复学习,以增强学习效果。同时,每一学习内容都应基于之前学习的内容要素构建,呈现从已知到未知、从具体到抽象、从简单到复杂的递进状态。

以上原则保证了早期阅读课程的科学性和系统性。当然,课程的进度需根据幼儿的发展轨迹进行动态调整和安排,以满足幼儿当前的发展需求,呈现幼儿成长的轨迹。

(四)课程实施的重构

从课程实施的角度看,早期阅读课程的优化和重构主要指向课程实践中过程性质量监控能否科学有效地开展、配套的教师专业发展支撑是否到位等。

1. 课程的实施:师幼互动,进退有度

师幼互动是教师和幼儿之间发生的多种形式和性质的相互作用,是早期阅读课程实施中广泛存在的因素。良好的师幼互动至关重要,对教育效果有决定性的影响。因此,在早期阅读课程中,教师需要持续提高师幼互动的质量,通过良好的互动,及时观察和理解幼儿的需求和兴趣,为幼儿的成长制订和调整教育目标,同时不断发现新的教育价值,创造更多的发展空间。

2. 早期阅读评价模式的重构

我们通过设定评价目标、制订评价内容、明确评价方式、组织评价队伍四个方面,建立完善、科学的评价体系,对"基于幼儿核心素养的早期阅读课程重构的实践研究"的成效进行了认真而全面的评价。

（1）评价目标:旨在监控早期阅读活动开展的过程,并对实施的过程进行有效的反馈,改进和调整早期阅读活动的组织策略,提高早期阅读活动的效率和质量。

（2）评价内容:对绘本解读与开发的评价、对绘本精读（集体教学）的评价、对区角泛读（绘本区域渗透活动）的评价、对亲子阅读的评价。

（3）评价方式:具体包括过程性评价及终结性评价。过程性评价的重点在于了解绘本选择的现状、教师解读绘本的情况、集体教学活动的适切性、亲子阅读活动的开展情况等问题。终结性评价的重点在于检测课程是否达成了既定的重构目标,衡量课程重构是否有效,这也是判断幼儿发展的一项指标。

（4）评价队伍:外部评价和内部评价是我园早期阅读课程重构所使用的两种方法。内部评价在幼儿园内部开展,由园中的多元主体（学校领导、教师、学生）共同参与,重在自我检查,旨在促进早期阅读课程的重构。外部评价则由我园聘请外园专家组成评价小组,对我园早期阅读重构的课程的整体实施状况作出判断。

四、成果的价值与影响

在当前越来越重视早期阅读的背景下,本研究重新定义了早期阅读的教育功能和价值。我们将幼儿核心素养作为早期阅读课程的新聚焦点,不仅培养幼儿的阅读习惯和能力,而且关注幼儿适应未来所需的品格和关键能力的培养,以实现人的全面发展。

通过大量的绘本研发与实践,本课题构建了一套早期阅读实践模型,全面阐释了基于幼儿核心素养的早期阅读实施路径,包括绘本的选择、活动的组织与设计、实施与评价等方面。该实践模型具有很强的操作性,能为教师开展核心素养背景下的早期阅读提供指引,促进新理念的有效落地。

研究还形成了大量的绘本实践课例,内容覆盖了3—6岁不同年龄段的幼儿核心素养的全面培养,具有可推广的实践意义。

课题研究的成果著作《基于幼儿核心素养的早期阅读课程重构的实践研究》为幼教同行提供了宝贵的借鉴经验。同时,我园积极利用市区展示平台及外省市观摩交流活动,大力宣传并分享研究成果,让更多幼儿园受益。

课堂教学

物理课堂教学中批判性思维培育的研究与实践

上海市洋泾中学　关　伟　上海南汇中学　赵一斌

本项目组运用"德尔菲"批判性思维理论,在中学物理课堂中开展批判性思维的教学研究与实践,构建了"一条教学主线、两个教学策略、三种教学方式"的批判性思维教学模式,以及基于"知·情·意·行"的批判性思维倾向涵养结构,解决了物理课堂教学中如何推进批判性思维技能培育这一重点问题,突破了课堂教学中落实批判性思维倾向培养这一难点问题。

我们从批判性思维理论明晰化、技能学科化、要素显性化、教学模块化、倾向结构化 5 个环节,进行了理论与实践探索。从衔接批判性思维的理论与教学实践开始,到丰富批判性思维教学资源,培育学生的批判性思维技能,涵养学生的批判性思维倾向,形成了一条完整的实践路径,提升了中学物理教师在课堂中实施批判性思维教学的能力,培育了学生的批判性思维能力。

一、问题提出

（一）开展批判性思维培育的价值与动因

1. 批判性思维是 21 世纪人才所必备的关键能力

批判性思维是 21 世纪人才的必备品格和关键能力。2015 年的世界经济论坛、2016 年的世界教育创新峰会都将批判性思维列为核心能力之一,芬兰等国都将批判性思维作为人才培养的重要内容。批判性思维已经成为 21 世纪国际教育中人才培养的焦点之一。

2. 批判性思维是中国学生提升学术能力的迫切需求

中国学生发展核心素养将科学精神列为六大素养之一,在科学精神方面明确提出了"批判质疑"。但中国学生在批判性思维方面的学术能力还非常欠缺，因而在中学阶段开展批判性思维培育，提高学生的学术技能，是深化课程改革的迫切需求。

3. 批判性思维是物理学科核心素养发展的内在要求

中学物理知识有高度的确定性，但是在理解上又有大量的不确定性，很多知识与直觉相悖，这就为批判性思维的培育创造了良好条件。物理学科核心素养中的科学思维特别强调批判性思维，因而在物理课堂中进行批判性思维培育，是提高学生学科核心素养的内在要求。

（二）实施批判性思维培育亟待解决的问题

1. 如何准确把握批判性思维技能的含义

批判性思维是具有目的性和反思性的判断，包含技能和倾向两个部分。技能有 6 项，分别是解读、分析、评估、推理、解释和自我调整。本项目首先要做的是对技能进行精细化解读，保证教师能准确把握批判性思维的要义，以推动后续研究和实践。

2. 如何衔接批判性思维理论和教学实践

批判性思维理论是一种超越具体学科的认知框架，而物理教学是一种实践体系，两者之间需要过渡和衔接，使得批判性思维理论能比较自然地渗透到物理课堂教学中。所以，我们必须要将批判性思维理论通过一定的方式移植到物理教学的土壤中。

3. 如何丰富批判性思维培育的教学资源

要系统培育学生的批判性思维，就要有相应的、成体系的教学资源。物理学史和物理教材是重要的教学材料，充分挖掘其中的批判性思维元素可以形成很多教学资源，有助于教师更好地进行批判性思维教学。

4. 如何切实培养学生的批判性思维技能

上述 3 个问题解决之后，教师已经把握了批判性思维的内涵，厘清了批判性思维理论和学科教学的关系，接下来就要在教学中培养学生的批判性思维技能，这是本项目要解决的重点问题。

5. 如何长期涵养学生的批判性思维倾向

批判性思维除了技能之外，还有情感、态度之类的情意性侧面，即批判性思维倾向，教师有必要进一步涵养学生的批判性思维倾向。因此，本项研究还要解决如何培育学生的批判性思维倾向,促进技能的运用等问题,这是教师在教学中要突破的难点。

二、研究内容

(一) 批判性思维理论的明晰化

项目组围绕批判性思维的 6 项技能开展了大量的文献研读、专题学习、专家讲座、集中讨论等活动,进行了反复的研讨。同时,项目组还借助认知心理学、教育心理学等理论,明确批判性思维的内涵,特别是批判性思维技能、子技能的含义,以此解决第一个问题"如何准确把握批判性思维技能的含义"。(见表 1)

表 1　批判性思维技能的含义

序号	技能	含义	物理教学内涵	子技能	子技能含义
1	解读	领会和复述各种表达的含义	理解并能复述他人表达的意思	分门别类	判断问题领域
				破解意义	领会问题含义
				澄清意义	准确表述问题
2	分析	识别各种表达中的观点、证据和推理关系	厘清他人的观点、证据和推理	检查观点	识别出观点
				识别论证	识别出证据
				检测论证	识别出论证结构
3	评估	评价各种表达中的观点可信度及论证合理性	判断别人的观点对不对,证据是否充分	评估观点	判断观点的可信度
				评估论证	判断论证的逻辑性
4	推理	找出得到合理结论所需的各种因素	对这个问题,我自己是怎么论证的	寻求证据	找支撑因素
				形成假设	考虑可能性
				得出结论	推导出结论
5	解释	陈述和论证自己的推理结果,并进行辩护	把自己的论证过程展示给别人	陈述结果	表明自己的观点
				合理论辩	论证自己的推理
				展示论证	展示自己的推理
6	自我调整	将分析评估技能用于自己的推理,并作出修正	反思自己的论证过程、结果有没有问题	自我检查	回顾认知过程
				自我修正	修正过程结果

（二）批判性思维技能的学科化

1. 发掘批判性思维技能的物理教学内涵

依据批判性思维技能的含义,进一步发掘技能对应的物理教学内涵,再辅以物理教学实例,清晰呈现每一项技能在课堂教学中如何落实,以实例来诠释这一项技能的教学。

2. 厘清批判性思维技能的物理教学行为

根据批判性思维技能的物理教学内涵,梳理出课堂教学中有利于技能培养的积极的教学行为,以及不利于技能培养的消极的教学行为,教学中尽量采用积极的教学行为,避免消极的教学行为。

3. 构建批判性思维技能的物理教学路径

在厘清批判性思维技能的物理教学内涵、教学行为之后,本项目组通过教学研讨和实践,建立起了技能培育的教学路径。（见表2）

表2　培育批判性思维技能的教学路径

序号	思维技能	教学路径
1	解读	转化问题的表现形式
		提取情境的有效信息
		破解模型的隐性规律
2	分析	三段论分析论证
		图尔敏分析论证
		苏格拉底诘问法
3	评估	观点碰撞
		一题多解
		要点辨析
4	推理	归纳推理
		演绎推理
		类比推理

（续表）

序号	思维技能	教学路径
5	解释	问题引导对话
		图表展示过程
		矛盾推动释疑
6	自我调整	解决认知冲突的调整
		破解迷思概念的调整
		面对实验误差的调整

（三）批判性思维要素的显性化

1. 挖掘物理学史中的批判性思维

在物理学的发展过程中，很多重要概念、规律都是在科学家的反复争论中逐渐清晰起来的，而批判性思维恰恰是这种科学发展的直接动力，了解这些物理学进程对学生批判性思维的培育有重要作用。本项目组挖掘物理学史，将其中的批判性思维内容明确展现出来，并将其作为课堂教学的重要资源。（见表3）

表3 物理学史中的批判性思维案例

序号	主题
1	"地心说"与"日心说"之争
2	"热质说"与"热动说"之争
3	"双流说"与"单流说"之争
4	"微粒说"与"波动说"之争
5	"枣糕模型"与"核式模型"之争

2. 挖掘物理教材中的批判性思维

物理教材中已经有一些批判性思维的元素，但是分布零散，未成体系。我们反复研读物理教材，挖掘、整理、丰富其中的批判性思维元素，形成了68个案例，将教材中的批判性思维内容的表述由隐性转为显性，使其更加系统化。运用批判性思维的注入式教学，就是在教学过程中，将批判性思维尤其是将技能明确地展示出来。

（四）批判性思维教学的模块化

1. 物理概念教学中的批判性思维培育

物理概念是经历大量的观察和实验,形成感性认识,再经历思维加工后形成的。在新概念建立之前,学生头脑中已经有了对某一概念的前认知,但是这种认识与概念本身的含义有一定差距,甚至是错误的。在概念形成过程中,学生往往对概念的数学形式和物理意义有不同的理解,从而产生困惑。在概念形成之后,学生还需要辨别不同概念之间的差异。这 3 条是我们在概念教学中培育批判性思维的落脚点。

2. 物理规律教学中的批判性思维培育

物理规律是基于观察和实验,经过正确的科学抽象,形成的对事物之间联系的理性认识,并在实践中得到检验和发展。情境中蕴含规律,而规律的探究涉及实验证据是否充分、论证逻辑是否合理,这些都属于批判性思维的要素。而应用规律来分析和解决实际生产、生活中的物理问题,本身就是批判性思维培育的重要目标。我们通过情境创设、规律的探究和应用来培育批判性思维技能。

3. 物理方法教学中的批判性思维培育

物理方法是研究与描述物理现象、建立与定义物理概念、设计与实施物理实验、总结与检验物理规律时所应用的各种手段和方法。常见的物理方法有很多,本项目重点探讨了等效替代法、整体法、极限法、假设法中批判性思维技能的培育。

4. 物理模型教学中的批判性思维培育

在理论研究时,常常利用抽象、理想化、简化和类比等方法,把反映研究对象的本质特征抽象出来,构成一个模型。在高中物理课堂教学中,遇到的物理模型有 3 类,包括对象模型、条件模型和过程模型。本项目主要在建立物理模型及类比物理模型的过程中培育学生的批判性思维。

5. 物理实验教学中的批判性思维培育

实验不仅对物理学发展至关重要,也对学生核心素养的养成和批判性思维的培育有着非常重要的教育价值。本项目组基于学生实验,从实验原理、器材、操作、数据分析、得出结论 5 个环节,进行批判性思维的培育。（见表 4）

表4　物理教学中批判性思维的培育路径

序号	物理教学模块	培育路径
1	物理概念教学	学生的前概念
		概念形成过程
		易混淆的概念
2	物理规律教学	情境的创设
		规律的探究
		规律的应用
3	物理方法教学	从等效替代法中发掘
		从整体法中发掘
		从极限法中发掘
		从假设法中发掘
4	物理模型教学	建立物理模型的过程
		类比物理模型的过程
5	物理实验教学	实验原理中的批判性思维
		实验器材中的批判性思维
		实验操作中的批判性思维
		数据分析中的批判性思维
		实验结论中的批判性思维

（五）批判性思维倾向的结构化

批判性思维倾向包含7个维度：追求真理、心智开放、心智成熟、分析性、系统性、自信和好奇。这些倾向属于思维习性，一旦形成，可以使学生表现出一贯的、稳定的批判性思维，促进批判性思维技能的应用。对思维倾向的培育，需要经历"认知启发""情感激发""意志锤炼"3个阶段，最终表现出批判性思维的稳定行为，即"知、情、意、行"，以此涵养学生的批判性思维倾向。

三、研究成果

（一）构建了基于物理学科核心素养要求的批判性思维教学模式

本项目组经过反复实践和优化，发展出"一条教学主线、两个教学策略、三种教学方式"的批判性思维教学模式，促进了课堂教学中学生批判性思维的发展。

1. 批判性思维课堂教学主线

依据批判性思维技能的内涵，发展出批判性思维课堂的教学流程，进一步将教学流程提炼为教学主线——"质疑·论证·反思"，对应的教学要点分别是"问题、证据、总结"。（见表5）

表 5　批判性思维课堂教学主线

序号	批判性思维技能	教学流程	教学主线	教学要点
1	解读	提出问题	质疑	问题
2	分析	分析问题		
3	评估	评估问题		
4	推理	研究问题	论证	证据
5	解释	展示交流		
6	自我调整	反思跟进	反思	总结

2. 批判性思维课堂教学策略

（1）重点做好课堂预设

有效的技能培养需要教师的精心预设。课堂预设需要智慧，教师必须要紧扣技能培养，明确目标，分析学情，指向清晰，寻找突破口，最大限度地发挥预设的效用，高效地完成课堂教学目标。教师要基于学生已有的物理学基础、批判性思维技能掌握程度和学习态度等，预设情境、预设问题、预设活动、预设流程、预设作业等，精心设计，充分培养学生的批判性思维。

（2）灵活把握课堂生成

生成是相对于预设而言的，生成强调教学的过程性，突出教学个性化建构的成分，是一种开放的、互动的、动态的、多元的教学形式。课堂生成可以被理解为教师根据课堂中的互动状态，及时调整教学思路和教学行为的教学形态。课堂教学中，特别是学生实验、探究讨论等场域往往会出现很多生成性资源，师生对其中的冲突、错误、意外进行追问，开展对话，是培养批判性思维的有效策略。

3. 批判性思维课堂教学方式

（1）问题探究方式

科学研究始于问题。学生以学科知识为基础，发现问题，提出问题，通过对问题进行讨论、分析、推理，最终解决问题。物理课堂教学中，项目组教师经常引导学生围绕一个科学问题或者问题串进行探究，在这个过程中，学生的批判性思维能力得到发展。

（2）对话互动方式

对话是课堂教学中的一项重要活动。课堂中的对话包含生本对话、生生对话、师生对话。教师可以根据教学内容的特点灵活选取、组合多种对话方式，在对话中引导学生进行批判性思考，并展开论证，提升学生的批判性思维能力，涵养学生的批判性思维倾向。

（3）自省反思方式

批判性思维特别重视反思性。在师生的问答和辩驳中，不断引导学生反思自己的思考过程和判断依据，鼓励学生阐述思维的过程，使其他学生在倾听中得到启发和感悟，让学生审视自己的思维过程，修正思维谬误，从而培养学生的批判性思维能力。

（二）基于"知·情·意·行"的涵养结构，培育学生的批判性思维倾向

我们采用浸润式教学培育批判性思维倾向，即倾向的具体表述不在教学中直接或明确地呈现出来，而是基于"知·情·意·行"的涵养结构，潜移默化地培育学生的批判性思维倾向。

1. 知——基于物理学史启发认知

我们通过物理学史中的典型事例来启发学生体会什么是"寻求真理"、什么是"心智开放"等。在物理学的发展史上，科学家表现出批判性思维倾向的故事有很多。发掘这样的案例，并将其渗透在日常课堂教学中，让学生了解这些科学家的批判性思维，对学生进行熏陶，使得学生形成对倾向的初步认识，培养批判质疑精神。

2. 情——基于真实情境激发情感

教师注意挖掘生活实例、科学实验等资源中蕴含的物理现象,为学生创设真实的情境,在原有认知的基础上,激发学生的认知冲突,增强学生的批判性思维倾向。教师以生活素材为情境可以有效激活学生的探索热情,并使学生以更为主动的姿态参与到探究之中。教师也可以通过实验创设情境,引导学生进行质疑,开启学生的批判性思维。

3. 意——基于实际问题强化意志

强化批判性思维倾向,需要让学生面对和解决实际问题。正如道德品质的培养,学生只有在面对实际问题时,才会经历道德的考验,从而锤炼意志。课堂教学中,教师通过一些实际的、复杂的问题来加强学生的批判性思维倾向,使学生逐渐将其转化为一种长期的思考习惯、信念。

4. 行——基于正面引导塑造行为

教师在学生发展过程中的正面引导、及时反馈、过程评价,对学生的批判性思维倾向的固化能够起到非常重要的作用,少批评,多评价,鼓励学生大胆质疑,使学生乐于质疑,善于质疑,发表自己的见解,让学生体验到运用批判性思维的成就感,促进学生养成质疑、提问的习惯,助力学生形成一贯稳定的批判性思维表现。

(三) 创编了基于批判性思维培育的教师培训课程及学生读本

我们在实践研究成果的基础上进行整合、梳理,结合批判性思维理论和教学案例,面向中学物理教师,录制了 36 节微视频课,形成了培训教师开展批判性思维培育的课程。另外,我们紧密结合批判性思维技能,创编了批判性思维训练学生读本,这一读本涵盖了中学物理的全部单元,能进一步巩固学生的批判性思维。

四、研究成效

(一) 增强了学生的批判性思维技能及倾向

本项研究构建起了批判性思维教学模式,经过多年实践,学生的思维质量有了明显提升,学生能够熟练运用批判性思维技能分析问题、解决问题,科学思维能力得到加强。研究中,我们对学生的批判性思维倾向做了前测与后测,结果显示,学生批判性思维倾向的整体提升幅度达到了11.23%,有越来越多的学生表现出质疑求真的学习状态。

（二）提升了教师实施批判性思维教学的能力

对项目组教师的批判性思维倾向的前测与后测结果表明,参与理论研修和教学实践的教师,在批判性思维倾向的多个维度上有不同程度的提升,整体提升幅度为9.91%。研修团队发表了多篇核心期刊论文,并出版了相关的研究专著。

（三）促进了物理课堂教学中深度学习的发展

推动课堂教学从浅表学习向深度学习发展的路径多种多样,但深度学习一定是为思维而学,本项目抓住深度学习的核心——思维,通过研究与实践来提升课堂教学的实效,促进教学变革。本项目组通过攻关计划和区级基地的联动,在上海市15所学校进行了试点教学,并将项目成果通过教学展示和研讨活动进行辐射推广。

基于教材的高中语文群文阅读教学实践研究

华东师范大学附属东昌中学　　孙丽杰①

一、选题缘由与研究意义

（一）选题缘由

1."通过阅读来学习"阅读教学新视域呼唤群文阅读教学

"通过阅读来学习"是指阅读由课堂情境下的技能和策略训练转化为真实情境中的"运用"，这种"运用"可能是跨文本的，也可能是跨学科的。

在日常生活中，我们常常会遇到这样的阅读状态：阅读常常不是局限于某一篇文章，而是关联到多篇文章，多篇阅读是一种常见的自然的阅读形态，是学习、就业、生活中阅读的常态。为适应现实生活中的阅读，我们需要进行多篇阅读的练习，学习多篇阅读的方法。群文阅读教学可以为阅读者较好地进入日常阅读状态打下坚实的基础。

2.新课标为群文阅读教学提供了鲜明指引

《普通高中语文课程标准（2017年版2020年修订）》中的"基本理念"第2条中提到"语文教育必须同时促进学生思维能力的发展与思维品质的提升"；第3条中提到"加强实践性，促进学生语文学习方式的转变"，其中要求"通过阅读与鉴赏、表达与交流、梳理与探究等语文实践，积累言语经验，把握语文运用的规律，学会语文运用的方法，有效地提高语文能力，并在学习语言文字运用的过程

---

① 课题组其他成员：金瑜、金慧、宋娟、张瑛、徐丽丽、舒玉梅、陈伽、周姿含、金添玉、邱俣晗。

中促进方法、习惯及情感、态度与价值观的综合发展"。《普通高中语文课程标准（2017年版2020年修订）》提出了学习任务群和专题学习等新的课程内容与学习方式，多文本的群文阅读成为一种必要的学习过程与方法，可以很好地促进学生思维能力的发展与思维品质的提升。因此，在一定程度上，群文阅读教学会引发新的阅读和学习方式，改变以往的教与学方式。

3. 统编语文教材为群文阅读教学提供了较好的载体

统编语文教材以"人文主题"和"学习任务群"为线索组织单元："人文主题"的设计充分考虑新时代高中生人格和精神成长的需要，"学习任务群"是单元组织的另一条线索，每个单元都设计了若干指向"语文核心素养"的学习任务。就单元组成而言，以课文学习为主的单元，每个单元有4—6篇（也有超过6篇的）课文，与以往不同的是，"课"不仅仅有一篇课文，有的"课"会包含2—4篇课文。含有2篇及以上课文的"课"的特点，带有较强的整合特点。统编语文教材由于其特殊的单元内部组织形式，非常适合采用群文阅读教学。基于教材的群文阅读教学，可以从"人文主题"的角度，或者从"学习任务群"的角度来组织这些群文，使其形成结构化的关联。因此，统编语文教材的编排为群文阅读教学提供了较好的载体，从一定程度上保障了群文组元的科学性，为群文阅读教学的顺利开展打下基础。

4. "深度学习"是群文阅读教学得以实行的土壤

OECD教育研究与创新中心的艾斯坦斯和杜蒙教授基于人类学习本质的分析，归纳出许多重要的结论，其中就有"学习应当植根于其社会本质"的观点。有效的学习本质上不是单独进行的，而是通过交互作用与协同过程产生的。因此，我们应当积极地促进组织化的协同学习。马克泰格与维金斯发现学习者思考知识与其他知识的关联，同经验连接起来，加以原理化或概括化，可以形成"深度学习"，就是说，"深度学习"在于学习者自身能够进行知识的结构化关联，并将知识与经验联系起来。课堂教学中的"深度学习"是指在教师的指引下，学生围绕具有挑战性的学习主题，全身心积极参与、体验成功、获得发展的有意义的学习过程。群文阅读教学是基于2个及以上文本展开的教学。在这些结构化文本中，学习者能将不同的知识相连接，并能结合自身经验，从而形成"深度学习"。另外，在课堂教学中，师生之间、生生之间的互动建构也是进行"深度学习"的途径之一。因此，"深度学习"理论为群文阅读教学的实行提供了理论基础。

（二）研究意义

1. 理论价值

基于教材的高中语文群文阅读教学实践研究,有利于探索阅读教学的新形式,丰富阅读教学理论。

2. 实践意义

基于教材的高中语文群文阅读教学实践研究,有利于提高学生的阅读能力,提升学生的思维水平,提高学生的语文学科核心素养;有利于补充、丰富教材的阅读材料,提升语文课程资源的丰富程度;有利于探索一种新的阅读教学路径。

二、研究思路与主要观点

（一）研究思路

1. 坚持研究理念

注重研究是有目的、有计划地探索的过程,整个研究过程按照研究的程序进行。注重通过研究方案设计来推动实践,并通过实践来发现、归纳和概括相关策略及路径。在实践中研究,是课题组成员需要坚持的理念。

（1）坚持核心理念

"深度学习"是群文阅读教学得以实行的土壤;群文阅读的核心阅读行为是"比较与整合";群文阅读教学是在大概念统领下的 2 篇及以上课文的结构化阅读教学。

（2）基于研究假设

本研究的基本假设是:群文阅读教学设计是单元大概念聚合下的结构化教学设计;群文阅读教学是基于群文间议题而展开的阅读教学;基于教材的 1+X 式群文组元是基于单元大概念的群文组元方式。课题基于研究假设展开实践研究。

2. 设计研究方案

注重设计研究方案,确保做到实质性地进入研究状态。对研究内容进行认真分析,查阅文献,根据教学实际,确定关键概念的内涵,做好研究假设,明确研究问题,科学规划好研究步骤,明确预期阶段性成果和最终成果,逆向设计,将成果的形成落实于阶段性实践研究的过程中。

（1）研究目标

本课题通过"基于教材的高中语文群文阅读教学实践研究"，归纳群文阅读群文组元策略、群文阅读教学设计策略、群文阅读教学实施策略，探索一种新的语文阅读教学方式。

（2）研究内容

本课题主要有 3 个方面的研究内容：一是基于教材的高中语文群文阅读教学设计研究，二是基于教材的高中语文群文阅读教学实践，三是基于教材的高中语文群文阅读材料的选择研究。

（3）研究路径

本课题主要有 3 条研究路径：一是基于教材的群文阅读教学设计，二是基于教材的群文阅读教学实施，三是基于教材的群文阅读教学文本组元。

3. 聚合团队攻关

本课题的研究范围是统编教材，特别是以必修教材和选择性必修教材为主，另外涉及与教材篇目相关的课外篇目。研究内容为基于教材的高中语文群文阅读教学设计研究、基于教材的高中语文群文阅读教学实践、基于教材的高中语文群文阅读材料的选择研究。由于这 3 项研究内容紧密相连，所以课题组成员均承担了研究内容。成员在各自基础上进行的交流研讨、研究课展示，是团队合作攻关的重要载体。

（二）主要观点

1. 基于教材的群文包括大群文（大单元）、小群文（含 1+X 型群文）。

2. 基于教材的群文阅读教学，主要包括大群文阅读教学、小群文阅读教学和 1+X 型群文阅读教学。

3. 实施群文阅读教学，需要梳理单元内课与课之间的关系，需要梳理一课之内课文与课文之间的关系，需要开发教材内一篇课文与教材外一篇及以上文本之间的关系。单元内课与课之间可以有大概念统领下的多种组元关系，一课之内课文与课文之间的关系包含并列式和主次式两种。

4. 实施大群文阅读教学，需要提炼单元大概念，在单元大概念的聚合下，课与课之间、一课之内的课文与课文之间、教材内一篇课文与教材外一篇及以上文本之间的关系呈现出结构化联系。

5. 群文阅读教学是指在课堂教学中,基于议题而展开师生对话、生生对话,共同建构文本意义,从而提升学生学科核心素养。群文阅读教学涉及 3 个重要内容:整合相关联的多个文本;通过一定的阅读方法,将多个文本之间的关联揭示出来;读懂多篇文本,并学习和掌握阅读多篇文本的方法。

三、学术贡献与创新价值

(一) 学术贡献

1. 形成了基于教材的群文阅读教学模型

本课题需要关注的关键词是大概念、群文类型、单元教学目标、群文阅读教学目标、课文的板块式组合、文本组元、议题、集体建构等。基于教材的高中语文群文阅读教学,主要包括大群文阅读教学、小群文阅读教学(含 1+X 型群文阅读教学,即基于单元内课文及课外文本的群文阅读教学)。(见图 1)

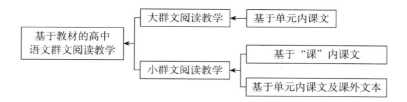

图1 基于教材的高中语文群文阅读教学模型

基于教材的高中语文大群文阅读教学设计流程。(见图 2)

2. 总结出群文阅读教学设计、教学实施及 1+X 群文组元的主要策略

本课题需要处理好几组关系:群文阅读与“学习任务群”之间的关系;群文阅读与单篇阅读之间的关系;群文阅读教学与单篇阅读教学之间的关系;群文阅读教学与单元阅读教学之间的关系;等等。厘清这些关系,对于科学地进行群文阅读教学设计、有效地实施群文阅读教学,以及艺术地进行群文阅读组元,有重要的作用。

群文阅读教学设计的主要策略如下:一是根据“学习任务群”的学习目标及内容、教材相关提示、课文体式及风格特点来提炼大概念;二是确定并分解大群文阅读教学目标;三是分析单元内课文间的结构关系(并列式、主次式、一篇带多篇式);四是聚焦大概念进行设计,首先是在大概念统领下进行整体设计,其次是聚焦大概念进行"板块"设计,最后是在大概念的观照下进行基于课文功能的设计。

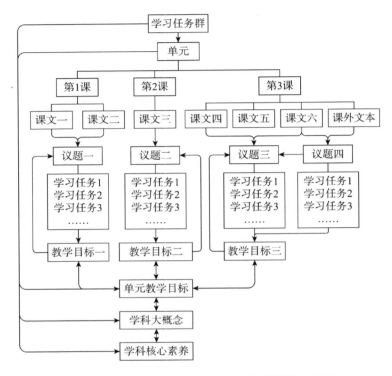

图2　基于教材的高中语文大群文阅读教学模型示意图之一

群文阅读课堂教学的主要策略如下:在教师的引导下,发挥学生的主体性作用,基于议题,通过集体建构的方式,使学生形成对一组群文的深刻理解,实现单元学习目标,提升学生的语文核心素养。

1+X型群文组元的主要策略如下:教师要形成群文阅读教学组元意识,即教师要通过群文组元的形式进一步发掘其课程意识,形成实践中"用教材教"的教学组元智慧。比如,群文之间的关系可以以教材课文为主,其他文章作为教材课文的从属而存在;群文之间可以是并列关系,对群文进行比较,也可以是复杂的多种关系。

3. 探索出提取群文阅读教学大概念的路径

指向核心素养的阅读教学要求建立单元整体意识,认识"学习任务群"的作用与价值,以任务驱动教学。单元大概念可以从课程标准、该单元所属"学习任务群"的教材分析(包含学习目标与内容、课文"独特的这一个",以及2篇及以上课文的共同的特点)、相关的语文知识中去提取。在此基础上,教师要设计符合学生认知水平的语文学习活动,从而完成大群文阅读教学任务。

4. 探索出群文阅读教学的板块式设计

课题组在实践研究中,探索出在大概念统领下的具有灵活性的群文阅读文本组元方式。它体现了语文教学的科学性和灵动性。不同的组元方式可以创造出不同的板块教学设计,从而服务于整体的大单元教学,帮助学生完成单元教学目标,实现学科核心素养的提升。它给语文教学带来诸多的可能性,也使基于课标的语文教学焕发生机。

(二)创新价值

1. 课题研究成果顺应了考试评价的要求

统编语文教材从2019年开始使用,2022年高考是统编语文教材使用后的第一届高考。《2022年普通高等学校招生全国统一考试(上海卷)语文科目考试说明》对考试目标、考试内容和要求做了规定。其中,考试目标要求体现普通高中语文学科核心素养内涵:语言建构与运用、思维发展与提升、审美鉴赏与创造、文化传承与理解。这一文件在思维发展与提升、审美鉴赏与创造、文化传承与理解中分别提到:

能比较、概括多个文本的信息,发现其内容、观点、情感、材料组织与使用等方面的异同,尝试提出需要深入探究的问题。

能比较两个以上的文学作品在主题、表现形式、作品风格上的异同,能对同一个文学作品的不同阐释提出自己的看法或质疑。

有通过语言学习深入理解、探究文化问题的浓厚兴趣和意愿,能在阅读和表达交流中探析有关文化现象;能结合具体作品,分析、论述相关的文化现象和观念,比较、分析古今中外各类作品在文化观念上的异同。

每一条"比较"中,都会涉及两个及以上文本的阅读与分析。本课题在2019年立项,着力于探索群文阅读教学的策略,学生从群文阅读教学中所学到的阅读方法和运用到的思维,可以较好地顺应考试评价的这种规定,这也是对平时阅读教学效果的考查,体现了群文阅读教学所具备的优势。

2. 课题研究探索出与之相对应的课题研究组织形式

课题组在实践研究中形成了因教学任务而自然划分的、相对灵活的子课题研究形式。这种形式聚焦于平时的教学任务,着眼于在平时的教学任务中进行研究,因而能更好地体现研究引领和服务于实践的研究意识,也可以收到较好的、切实的效果。

课题组成立之初,有7位教师依然在使用沪教版教材,但这些教师参加教育部培训,研究新教材,观摩新教材课堂教学,与使用统编教材的同伴一起,在课题研究中进修。2020年,有3位教师奋战在高三,依然使用沪教版教材。直到2021年,全体课题组成员才都使用统编教材。课题研究过程中,子课题组成员不是固定的。因而,子课题组成员会不断有新的同伴提供新的思考,这在一定程度上,便于以老带新,共同发展。课题组的每位成员都参与了课题研究3个方面的内容,对课题有了更为全面的认识。他们自身的教学设计、课堂教学、文本组元能力都得到了很好的锤炼。

四、实践成效与辐射影响

(一) 实践成效

1. 改善了阅读教学中存在的问题

本课题组在精读与略读之间、在单篇阅读与多篇阅读之间,通过分析与比较,进行了一些研究和探索,在一定程度上改善了语文教学中"少、慢、差、费"的现状,学生的阅读量增加,阅读深度增强,阅读方法在阅读中不断改善,思维水平得到提升。学生从一篇阅读到两个及以上文本联读、对读,从惧怕群文阅读到逐渐适应并能够亲近群文阅读,这是实践研究的重要成果。

2. 提升了教师的"双新"实施能力

在课题研究中,教师在研习新课标、实施新教材中逐步适应了"双新"要求。同时,教师也面对诸多新问题,如什么是大概念,什么是结构化,如何进行大单元设计,如何基于大容量的新教材在少课时的情况下展开有效教学。因此,教师在一定程度上解决了"双新"实施的难题,提升了自身的"双新"实施能力。

(二) 辐射影响

课题实践研究期间,课题组成员关于本课题的直接成果有:1篇论文在区级刊物发表,2篇论文在市、区级获奖,1篇论文在区级交流,教师开设了5节区公开课、8节校公开课,课题组主持人多次在区语文教研活动中做单元解读主题交流。群文阅读教学课题带动了教师其他方面的专业成长:课题组成员在市、区级刊物上发表论文6篇,其中获奖论文5篇;开设市、区级公开课13节,2名教师获得市园丁奖,1名教师获得区园丁奖,6名教师获得市、区级奖项。课题实践研究期间,1名教师晋升正高级职称。

课题结题之后,课题组成员在区内进行推广。2022年12月,学校语文组开展了"单元整合促思维,群文阅读提素养"区级展示活动,并向华东师范大学高中语文学科联盟组以及西藏日喀则拉孜高级中学展示,其中,课题组中的金添玉、陈伽两位教师的展示影响较大。课题组主持人在区语文教研活动中开设讲座,在成都树德中学开设"项目引领,推进双新"讲座,在西藏日喀则拉孜高级中学开设"教师专业发展路径"讲座,对课题研究成果进行推广。

通过群文阅读教学课题研究,教师对"双新"有了更深的认识,这是本课题产生的最大的可持续发展的成果。课题组成员将在后续的教学中,更好地凝练经验,更新教学方式,产生更好的教学效益。

基于具身理论的中学地理空间思维的教学实践研究

华东师范大学第二附属中学　郭迎霞①

一、研究背景

(一) 研究的依据

本研究基于"学科育人、以人为本"理念,在以核心素养培育为目标的高中地理学科新课标的指导下,整合心理学具身理论的内容,从认知心理学视角研究学生地理空间思维的形成,厘清了地理学科的空间性、实践性与具身认知的涉身性、身体与环境的互动性、活动的情境性及体验的情感性之间的内在联系,揭示了地理空间思维培育的具身机制,构建了地理空间知识具身教学的心理学思想体系和教学操作路径,使具身理论在地理教学中得到验证与应用,也为具身理论的发展提供了实证依据。

(二) 研究的本质

本研究针对地理空间知识教学中"重知识轻思维"的现象,聚焦地理空间知识教学内容、教学目标、教学方法、思维评价4个子问题,完成了地理空间思维从概念内涵到教学策略的凝练,揭示了地理空间思维培育的具身机制,构建了地理空间思维培育教学模型。

(三) 研究课题的界定

"基于具身理论的中学地理空间思维的教学实践研究"立项的缘起是直面中

---

① 课题组其他成员:赵彩霞、景思衡、潘捷、俞琼、杨秋彬、柳英华、陶佳慧、王莺、沈爱花、何平、董训跃。

学地理教师不敢触碰、无法回避的痛点和难点——地理空间思维培育,根据中学生的认知规律,为中学地理教学提供地理空间思维培育的教学基本路径。项目确立依据如下:

1. 地理学在空间思维培育中有不可替代的作用

与几何和物理学中的空间不同,具有真实性的地理空间包含着地球上最复杂的物理、化学、生物等过程,且具有区域性、差异性和动态性等特点。对真实地理空间进行结构化、有序化、可视化的研究,以地理空间思维看世界是地理学科独有的使命。

2. 地理空间思维是发展核心素养的基本支撑

空间是地理学研究的本体。运用地理空间思维揭示地球表面的空间秩序是地理学习的主要任务。地理空间思维是区域认知核心素养形成的基础,直接影响着学生地理问题的解决能力。地理空间思维是地理学的原点思维,也是实现地理核心素养的基本支撑。

3. 传统地理教学中缺乏系统性的空间思维教学体系

现行的中学地理课程和教材对空间知识没有系统表述。传统教学中,教师多把地理空间思维简单地等同于读图技能,空间知识传授与思维培育多是隐性、渗透式、散点式的经验之谈。学生空间思维培育缺少着力点、突破口和操作台,而各级各类学科评价中对空间思维的考查却无处不在,且要求较高。面对复杂多样、变化莫测,乃至无形无感的地理空间,学生几乎难以进行直接感知,空间难感、思维不知、水平难测,相应的教学犹陷“黑箱”,教学和研究长期缺位。

4. 具身理论对地理空间思维培育的支撑

具身理论认为,身体的运动方式、身体器官的感觉、身体的体验决定了我们怎样看待世界,而认知是由身体及其感觉塑造出来的。地理学科的空间性、实践性决定了具身理论在地理教学中的价值。学生地理空间思维的发展需要学生在已有具身经验和具身感知的基础上,感知地理现象的发生、发展过程,并在二、三维空间之间联系与相互转化,学会利用具身经验结合实际区域时空特点。因此,具身理论成为破解地理空间思维培育难题的有力工具。

二、研究队伍与研究对象

本次研究以上海“双名”工程攻关基地研究团队为核心,共有7区14名上海市中学地理骨干教师参与,另联合了江苏、浙江、河南、天津、海南五省市的示范性高中地理学科带头人共同研究。参与研究的教师有 20 名,其中正高级教师有 2 名,高级教师有 11 名,一、二级教师有 7 名,高中教师有 15 名,初中教师有 5 名,形成了教科研经验丰富、梯队合理的研究团队。

研究对象为参与课题的 15 所相关学校的初一、初二和高一、高二学生。

三、成果概要

本研究针对当前中学地理教学中"以教定学"的问题,结合具身理论,立足地理空间思维,培育地理核心素养,致力于改变地理学科"百科全书式"的教学方式。基于近十年的实证研究,本研究取得了系列成果。

第一,揭示了具身理论视域下的地理空间思维培育机制,以体验性、过程性、个性化的具身学习促进空间思维培育,促进课堂教学方式转型。

第二,依据具身机制提出了"四境"教学模型。利用"塑境—生境—离境—再入境"进行教学,使空间可感、可知,思维可见、可评,一定程度上破解了空间与思维的"黑箱"状态。

第三,完善了地理空间思维概念体系。

第四,完成了中学阶段主要地理空间知识近 5 万字的解析。

第五,研制了初、高中两套空间思维测评试题及评价体系,可对空间思维作科学评估,为空间思维教学提供靶向目标。

四、学术价值与成果创新

(一) 教学主张

提出了地理教学中"身·心·境"合一的教学主张。提出了地理空间知识教学可以具身活动为载体,使学生在生动、感性、可理解的具身体验中发展空间思维,实现感官参与、情感参与、行为参与、认知参与的整体性思维建构,使地理空间思维在身体力行、心身统一的循环往复中发展。

(二) 教学方法

提出了"四境"教学模型,重构了地理空间知识教学的课堂结构。其中,"生境"模块明确了具身空间的生成是形成空间思维的必经过程,这使传统教学中的离身教学重归具身体验,促进学生行为逻辑和思维逻辑的发展,从而为地理学科素养奠基。同时,"生境"模块转变了"以教为主"的教学方式,凸显了思维的个性化,促进教学向"以学定教""因材施教"转型。

五、研究内容和过程

本研究将总目标分解为空间知识教学内容、教学目标、教学方法、思维评价 4 个问题,对其进行探索,分 3 个研究阶段实施。(见图 1)

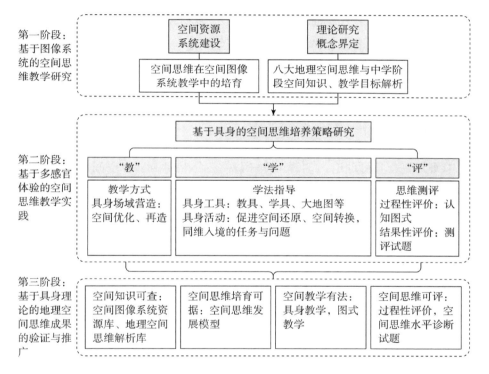

图 1 课题研究阶段路径图

第一阶段为基于图像系统的空间思维教学研究,为具身教学的初步探索阶段。

本阶段主要以培养学生用图、析图、绘图等思维能力和空间知识解析能力为核心,初步完成了空间思维理论研究和空间资源载体建设,对中学阶段的空间知识进行解析,使空间思维教学有着力点。

第二阶段为基于多感官体验的空间思维教学实践,为具身教学的深化阶段。

研究的核心问题"地理空间思维培养策略"为本阶段首要目标,围绕"教—

学—评"3 个维度在实践中完善空间思维培育教学体系。本阶段以上海市级攻关基地为平台,本着边研究边实践的思路,聚焦具身理论,运用以多感官具身教学培育空间思维的教学思路和策略,初步确立思维模型及教学模型两大模型,从而攻克了研究重难点。全国各地越来越多的实验校参与到课题的实践与验证中,课题成果得到进一步完善。

第三阶段为基于具身理论的地理空间思维成果的验证与推广。

本阶段的重点任务是在实践应用中不断完善成果,使之进一步生成可操作、可复制的教学策略,并广泛推广。我们通过文献研究、量化分析、课例研究法等研究方法,将理论与实践相结合,探索了具身理论与空间思维发展的关系,通过具身通道的建设,为学生提供了真实的感知途径,为学生空间思维的养成创造了条件,也为地理空间思维教学实践提供了有效的路径和方法。

六、研究成果

本研究整合具身理论,从"教—学—评"三个维度为学生空间思维发展提供了全新的视角和路径,重构了课堂教学结构和教学方式,尝试推出了一种地理课堂教学的新样态。主要取得了如下成果。

(一) 理论方面

1. 构建了地理空间思维概念体系

课题组建构了地理空间概念属性模型(见图 2)、地理空间思维发展模型(见图 3)和空间思维水平层级与发展模型(见图 4),揭示了空间思维的发展过程,为空间教学提供了原点思维体系。

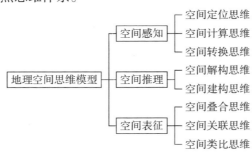

图 2 地理空间概念属性模型

图 3　地理空间思维发展模型

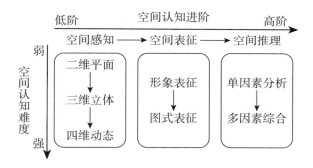

图 4　空间思维水平层级与发展模型

2. 建立了中学阶段空间知识资源、图像库

依据课标,课题组对初、高中地理教材中的地理空间知识进行提取、解析和对比,创建了近 5 万字的解析资源库,为培养学生的空间思维提供了参考,出版了 6 本空间—图像课程资源参考书,为教师进行空间教学提供了参考。(见图 5、图 6)

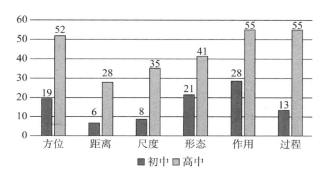

图 5　初、高中地理空间属性解析次数对比

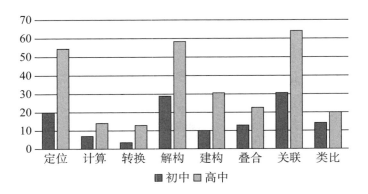

图6 初、高中地理空间思维解析次数对比

3. 开发了中学阶段空间思维水平诊断方案

课题组分别开发了初、高中两套地理空间思维水平测评试题,制订了配套诊断方案。运用难度分析、ANOVA 方差分析等手段,对上海市 11 所初、高中的 2000 多名学生进行了测评。评测诊断为空间思维教学提供了靶向依据。(见图7)

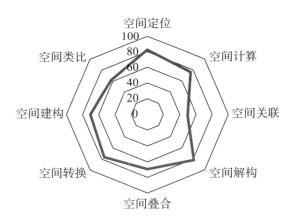

图7 上海市 1786 名高中生空间思维测评分析

4. 探索出地理空间思维培养的具身机制

依据具身理论,课题组挖掘出独特的教学肌理,建构了具身视域下的地理空间思维培养机制(见图8),揭示出地理空间思维教学与具身学习之间的内在联系,明确了教学的关键环节是以具身场域和具身活动、具身工具为媒介,建立具身感觉通道,增强、放大、还原空间的存在感,使空间可见、可感、可知,让空间充满质感,从而突破空间教学中的"虚空"状态,为地理空间知识教学提供了新的手段与渠道。

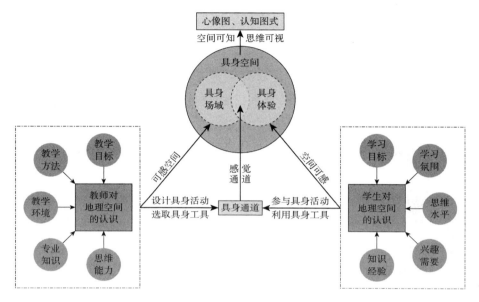

图8 具身视域下的地理空间思维培养机制

(二) 实践方面

1. 开发了具身工具包,为空间感知找到支点

基于具身理论的具身性与地理学科的空间性、实践性的密切关系(见图9),课题组开发了多种利于空间感知的具身工具包,如大地图、具身教具、具身学具、具身实验等,根据教学实践创设出三种具身场域(见图10),降低了情境的复杂度,提高了学生空间经验的熟悉度,丰富了学生空间感知的途径,为空间思维的深度学习创造了条件。

图9 具身认知与空间感知

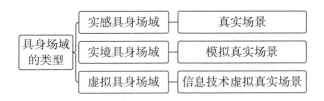

图 10   具身场域的主要类型

2. 建构了认知图式表征思维,助力思维建模

为了使思维显性化,课题组借鉴心理学图式概念,对空间知识和教学进行解构和再组织,设计出一种以结构化方式表达空间认知过程的示意图,即认知图式,包括教师"教"与学生"学"两类。

其中,教师类有空间知识、课程设计、教学实施 3 种认知图式,三者在教学各个环节中各有分工,互为联系。教学实施认知图式中的知识流程与思维流程构成了清晰的思维发展脉络,展现了空间知识体系与思维结构化的可视化过程,重构了课堂教学活动,建构起清晰的教学策略时序,有助于教师空间思维的发展和教学设计的建构。

学生认知图式是由学生在具身情境中感知、学习获得的空间知识形成的个性化思维发展路径和结构图式。通过训练,可以把握思维发展的关键节点,发现、修正思维误区,完善思维链,形成思维网,促进学生思维系统化、程序化、策略化地发展,具有思维过程性评价的功能。

3. 建立了地理空间教学模型

通过广泛实践应用,课题组摸索出"塑境—生境—离境—再入境"的"四境"教学模型。(见图 11)

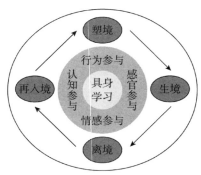

图 11   具身视域下地理空间思维教学模型

"塑境"为空间情境学习、空间知识感知阶段,是基于真实空间营造具身场域的过程。课题组采用空间再造策略,对地理事像空间属性进行解构、筛选,进行空间优化、重构,为思维搭建情境支撑和事实性信息,以增强空间的可感性,使学生顺利进入预定的地理空间。

"生境"为空间思维生成阶段。课题组利用具身教具、具身学具、具身实验等具身工具,打通感觉通道,营造鲜活、生动、具有互动性的具身场域,引导学生与具身场域进行交互,与客观空间建立起联系,并内化为个性化的具身空间,在头脑中生成相应的心像图,使空间可知。

"离境"为思维建模阶段,是主要采用去情境化策略,将空间知识和思维抽象概括的过程。课题组主要是运用认知图式重新将空间信息进行有序编码,借助语义化、图像化的表达方式使思维可视化,展现了思维结构和思维发展路径,使思维可见、可评。

"再入境"为学以致用环节和实践性检验阶段。学生要在新的空间情境中进行再实践,使思维模型运作起来,强化空间思维模型的稳定性,提高运用思维模型的熟练度,对思维进行自我验证、自我完善。

七、研究成效

课题组在 9 年间不断地将成果应用于实践,向课堂教学、专著论文发表、教师专业发展等方面转化,收到了可喜的效果。

（一）促进教学深度发生,有效培育了学生的空间思维

1. 测评诊断为空间教学提供了靶向依据

空间思维诊断率先应用于课题组的 11 个实验校。上海市华东师范大学第三附属中学的跟踪实验证明,学生空间思维发展与地理学习效果有很强的相关性,诊断效度、信度良好（见图 12）。通过科学诊断,掌握学生的地理空间思维状况,可以提升教学的有效性。

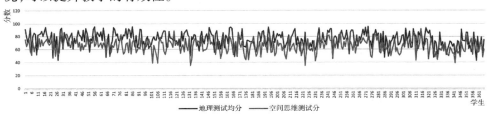

图 12　华东师范大学第三附属中学学生地理空间思维与地理学习效果的相关性

2. 空间教学模型的实施对学生空间思维发展和学习效果影响明显

本课题在改变教学方式的同时,激发了学生的学习动机,使学生能自己动手制作具身学具。本课题还改善了学生的思维方式和学习方法,促进了学生地理核心素养的发展,也提高了教学质量。华东师范大学第二附属中学实验年级较对照年级地理等级考 A 率高了近 20%,2021 届毕业生田修齐写道:"地理空间思维教会我的是一种有机的学习方法,一种基于结构主义哲理……这种方法在其他学科、综评等,甚至在漫漫而修远兮路上的更多实战上,有莫大的帮助。"

3. 空间认知图式成为有效的学习方法和评价工具

课题组整理了 11 所实验校近百名初、高中学生利用图式法创制的笔记、作业、解题分析、活动记录等,形成了学生思维成果档案袋。上海市建平中学某学生先后两次绘制月相观察的图式,到第二次能做到时空有机整合,这表明了学生在空间思维的规范性、准确性和严密性等方面都有了质的飞跃。

(二) 促进教师教学方式和思维方式的改变,提升教师教学研究能力

在课题引领下,课题组教师形成了良好的学习研究氛围,教学理念和能力得到提升,教师从"经验型"向"研究型"转变,教科研成果丰硕。

围绕本成果,课题组成员相继在国家核心期刊上发表 5 篇文章,在上海市内外学术交流会上做过 10 余次展示。课题主持人郭迎霞老师于 2018 年被聘为上海市第四期"双名"工程攻关计划主持人,先后在多个省、市开展讲座。从 2012 年起,郭迎霞老师及其研究团队先后出版了 6 本空间—图像类教学资源用书,在全国 30 个省、市发行,使百万中学生受益,产生了广泛的社会影响。课题组成员近 5 年来开设各级公开课超 25 节,其中省、市级公开课有 15 节。"热力环流"等 3 节课获上海市中青年教师课堂教学评比一、二等奖,"气压与风"等 3 节课入选省、部级"一师一优课",20 余节课获上海市优秀微课、市级精品课等。课题组成员还参与各级课题共 18 项,主持课题 15 项,有国家级课题"中学地理空间思维认知系统的教学研究"等 3 项,省市级 4 项,区级 8 项。此外,课题组成员在近 5 年发表学术论文超 50 篇,其中 19 篇发表于《地理教学》《中学地理教学参考》等学术期刊,出版地理教学专著 6 本。

(三) 成果在全国各地影响广泛,发挥了积极作用

"四境"教学模式在全国 20 余所实验校中普遍应用,成效显著。其中,上海

市七宝中学学生参与空间课题研究,近 5 年有 15 项成果获上海市青少年科技创新大赛一、二等奖;基地学员沈爱花老师创设的具身体验的"GEO 地理乐园"于2015 年被评为上海市级创新实验室;华东师范大学第二附属中学校本教材《道听图说》、上海市鞍山初级中学校本课程"身边的地图"等延伸课程,以及课题组骨干教师围绕空间思维主持的 15 项课题,在实践和应用中推动了空间教学和学生空间思维的发展。

基于独立学习与合作学习相结合的教与学方式研究

上海市进才实验中学　　杨　龙①

一、问题提出

基于独立学习与合作学习相结合的教与学方式研究是促进本校教师教与学方式改变的需要,是促进学生改进学习方式和持续发展的需要,也是提高课题研究规范性和单项课题研究系统性的需要。

从前测问卷调查可知:教师在课堂上有意识地引导学生独立学习与合作学习的教学方式和配套举措比较缺乏;教师在合作学习组织过程中,随意性较大,合作学习形式较单一;教师本身有改进教学方式的意识,但是缺乏有效的指导办法;教师科研意识比较薄弱。预备和初一年级的学生独立学习的意识、能力和习惯较弱,在合作学习方面,也存在盲目性、随意性、参与度低等问题。

二、研究思路

（一）研究组织策略

本次研究中,课题组采用"六策",即设计先行、加强培训、整合实施、注重研究过程与资料积累、科研管理机制跟进和及时总结与反思六条推进课题研究的组织策略,这些策略保证了课题研究的顺利进行。

---

① 课题组其他成员:曹明、陈伟、张文慧、丛研、王晓娴、徐琳、张玉琳、杨蕾、严峻、朱律维、陶莉。

（二）研究路径

本次研究中,课题组形成了清晰的研究思路。（见图1）

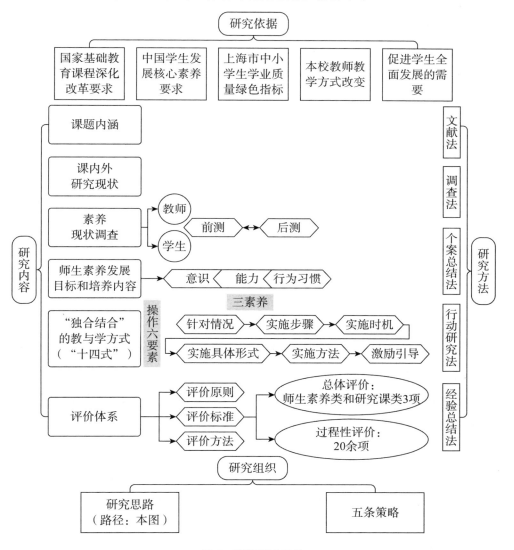

图1 课题研究思路

三、主要成果

（一）课题内涵

通过研究,本课题组完成了"独立学习""合作学习""'独立学习'与'合作学习'相结合的教与学方式"3 个基础概念的内涵界定,进行了学生和教师素养发展目标的厘定、学生和教师素养发展内容的表格式分解,以及完整课题所包含的意思的说明。

(二) 文献综述

文献综述是对国内外相关资料、文献进行整合,为承担各级课题的教师把握研究内容的系统性、确立研究重心和新意,提供了有针对性的依据。本子课题,从文献概况、独立学习与合作学习的国外研究现状、独立学习与合作学习的国内研究现状、结论与建议、参考文献等方面进行了研究综述,提出了两点结论与建议。综述全文共 1.1 万余字。

(三) 学生"独合结合""三素养"的现状调查(前测)

1. 调查目的

了解目前本校学生独立学习和合作学习素养的现状,为制订研究内容、研究计划、实施后续调查提供前测诊断依据,以提高课题研究的针对性、科学性和实效性。

2. 调查内容、调查方法和调查组织

根据学生素养培养内容的表格式分解选择调查内容。采用抽样、问卷调查法,调查学生"独合结合",以及意识、能力、行为习惯"三素养"等 26 项调查内容。本次前测调查于 2017 年 12 月 25 日—2018 年 1 月 4 日间进行,共收回预备、初一年级学生有效问卷 189 份。

3. 调查结果

统计结果显示,预备和初一年级的学生在独立学习的意识、能力和习惯方面都有非常大的提升空间。教师应该在日常教学中有意识地加强对学生独立学习的训练和指导。在合作学习方面,学生喜欢并接受这样的方式,但是,在实施过程中存在盲目性、目标不清晰、参与度低等问题。教师在指导学生合作学习的过程中存在随意性、形式单一等问题。

4. 调查建议

学生普遍认同"独合结合"学习方式的价值,但学生对"独合结合"之"十二式"(总课题原定研究"十二式",后实际发展为"十四式")的熟悉和了解程度参差不齐。较多的学生表现出比较强的独立思考的意识,并且有独立思考的行为。有鉴于此,本课题组建议,在课题实践中,尤其是在教师具体的课堂教学设计与实施中,要明确"独合结合"方式的实施基本程序,要运用灵活多样的具体实施方法,同时要强化实践研究中合作方式及其配套举措的探讨、创新,建立并完善更加多样且有效的评价体系。

（四）师生素养发展目标

1. 学生"独合结合""三素养"发展目标

学生素养发展总目标与实践目标中的学生发展目标一致。针对学生素养发展的分目标,课题组以意识、能力和行为习惯"三素养"分解的二级要素为基础,结合四个年级,厘定了124项三级分目标。

2. 教师素养发展目标

教师素养发展总目标与实践目标中的教师发展目标一致。针对教师素养发展的分目标,课题组从研究素养、其他专业素养两个一级要素出发,以意识、能力和行为习惯"三素养"分解的二级要素为基础,厘定了23项分层次目标。

（五）师生素养发展内容

1. 学生素养发展内容

课题组在明确六个方面依据的基础上,从意识、能力和行为习惯方面,分解了学生素养发展内容的77项三级要素。（见表1）

表1 "基于独立学习与合作学习相结合的教与学方式研究"之学生素养发展内容（节选）

Ⅰ级要素	Ⅱ级要素	Ⅲ级素养
学用意识	认识价值意识	了解价值意识
		认同意义意识
		分享感受意识
	主动学用意识	主动认知意识
		尝试运用意识
		坚持运用总结意识
		逐步提升意识

（续表）

Ⅰ级要素	Ⅱ级要素	Ⅲ级素养
独立学习与合作学习相结合的学习能力	体验式	程序性能力
		方法性能力
	其他13式为任务驱动式、典礼式、服务式、实作式、思维导图应用式、实验式、探究式、调查式、阅读式、对话式、沉浸式、创客式、综合实践式	
独立学习与合作学习相结合的学习行为	保持好奇、执着求知的行为	好奇心
		求知欲
	注重实践、科学探索的行为	实事求是
		大胆质疑
		勇于探索
	独立思考、合作包容的行为	责任心
		平等接纳
		奉献分享

2. 教师素养发展内容

课题组从意识、能力和行为方面，分解了69项三级要素。

（六）实践探索

1. 开展实践研究课41节

课题组组织开展了41节实践研究课。其中，本校教师的研究课有34节，联研学校教师的研究课有7节。

2. 教与学方式实践——"十四式"

课题组进行了以体验式、任务驱动式、典礼式、服务式、实作式、思维导图应用式、实验式、探究式、调查式、阅读式、对话式、沉浸式、创客式和综合实践式的教与学"十四式"，及"十四式"下的具体教与学方式的实践操作为主的探索过程，有机提升学生的"独合结合"的意识、能力和良好行为习惯。"十四式"的研究,主要阐明了各自的含义和"六要素"的基本做法,针对实施情况、实施基本步骤、实施时机、实施具体形式、实施方法和激励引导,概括了相应的实效。

接下来,笔者将选择其中的体验式学习方式,对"六要素"的操作做简要说明。

所谓体验式学习,是指在教师的引导下,学生在课前、课中、课后以独立学习与合作学习相结合的方式参与阅读、观察,尤其是实践、操作等形式的学习活动,在有效达成相关学科学习目标的同时,促使学生有机提升"独合结合"的意识、能力,培养良好行为习惯。

体验式学习的操作主要包括以下"六要素"。

(1)针对情况

体验式学习适合过于理论化的,学生单靠听授难以理解的,需要通过形象生动的亲历性实践探索来提高学习有效性的学习内容。

(2)实施基本步骤

即学习体验方法—根据体验主题进行设计—开展准备—实施体验实践—整理分析体验实践信息—撰写报告或体会—交流评价体验效果—反思建构体验经验。

(3)实施时机

包括课前、课中与课后。主要考虑需要学生亲身参与体验的环节,其内容有阅读、观察、实践、操作等。

(4)实施具体形式

针对"独合结合"体验式学习的具体形式,课题组主要探索了以下12种:自主预习(探究)式、温故导入式、阅读式、情境式、观摩式、观察式、联想式、模仿实践式、创编式、归纳式、借助信息技术、基于观察尝试+完善实践体验式。

(5)实施方法

课前实施学生独立为主、小组合作为辅的旧知复习法、新课预习法、自主寻找资源法、尝试操作法、初步归纳法;课中实施学生"独合结合"的借助课前学习反馈法、提问追忆法、创设情境法、观赏分析法、速读与精读法、比较法、推理法、多元实践法、表格法、听授法、练习法、小结法、展评法、归纳法;课后实施学生独立学习为主,小组合作为辅的反思改进法、作业法、亲子交流法、自学法。合计

"二十三法"。

（6）激励引导

体验式学习的激励引导,以教师(有时包括学生)的随机激励引导为主,预设激励引导为辅,以此鼓励学生以"独合结合"的方式积极参与"三程"体验学习,深入进行课堂体验学习,提升完成任务的速度、质量,启发思维亮点。

（七）评价体系

1. 评价原则

评价要基于整体性、多元性、发展性、开放性四原则。

2. 评价标准

课题组和实践教师共研制了师生素养类、研究课类、课例研究类三类二十余项评价标准。

总课题评价标准有三项:学生素养发展评价标准、教师素养评价标准、学科研究课评价标准。"十四式"之子课题和研究课中过程性评价标准有 20余项。

在 41 节研究课中,有三分之一左右的教师针对课中特定内容,或活动组织,设计了过程性评价标准。例如,徐琳老师在所上的研究课中,制订了"英文食文化'三程'实作式学习活动情况评价标准"。（见表 2）

表 2　英文食文化"三程"实作式学习活动情况评价标准

评价时间:＿＿＿＿年＿＿＿＿月＿＿＿＿日　评价对象:＿＿＿＿

评价内容 1	评价内容 2	评价要求	计分	
			各项计分	小计
学用意识（25 分）	参与活动准备	强（10—9 分）较强（8 分）一般（7—6 分）较弱或无（5—0分）		
	主动与小组成员沟通			
	借助网络提高自己的现有知识水平			
	与同学分享自己的探究成果			
	及时总结反思			

（续表）

评价内容 1	评价内容 2	评价要求	计分	
			各项计分	小计
语言知识（25分）	用英文表达五个国家的四种以上菜肴	掌握（5分）基本掌握（4分）一般（3分）较少或未掌握（0—2分）		
	用英文介绍一个国家的饮食文化			
	用英文简单描述一种食物的制作过程			
	课堂英语发音清楚正确、语音语调自然流畅			
	用英文描述整个活动过程，并简单反思和评价			
学习能力（25分）	课前根据探究主题进行资料收集	达到（5分）基本达到（4分）一般（3分）较少或未达到（0—2分）		
	与本组成员共同完成英文海报的制作			
	能够独立完成老师布置的各项准备任务			
	能够对自己、同伴的行为进行合理的评价			
	能够及时总结反思			
行为习惯（25分）	积极参与合作交流，服从小组长领导	做到（9—10分）基本做到（8分）一般（6—7分）较少做到或做不到（0—5分）		
	积极配合其他人员，有团队合作的意识			
	有奉献精神，并且愿意与他人合作和分享			
	能够在小组合作过程中虚心接受他人意见			
	能够在小组合作过程中提出自己的主张			
特色加分（10分）	加分理由：	明显（9—10分）较明显（7—8分）一般（5—6分）较少或无（0—4分）		
总分（100分）		等第：		

3. 评价方法

课题组主要运用了量表法、问卷法、观察法、测试法、作评法、个案法、综评法7 种评价方法。

四、效果与反思

(一) 主要成效

1. 学生方面

多数学生"独立学习与合作学习相结合"的素养有了较明显的提升。在"独合结合"学用意识方面,一是学生对"独合结合"学习方式的价值认同度有所提高;二是学生对"独合结合"方式学用的必要性的认识普遍提高。在学习能力方面,一是学生对"独合结合"学习的"十四式"的熟悉程度有不同程度的上升。学生对"阅读式""对话式""实验式""调查式""综合实践式"的知晓度保持在 50% 以上的水平,对"浸润式"学习的知晓度提高了 20%,对"调查式"学习的知晓度提高了 12.3%,对"典礼式""创客式""服务式"的知晓有小幅的提升。"浸润式"的使用率有显著的提升,提高了 15.4%;"阅读式""体验式""对话式""实验式"的使用率,保持在 50% 以上的高水平。二是学生对"独合结合"学习"十四式"的基本程序的熟悉程度,保持和较明显上升各占半数。此外,学生对"独合结合"学习的"十四式"在日常学习中坚持学用和反思的情况、主动探索并反思的情况、坚持独立思考并承担合作责任的情况,都略有上升。

学生的整体素养有了明显提升:一是学生的独立探索与合作精神得到提升;二是学生的学习兴趣有所增强;三是学生的学习能力普遍提高;四是学校的整体学习质量有了进一步的提升。

2. 教师方面

教师实现了"三大提高"。一是提高了教师的课题研究素养。100% 的教师认为,个人在课题研究的良好行为习惯、课题研究成果总结意识上有了正向的变化。二是提高了教师的教研素养。100% 的教师认为,自己的教研意识、能力、行为都有了正向的变化。其中,95.74% 的教师认为自己的教研意识有了显著的提高,91.49% 的教师认为自己的教研能力有了较为显著的提高,93.62% 的教师认为自己的教研成果总结和反思能力有了较为显著的提高。三是提高了教师其他的专业素养。100% 的教师认为,自己的其他专业素养有所提升。其中,91.49% 的教师认为自己的教学实践素养得到了较为显著的提高,95.74% 的教师认为自己开展"独立学习与合作学习相结合"的教与学方式指导的素养有了较为显著的变化,100%的教师认为自己"独合结合"的教与学方式素养有正向的变化。

总体来说,绝大多数教师有了较强的课题研究意识、认同课题研究价值的意识、参与课题研究的意识,其课题研究的相关能力、教研素养也得到了显著或较显著的提升。

3. 促进了学校内涵发展

一是转变了学校的教育理念;二是加强了师资队伍的建设;三是提升了学校的整体教育质量;四是加强了学校特色建设;五是扩大了对外辐射的影响。

(二) 主要成果

1. 著作的编辑和出版

在本课题研究成果的基础上,课题组成员出版了多部著作,包括由华东师范大学出版社出版的《具身学习的18种实践范式》和《以学习为中心的课堂范型》。以上两本书选录了本课题的36篇课例(简版)。此外,还有由同济大学出版社出版的《基于独立学习与合作学习相结合的教与学方式研究案例选》等。

2. 论文发表及获奖

在三年的课题研究中,学校完成了十四种学习方式的研究,区级获奖教师有33人次,校级获奖教师有8人次。多位教师在论文评选中获奖,教师申报、结题的市级课题有2项,申报、结题的区级规划课题有4项。这些成果表明,教师的教育科研和学科教研能力都有了明显的提升。

(三) 结论与反思

本课题对多项内容进行了研究,包括课题内涵、文献综述研究、学生"独合结合"素养现状调查、学生"独合结合"素养发展目标和培养内容、基于独立学习与合作学习相结合的"十四式"和"六要素"的实践探索,以及评价体系的研究,采用了五种科研方法,结合了六条组织策略和实施路径,联合了校外3个单位,开展了200多项集中研究工作,2600余次的个人研究、与专家的互动研讨、改进的研究,从而构建了本课题的操作框架,总结了实施的经验,丰富了"基于独立学习与合作学习相结合的教与学方式"的理论。

通过研究,学生的"独合结合"之"十四式"学习的相应意识显著提升,相应能力有所提高,学生逐步养成了良好的学习行为习惯,提升了整体素养,促进了全面、可持续发展。教师的课题研究之"三素养"(意识、能力和行为习惯)和其他专业素养显著提升，学校"为每位学生的卓越发展服务"的办学理念得到落实，学校的特色建设也得到发展。

五、创新亮点

一是基于学生的核心素养培养和真实问题开展研究，此方式有很强的针对性。

二是将独立学习与合作学习结合起来，选择教与学的十四种方式，结合初中的大多数学科，开展具有整合性的实践探索，并对"十四式"行动研究的基本操作进行了带有一定规律的理性概括。这种方式具有一定的可复制性。

三是构建了完整的课题评价体系，此种方式同样具有一定的可复制性。

四是运用个案研究的方法和基本流程，进行了一定数量的个案跟踪研究。这种方式既佐证了课题研究在个案层面的成效，又对课题的个案跟踪研究有一定的可复制价值。

五是运用了课题研究的 6 条组织策略。这六条策略既保证了本课题顺利、按时、高质完成，也对市、区级课题的研究组织有一定的启示。

六是形成了丰富的课题研究结果。本课题得到了结题鉴定组专家的高度评价，受到多家媒体的报道，成果已在区内外产生了一定的影响。这些都表明本次课题研究成果具有一定的创新价值。

让学生像创客一样学习

——中小学生植根课堂的创客学习研究与实践

上海市周浦实验学校　张燕忠

一、总体思路与研究过程

（一）课题的提出

为了发展学生的创新精神与创造力，为了更好地培育学生的核心素养，为了更好地发展学校的教育特色，学校选择将"中小学生植根课堂的创客学习研究与实践"课题作为学校的重点课题，并开展课题研究。该课题为 2018 年浦东新区教育科研重点课题和 2019 年上海市教育科研一般课题。

（二）研究的思路

本课题的研究思路具体为：创客理论与现代教育理论的学习，课题文献情报资料研究学习，中小学学生学习情况的调查研究；课堂教学中中小学生创客学习的理论框架研究；课堂教学中中小学生创客学习的实践操作要点研究；课堂教学中中小学生创客学习的实践操作研究；创客学习的理论框架与实践操作要点的验证、修改、完善（三轮）；课堂教学中中小学生创客学习的理论认识与实践操作。

（三）研究的过程

1. 研究的主要过程

本次课题研究分四个阶段：第一阶段（2018 年 3—5 月）为准备与基础研究阶段；第二阶段（2018 年 6—8 月）为理论研究阶段；第三阶段（2018 年 9 月—2021 年 7 月）为实践研究阶段；第四阶段（2021 年 8—12 月）为总结阶段。

2. 研究的主要管理活动

开题活动。2020 年 5 月 12 日下午,上海市周浦实验学校举行开题活动。与到会专家观摩了三位教师的创客课堂精彩展示之后,与我校课题组成员聚集一堂,进行了开题汇报,并对课题研究提出建议与希望。

中期检查活动。2021 年 12 月 8 日下午,专家对本项目进行中期检查,学校课题组进行了课题研究汇报,专家对课题总结提出建议与希望。

创客学习课堂教学实践课展示活动。研究期间,课题组成员共进行了校级创客学习课堂教学研究课展示 38 次,其中,2018 年有 2 次,2019 年有 10 次,2020 年有 9 次,2021 年有 17 次。

创客学习主题班会展示。本研究共进行了校级创客学习主题班会研究活动 17 次,其中 2019 年有 6 次,2020 年有 4 次,2021 年有 7 次。

创客学习研究论文与成果评选活动。一年一届的论文与成果评选活动已进行了三届,在评选中,有 409 个创客学习研究成果获奖。

学生小创客评选与奖励活动。2020 年,3—8 年级学生进行了"小创客"评选与奖励,共评选出班级小创客 117 名,校级小创客 39 名;2021 年,共评选出班级小创客 126 名,校级小创客 42 名。

研制编辑《创客漫行》校刊活动。本课题组成员研制编辑了《创客漫行》2020 年校刊(35 万字),2021 年校刊(32 万字),2022 年校刊(27 万字)。

二、研究成果与主要观点

本课题研究成果为 1 篇课题研究报告,8 篇子课题研究报告,400 多篇创客学习教学专题论文及案例成果。

约 60 万字的成果集分十章内容:第一章为中小学生植根课堂的创客学习总论(上);第二章为中小学生植根课堂的创客学习总论(下);第三章为初中语文植根课堂的创客学习研究与实践;第四章为小学语文植根课堂的创客学习研究与实践;第五章为初中数学植根课堂的创客学习研究与实践;第六章为小学数学植根课堂的创客学习研究与实践;第七章为初中英语植根课堂的创客学习研究与实践;第八章为小学英语植根课堂的创客学习研究与实践;第九章为综合理科植根课堂的创客学习研究与实践;第十章为综合文科植根课堂的创客学习研究

与实践。

（一）关于"中小学生植根课堂的创客学习"的含义

1. 创客的含义

创客是指一群出于兴趣与爱好,努力把各种创意转变为现实的人;是一群酷爱科技、热衷实践,以分享技术、交流思想为乐的人;是一个热衷于创意、设计、制造的设计制造群体;是一群具有强烈意愿、活力、热情和能力的人;是一群充满好奇心、喜欢动手制作的人。创客的共同特质是创新、实践与分享。

2. 中小学生植根课堂的创客学习的含义

创客学习是指在课堂教学中,中小学生像创客一样学习,他们以饱满的创新兴趣、积极的创新思维进行学习,乐于开展创新实践活动,乐于分享创新成果,乐于合作学习的学习活动。创客学习中,学生具有创新的兴趣与冲动,具有创新的思维,具有创新的实践欲望与实践技能,具有乐于分享创新成果和与同伴合作的欲望,等等。

（二）中小学生植根课堂的创客学习的指导思想与价值取向

1. 中小学生植根课堂的创客学习的指导思想

使学生像创客一样学习,培养学生的创新精神与创造能力,更好地培育学生的核心素养,促进学校教育特色更好地发展。

2. 中小学生植根课堂的创客学习的价值取向

促进学生创客精神的树立,促进学生创客思维的发展,促进学生创客实践能力的增强,促进学生创客分享情感的提升。

（三）中小学生植根课堂的创客学习教与学的策略

1. 中小学生植根课堂的创客学习教的策略

在"教"的方面,主要有让学生像创客一样学习的策略,培育学生创新兴趣与激发学生创新冲动的策略,激励学生乐于创新与培育学生创新思维的策略,促进学生乐于创新实践与培育学生创新实践能力的策略,促进学生乐于分享创新学习成果与合作创新学习的策略。

2. 中小学生植根课堂的创客学习学的策略

在"学"的方面,主要有学生像创客一样学习的策略,学生自育创新兴趣与创新冲动的策略,学生自我激励创新思维与自育创新思维的策略,学生乐于创新实践与自育创新实践的策略,学生乐于分享创新成果与开展合作创新学习的策略。

（四） 中小学生植根课堂的创客学习的学习方式与具体实施

1. 中小学生植根课堂的创客学习的学习方式

问题发现方式、创意发散方式、创新设计方式、实践操作方式、合作探究方式与成果分享方式。

2. 中小学生植根课堂的创客学习的具体实施

（1） 中小学生植根课堂的创客学习的具体实施操作点

问题点、发散点、实践点、高峰点、合作点、共享点。

（2） 中小学生植根课堂的创客学习的具体实施流程

创设问题情境—学习发现问题,展示思维过程—创意发散思维,激起思维高峰—创新设计思路,指导实践操作—自主创新实践,互动交流讨论—创新成果分享,营造民主氛围—激发创新兴趣。

3. 中小学生植根课堂的创客学习的具体实施原则

中小学生植根课堂的创客学习的具体实施原则有小学、初中分段式实施原则,理科、文科分科式实施原则,概念课、应用课、练习课分课式实施原则,教与学同步性实施原则,班级德育中创客学习的分类式实施原则,先骨干教师后一般教师的递进性实施原则,先试点探索后推广应用的序列性实施原则,创客学习的思想理念连续性实施原则。

（五） 中小学生植根课堂的创客学习的要素与评价

1. 中小学生植根课堂的创客学习的要素

具有饱满的好奇心与创新的兴趣,具有创新思维,喜欢思考,具有实践技能,喜欢创新实践,乐于与同伴合作创新学习,乐于与同伴分享创新成果。

2. 中小学生植根课堂的创客学习的评价方式

创客学习采用自评与他评相结合的评价方式。具体评价方式有教师自评与互评,学校(课题组)评价,学生自评与互评,教师评价。

3. 学生个体创客学习评价指标

学生的创新精神、创新学习兴趣与创新冲动;学生的创新思维;学生的创新实践欲望与实践技能;学生的创新成果分享。

（六）中小学生植根课堂的创客学习的成果案例

1. 中小学生植根课堂的创客学习的课堂活动案例

教师从自己的创客学习课堂教学活动中选出学习效果比较好的课堂教学活动,写成案例,使创客学习的活动成果形象、生动、具体,便于教师进行教学间的交流,也便于其他教师的学习。

创客学习的课堂活动案例结构为案例背景、案例描述、案例反思(案例评析),字数约3000—5000。

2. 中小学生植根课堂的创客学习的学生发展个案

教师从自己的创客学习课堂教学活动中选出学习效果比较好的学生,写成发展个案,使创客学习的学生发展成果形象、生动、具体,便于进行班级、小组与学生间的交流,也便于其他学生的学习。

创客学习的学生发展个案结构为个案背景、个案描述、个案反思(个案评析),字数约3000—5000。

三、学术创新与实践创新

第一,"让学生像创客一样学习"的学生学习理念。让学生以饱满的创新兴趣开展学习活动;让学生乐于用创新思维开展学习活动;让学生乐于用创新实践开展学习活动;让学生乐于用合作与分享创新成果开展学习活动。

第二,中小学生植根课堂的创客学习的具体实施操作点。"问题点"是指课堂教学中将教学内容聚焦为学生要解决的一个或几个问题。"发散点"是指课堂教学中对学生进行思维发散的教学内容中的某些知识点或问题。"实践点"是指课堂教学中根据教学目标与教学内容的要求,引导学生不仅动脑,而且能运用一定的学具器材动手操作的教学活动的内容或知识点。"高峰点"是指课堂教学中学生思维高度兴奋,学生思维的主动性、开放性、多向性、流畅性、灵活性与独创性高度喷发,学生的思维进入一个极佳的灵感状态或准灵感状态的某些教学知识点与问题。"合作点"是指课堂教学中学生与同伴合作发现、探究、讨论与解决学习问题的知识点或内容。"共享点"是指课堂教学中学生共享同伴发现、探究、讨论与解决学习问题的成果,共享同伴的创新实践活动成果的教学知识点或内容。

第三,中小学生创客学习的学习方式。问题发现方式是指学生在自学的基础上,发现学习内容中的问题,发现学习需要解决的主要问题与关键问题,从而打开学习大门。创意发散方式是指针对学习内容中需要解决的主要问题与关键问题,学生从理论与实践两个方面进行创意发散,提出有创意的解决问题的思路、策略与方法。创新设计方式是指根据有创意的解决问题的思路、策略与方法,学生创新设计出解决主要问题与关键问题的具体操作方法、程序与过程。实践操作方式是指依据解决主要问题与关键问题的具体操作方法、程序与过程,学生进行实践操作,获取理论资料与实践资料,并将其加工成解决主要问题与关键问题的学习成果。合作探究方式是指学生与同伴合作探究,解决学习中的主要问题与关键问题,积极参加小组、班级的集体学习活动。成果分享方式是指学生将学习成果在小组、班级里进行交流分享,并且其他同学可以对其进行创意补充与讨论。

四、研究效果与推广应用

(一)课题研究的效果

优化了中小学课堂教学活动。第一,课堂教学中举手发言的学生多了。第二,课堂教学中敢于提出问题的学生多了。第三,课堂教学中勇于回答问题、提出创意与设计的学生多了。第四,课堂教学中认真进行实践活动的学生多了。

促进了学生创客素养的提升。课题组对我校初二与初三3个班级,小学四、五年级3个班级共312名学生进行了学生创客学习实践效果问卷调查,从中可以看出:关于学生创新精神、创新兴趣与创新冲动的发展情况,三年多来有较大提高与一定提高的学生占比为75.64%;关于学生创新思维的发展情况,三年多来有较大提高与一定提高的学生占比为74.36%;关于学生创新实践欲望与实践技能的发展情况,三年多来有较大提高与一定提高的学生占比为75.32%;关于学生创新成果分享,以及与同伴合作的发展情况,三年多来有较大提高与一定提高的学生占比为76.28%。

增强了学生的学习能力。从调查结果中可以看出:关于学生学习能力的发展情况,3年多来有较大提高与一定提高的学生占比为73.72%,加上略有提高的学生,总占比为97%以上。这说明开展中小学生植根课堂的创客学习的研究与实践有效地促进了中小学学生学习能力的增强。

促进了学校的教育特色发展。学校通过"中小学生植根课堂的创客学习研究与实践"课题研究,取得了显著的教育教学效果,形成了学校在浦东新区教育界的良好影响,扩大了学校在上海市教育界的影响力,促进了学校的创客学习教育特色发展。

(二) 课题研究成果的发表与获奖

"中小学生植根课堂的创客学习研究与实践"课题研究的部分成果刊登在《当代教育家》杂志上,并出版了相关学术著作。2022 年 10 月,课题研究成果荣获浦东新区第十届教育科研成果一等奖。

(三) 课题研究成果采纳、转载、引用与实践情况

1. 在周浦学区、建平教育集团的影响

"中小学生植根课堂的创客学习研究与实践"课题研究的指导思想、理论思考、实践研究、课堂教学多次在周浦学区、建平教育集团里进行介绍,该课题的研究思想与研究成果,得到周浦学区与建平教育集团的领导、教师的肯定与赞扬。教师的相关论文刊登于《建平学报》,在学区联合教研活动中进行交流分享。

2. 在浦东新区教育界的影响

"中小学生植根课堂的创客学习研究与实践"课题研究的指导思想、理论思考、实践研究、课堂教学多次在浦东新区里进行介绍,该课题的研究思想与研究成果,得到浦东新区有关领导、同志的肯定与赞扬。

3. 在上海市教育界的影响

2018 年,我校张燕忠校长在中国创造学会创造教育专业委员会的学术年会上进行主题为"从创客工坊到创客课堂,点燃孩子创造的火花"的发言,受到了与会者的好评。

我校在中国创造学会创造教育专业委员会的刊物上刊载了一组有关创客学习的文章,包括《课堂教学中中小学学生创客学习的研究(一)》《课堂教学中中小学学生创客学习的研究(二)》《从创客工坊到创客课堂,点燃孩子创造的火花》《浅谈小学数学教学中学生创新思维的培养》《创客学习是转变学生学习方式的引擎》《循序渐进,逐步探究,善用实验培养创客思维——初中物理〈探究凸透镜成像规律〉教学案例》,还在刊物上着重介绍了周浦实验学校创客工坊、创客学习。

2020 年,在中国创造学会 2020 年学术年会分论坛上,我校校长张燕忠代表学校进行题为"让学生像创客一样学习——上海市周浦实验学校的探索"的发言。

2022 年,在中国创造学会 2022 年学术年会分论坛上,尉曼村主任代表学校进行题为"中小学生植根课堂的创客学习研究与实践——学校现代化课堂教学的创新性探索"的发言。

大问题驱动下的小学探究性课堂的实践研究

上海市浦东新区明珠临港小学　　王　超①

明珠临港小学坚持"和智慧一起幸福成长"的办学理念,积极建构多元课程,激发学生学习兴趣,满足学生的个性化学习需求,丰富学生的学习经历,完善学生的人格,努力创建温暖、优雅、有创意的"智慧成长乐园",促进学生全面发展。

一、研究背景

探究性课堂的建构是基于问题进行研究,引导学生在探究性学习的过程中发现问题、提出问题、分析问题,进行一系列相关资料的查找、梳理、交流讨论、探究实践,进而解决问题,帮助学生进行思维迁移、举一反三,培养其主动学习的意识与能力。

我们开展以"大问题驱动下的小学探究性课堂的实践研究"为主题的课题研究,旨在重新审视课堂教学,以问题驱动,构建探究性课堂教学范式,改变现有的教与学方式,提升课堂品质,培育学生的创造力思维和创新能力,促进学生全面发展。

本课题从实际教学工作的需求出发,在吸收前人研究经验的基础上,结合学生发展实际,拟解决"小学课堂教学中问题探究教学模式的运用策略"这一关键问题,并结合课例研究进行探索,使小学课堂中的问题探究教学具有较强的操作性。

本课题的理论价值在于,通过大问题驱动下的探究性课堂的实践研究,总结大问题驱动下的探究性课堂的特点、实施原则、实施途径和方法,为同类研究提

---

① 课题组其他成员:赵海宇、蔡红婷、唐华英、桂利军、王燕、陈佳慧、赵佳玲、谭源、施耀华、倪艳珺、刘佳巍。

供理论借鉴。

本课题的实践意义在于,通过转变教与学的观念,改善教与学的方式,凸显课堂从教师教到学生学的转变,教学活动以探究性学习的方式展开,体现学生的主体地位。

二、研究过程

(一) 搭建课题研究团队,制订课题管理机制

课题立项以来,课题组建立了研究制度,制订了实施计划,细化了课题组成员的分工,课题组成员一起学习理论知识,深入探讨研究内容,分析研究方向与研究过程,以确保研究顺利完成。学校邀请区课题组专家参与课题的研究,并进行跟踪,提供全程化的介入指导,不论是在理论支持方面,还是在实际问题的解决方面,专家都能给予我们具体和细致的指导,帮我们明确研究步骤,是我们顺利开展课题研究的重要保证。

(二) 组织理论学习活动,提升研究意识和能力

为了让教师明确课题研究内容、研究思路,我们构建了研究共同体,组织全体教师定期开展系列化的专题学习、专题研讨等活动。如"如何进行课堂观察""问题的设计与实施""三位一体问题产生表"等,并推荐书籍《问题化学习 教师行动手册》《以学习为中心的课堂观察》等。

(三) 开展课例研究活动,探索"问题—探究"模式

我们将课堂实践与研究内容相结合,深入课堂,以课例研究为方法,以课堂观察为载体。课堂观察主要以自然观察为主,以研究、观察、讨论、反思为主要研究线,旨在探索问题探究性课堂教学。(见表1)

表1 课堂观察记录表

学科与课题		执教教师	
观察学生 (1人或1组)		观察者	
核心(大)问题:			

（续表）

观察点（参考）	观察记录内容（依据学生小组合作探究的情况、学习单的填写等）	观察者的反思（关键词记录）
问题链： 1. 2. 3.		
学生是否能持续安心学习，讲话轻声细语		
学生小组合作探究过程是否有效		
学生的学习困难之处及困难产生的原因，困难是否得到解决		
学生之间是否相互尊重、相互倾听、相互帮助等		

我们在教学实践中进一步获得研究素材，不断反思自己的课堂，并在其中运用已学到的策略，不断实践、总结，打造探究性课堂。

（四）依托课堂教学实践，开发研究支架模板

我们从教师研究和实践需求出发，进行支架的探索与设计，先后设计了探究性教学模板、探究学习单、问题清单、课堂观察表等支架。在日常教学中，教师可以运用这些支架进一步理解探究性课堂。探究性教学模板包括教学内容、目标、重难点、教学资源、核心问题、思维导图（问题系统）、设计意图、评价关注点，以及教学反思等。探究学习单不仅包括学习探究的内容，还与评估任务相结合，制作探究学习单更有助于课堂观察。

（五）梳理课题研究资料，提炼成果汇编成集

课题组定期搜集课题研究资料，总结课题实施的经验成果，通过座谈会、研讨、学习等方式进行课题研究反馈。在课题研究的过程中，教师通过课例研究，形成了自己的教育理念，也形成了一定的研究成果。为此，学校组织教师提炼研究成果，以研究内容为主线，编写成册。

三、研究成果

本课题是有目的、有计划、有步骤地探究"基于问题的探究性课堂范式"的内容、途径、策略和评价等，探索有效的教与学方式，旨在激发学生的学习活力，彰显学生的个性化发展，以及提高学生创造性解决问题的能力。

（一）设计"大问题"的基本步骤与策略

经过多年的课题研究、课堂实践和专家指导，"问题的设计策略在教学中的运用"已成为学校打造问题探究性课堂的关键。根据理论和实践成果，我们总结、提炼出几点问题设计和运用的策略。

1. 明确问题的来源和种类

我们可以从文本或情境中提出问题，这些问题往往是由教师来预设，包括学生起点问题、基本学科问题、文本核心问题、辅助问题等，包括单一课时、单元课时或跨学科思考下的各类问题。

核心问题并非一般问题，而是必须紧紧围绕教学目标设计的问题。它是一节课中指向学科本质，并能驱动学生积极、主动思考的统领性问题。它能使学生在自主探究的过程中不断升华认知、加深理解、获得有价值的体验和感情。在教学设计时，教师可以将教学内容拆解为一个个小问题，并将这些小问题进行融合，归纳成一个或多个提纲挈领的核心问题，运用问题清单来为课堂服务。

2. 问题的设计和运用

在探索问题的设计之路上，我们寻找问题的来源，追溯问题的本质，解读问题的结构、功能及形式，以便教师能更好地运用问题，使其成为有效的教学策略。

（1）问题的设计策略

在问题的设计阶段，教师需要罗列单元教学目标、梳理教学内容、基于学科问题考虑学生起点问题。教师以问题为引导，设计有层次、结构化、可延伸的问题系统（包括单元目标下的核心问题及问题链），制订相应的学习任务，并架起问题与要求之间的桥梁，把问题作为学习有效性的策略、方法、途径，融入课堂实践的每一个环节和细节中，为学生实现自主学习铺设清晰的成长路径。

核心问题的设计要有依据性、综合性、激发性，教师需要考虑内容结构、方法结构、思维结构等几个要素，将其分解成若干个相对容易解决的关键问题，即将

"大问题"分解为"小问题",采用问题链的形式,借助思维导图呈现,使学生的思维可见。

（2）问题的运用策略

探究活动的核心是"问题",教师要发挥课堂提问的效能,把握好提出问题的时机和火候,多层次、多角度地提出问题,可以在学生的启发点、教学中的连接点、知识上的盲点处设计问题,并加以运用。

在实际教学中,教师需要紧扣教材,考虑学生的认知特点,以及问题本身的特性（严密性、科学性等）。比如,将问题运用于特定的课堂情境中时,可以激发学生的好奇心;将问题运用于新知探究中时,不仅能激发学生的思考,还能引导学生主动问答,主动获取知识、应用知识,达到解决问题的效果,使学生的思维得到延伸。

（二）构建大问题驱动下的小学探究性课堂的教学模式

探究性课堂以学生为中心,注重培养学生运用已有知识解决问题或主动汲取额外知识解决问题的能力,帮助学生形成学习核心素养。经过研究和实践,我们认为可以从以下几方面入手,构建问题探究性课堂。

1. 营造互动探究环境

探究性学习离不开互动探究的环境,教师要遵循学生的学习心理规律,拓展互动空间,营造互动环境,鼓励学生积极思考、主动思考并提出问题,有创造性地开展探究性学习。有效的互动环境是建立在学生需求基础上的,是师生、生生互动的场所,需要教师发挥引导作用,营造平等、民主的学习氛围,以小组合作的学习方式,并采用多种评价方法,激发学生的热情,以及学习的能动性。

2. 创设真实问题情境

问题情境的创设在问题探究性教学中是非常重要的,让学生有代入感的情境可以激发学生学习的兴趣,使学生产生学习动机。在这一阶段,教师不仅要熟悉教材,将教学内容拆解为一个个小问题,将这些小问题进行融合,归纳成一个或多个提纲挈领的核心问题,更需考虑学生的生活背景、认知水平、生活经验,这样才能创设出既是学生熟悉的,又具有一定挑战性的问题情境,以为课堂教学服务。

除创设问题情境外,教师还需要提供问题清单。教师要以核心问题为"根",

把相关问题罗列出来,并通过思维导图来呈现,将问题系统图形化,帮助学生理解问题间的逻辑,厘清解决问题的思路。

3. 精心设计探究任务

探究任务单是指教师为了引导学生进行探究而设计的学习活动单,主要用于课堂上的独立探究与合作交流,一般包括2—4个学习活动,每个活动有多种学习方式及评价方法,使学生充分经历学习的过程。

需要说明的是,探究任务要少而精,尽量减少限制性条件,给学生充分的空间和时间去探究。探究形式要多样,可以是独学、互学、共学等。

4. 开展小组合作学习

创设问题情境、提出问题等环节只是为学生提供探究的热情和动力,而分析讨论、归纳总结的过程则是学生进行实质性探究的过程。在这一过程中,小组合作学习的方式尤为重要,合作学习是指学生在独立探究的基础上,以小组的形式进行学习,与小组成员相互讨论、分析,找到解决问题的思维、途径。

合作学习需要结合学生的年龄特点。对于高年级学生来讲,教师可以大胆放手,让学生充分自主地合作学习,教师充当合作者,进行参与学习;对于中年级学生来讲,教师要培养学生的合作意识,让学生参与合作学习,教师由扶到放;对于较少参与合作学习的低年级学生来讲,教师要让学生了解合作学习的特点,教师扶多放少。

5. 展示交流学习成果

在这一环节中,教师要从注重结果转向注重过程和交流成果,使之成为学生反思探究和解释的过程,每个学生都有表达自己的机会,都可阐述自己的探究过程,讨论自己做了什么、怎么做的、这么做的原因,以及下一步可能的做法等。

教师要引导学生关注同伴间的差异,通过个别、小组、集体多种形式,以及生生、师生之间的互动交流,丰富学生的交流形式,鼓励学生大胆表达自己的观点。需要注意的是,观点必须基于证据,尊重事实。而教师只需要倾听学生的发言,融合他们的观点,促进学生在经验交流中学习。

当然,学生可以先在小组内进行交流,在小组充分交流的基础上,再进行班级交流。这样既能保证人人参与,又能充分发挥学生间的协作作用。

6. 拓展延伸持续探究

在这个过程中,教师引导学生综合运用所学知识分析、解决拓展性问题或生活实际问题。学生在合作交流和思维碰撞中达成共识,提高自身分析和解决实际问题的能力。通过探究获得结论后,教师还要注重引导学生带着解决问题的方法走进生活,探究解决新问题的途径,实现知识的内化和升华,达到学以致用的效果。

（三）形成大问题驱动下的小学探究性教学的评价体系

探究性学习评价是探究性学习的组成部分。教师要运用课堂观察、表现性评价、档案袋评价、成果展示等多种方式,从评价标准、内容、原则和方法等方面设计评价体系。我们发现,学生自主评价可以帮助学生建立自信,同伴评价、家长评价及社会评价有利于激励学生进步,师生共同评价能达到教学相长的目的。

在具体的评价过程中,教师要为学生提供有针对性的评价量规及表现性评价结果,将过程性学习融入评价与反馈的全过程,从而激励学生主动学习,教师也能改进自己的教学。在评价时,要注意以下几点。

遵守评价原则。评价需要遵守主体性评价原则、过程性评价原则、激励性评价原则、多元化评价原则等。

丰富评价内容。评价需要围绕"知识与技能、过程与方法、情感态度和价值观"展开,形成多维度、多角度、全面化的评价内容体系,可以包括"学习兴趣、学习习惯、学业成果"等。

多种评价主体。在探究性课堂中,过程性评价是双向选择的。经过协商和交流,教师要关注学生对评价结果是否认同,从而达到学生自我反馈、改进发展的目的。评价主体可以是教师、家长、学生,多个主体通过自评、互评、师评等评价方式,得到多维视角下的评价结果,全面衡量学生的学习素养和发展水平。

多样化评价方法。在探究性课堂中,教师可以采取多样化的评价方法,如课堂观察评价法、表现性评价法、成果展示评价法等。课堂观察评价是评价学生在课堂上的学习过程,教师随时随地进行观察、评价,有意识地对学生所表现出的创新精神和实践能力进行记录、评价。

总之,教师要根据具体的情境、不同的学习内容,采用多种不同的评价方法与策略,使评价融入探究性学习的全过程,使评价不断发挥激励和导向作用,真正成为促进师生共同进步的手段。

四、研究成效

通过 3 年多的实践探究,课堂模式的改变、学生的培育、教师队伍的建设都按照预定的方向发展,产生了显著的效果。总体而言,效果表现在以下几个方面。

（一）促进了学生的变化和发展

通过探究性学习活动,学生发现问题、提出问题、探究和解决问题的能力得到增强,培养了探究精神、研究与实践能力、合作与发展意识。

1. 提高了学生的学习参与度

运用了问题探究性教学模式后,学生在教学过程中有了充分的时间进行讨论、交流,学习的兴趣提高了,主动思考的能力加强了。不同层次的学生的发展需求都得到满足,他们能更积极地参与、体验学习。

2. 增强了学生的探究意识

在探究性学习中,学生亲历知识发现的过程,这不仅强化了他们的主体地位,而且提升了他们的思考、提问、观察、探究等能力,提高了他们的探究兴趣,增强了他们的探究意识。

3. 提升了学生解决问题的能力

在问题探究性教学中,学生有足够的时间和空间去思考、探索问题,能够发现和提出有价值的问题,能够聚焦核心问题提出一系列问题,在问题探究和解决的过程中融合旧知,构建新知,利用知识进行比较、分析、总结、归纳,在合作中形成解决问题的能力。

4. 锤炼了学生的思维品质

探究性学习是以学生为主体展开教学,学生进行探索与实践,由原来的被动学习变成现在的主动探索,逐渐获得学习上的参与感和认同感。这种学习方式激发了学生的学习力和创造力,使他们的思维品质得以提升。

（二）促进了教师的变化和发展

通过问题探究性课堂的探索和实践,教师找到了一种更有效的教学途径,教师的教学观念、方式得到转变,教师对教育的理念有了更深的感悟,教师的教育智慧和专业能力都有所提升。

1. 走进课堂,提高教师的专业能力

对于教师来讲,问题探究性课堂的教学探索既是教学方式的转变过程,也是教育理念的转化。教师一致认为,在问题探究性课堂中,教师不仅是知识的传授者,而且是学习的参与者、指导者。要培养学生的问题意识、探究方法等,教师也应该具有问题引导意识、探究思维及探究素养等。

教师建立了"三位一体"的问题观,基于真实的情境组织真实性学习,把问题设计和探究问题的解决方法贯穿教学始终,使学生在探究性学习活动中走进学习,感受探究的乐趣。在这一过程中,教师的教学素养有所增强,专业能力有所提升。

2. 参与研究,提升教师的研究能力

课题研究的过程是师生共同成长的过程。教师全程参与课题研究,共同设计问题探究性课堂的教学模板、课堂观察表等,不断挖掘、发现研究问题,通过理论学习、课堂实践、专题研讨等活动,解决当下的问题。正是经历了这样完整的课题研究过程,教师对教育科研有了更深的认识,他们的教育科研能力也有所提升。

创新实践

高中整本书导读浦东实践

上海市浦东教育发展研究院　胡根林①

一、问题的提出

中华民族历来敬畏书籍,敬重读书人。书籍记载过去,描绘未来,展示了社会、生活、个体生命情感的无限丰富性,承载着人类精神文化创造和延续的神圣使命。在互联网文化快速扩张,智能手机、自媒体的广泛应用带来阅读浅表化、碎片化和快餐化的当下,倡导读整本书、读经典之书显得尤为重要和迫切。

本课题研究有三大动因:

(一) 整本书阅读具有独特价值

从语文教育史角度看,"整本书阅读"的提法由来已久,自近代语文学科从古代百科全书式的教育中独立出来后,胡适、何仲英、林轶西、朱自清、叶圣陶、夏丏尊、浦江清等诸多学者、教育专家纷纷主张要把整本书阅读纳入语文教材。其中,叶圣陶先生是较早提出整本书阅读教学理念之人。1941 年,他在《论中学国文课程标准的改订》中提出:"在中学阶段内,虽然只能读有限的几本书,但是那几本书是真正专心去读的,这就养成了读书的能力……如此说来,改用整本的书作为教材,对于'养成读书习惯',似乎切实有效得多。"②从个体成长角度看,学生思维和心灵发展需要大量阅读做养料,当前的语文教科书,还不足以浸润学生的精神世界。

---

①　课题组其他成员:刘强、吴岚、赵文格、王梦莹、周晨晔、王玮、季薇、王谦、王欣悦、韩军延、戴传伟。

②　叶圣陶.叶圣陶集:第 16 卷[M].南京:江苏教育出版社,2004.

（二）新课标对整本书阅读提出具体要求

新颁布的《高中语文课程标准》（2020年修订版）在所设18个学习任务群中，不仅有专题性"整本书阅读与研讨"，而且另外17个任务群基本也和整本书阅读相关。读整本书显然已成为全面提高学生语文素养不可或缺之重要载体。

新课标对整本书阅读的规定首先体现在量上：涉及文化经典著作、诗歌、小说、散文、剧本、语言文学理论著作、当代文学作品、科学与人文读物等，涵盖古今中外、文史哲科。其次，体现在质上：一是阅读对象上，内容倾向于经典，形式侧重于传统纸媒；二是阅读动机上，侧重于从阅读中获取知识的力量，提升审美和思维水平；三是阅读收获上，不能如过去一样满足"读过"，学生要以成为合格的、自觉的读者为目标，提升阅读方法、阅读策略，养成良好的阅读习惯。

（三）整本书导读面临现实困境

从区域层面看，受应试教育和功利化阅读影响，不少学生对于大部头文学名著或提不起兴趣，或无从下手；对文化论著和学术著作或望而生畏，或茫然无绪。读前、读中、读后都须督促、指导。教师虽有引导阅读之心，却往往受自己能力和视野所限，或缺乏教学整体设计，或缺乏具体指导策略，无法点燃学生的阅读热情，提升整本书阅读能力。这种"乏力"的状况与浦东新区作为我国社会主义现代化建设引领区的区域定位不相适应。

现实困境的产生与语文界对整本书阅读教学研究的低起点有关。目前的相关研究，虽数量庞杂，讨论者众，但明显存在三个方面的"缺乏"：第一，缺乏比较深入的理论研究；第二，缺乏比较分析研究；第三，缺乏系统的教学研究。推动整本书阅读在学校教育中以课程化形态出现，以更合理的形式进入语文课程体系，引领学生以合格阅读者的姿态走向未来生活，欲达此目的，调整研究视角，建构较完善的课程实施体系，探索有效的导读策略，设计合理的评价体系均为当务之急。

本课题立足浦东基础教育实际，试图集中而系统地回答这样一个问题：高中语文教师该如何有效开展整本书阅读教学？它包含了整本书阅读的教学定位、教学起点、教学内容、教学评价、教学联结等系列基本问题。本课题通过理论借鉴和实践提炼，在解决上述问题的同时，试图建构包括教学目标、教学起点、教学内容、活动设计、教学评价和教学联结在内的整本书阅读教学论的基本框架，为当前整本书阅读教学提供可资借鉴的科学理念和实践成果,既具有探索语文学科整本书导读策略系统及其教学模式的较大理论价值,又具有区域层面大面积、高质量推动整本书阅读之重大实践意义。

二、解决问题的过程与方法

本课题立足区域课例的研发和各学校指导经验的总结,以教学论为视角从整本书阅读教学起点、教学内容、教学过程和教学联结等多个方面进行研究;同时结合阅读心理学视角,对不同文本类型的整本书进行分类研究,努力揭示整本书阅读教学特点和规律,为区域层面推进整本书阅读提供有效方案和建设性意见。其解决问题的过程主要体现在两大方面。

(一) 明晰问题域,做好研究整体设计

1. 界定核心概念

整本书阅读教学所指向的"书"有特定内涵。"不是指产品形态上的印刷品,也非指泛义上的文化产品,诸如《20世纪杂文选》这样的'书',只是一些'文'的组合,虽也有内涵上的关联,但不具备精神产品的主体独立性与生命独特性。真正的精神产品往往与个体独特的精神生活和创造性劳动联系在一起。"①"'整本书'阅读首先在阅读材料上不再是一篇节选文章的含英咀华,而是一本有着独立精神、独立思想价值,能够作为一个连续性整体给读者别样的阅读感受的完美集合,阅读时间更长,也更具有复杂性。"②

本课题所指"整本书"是符合出版要求、装订成册、具备个体独特精神的书籍,而非画册、刊物等,它包括中长篇小说、散文集、诗集、戏剧、学术著作等。

2. 明确研究目标与研究内容

(1) 研究目标

以教学论为视角,建立整本书导读策略系统,探索基于不同文本类型的整本书的导读模式,提升教师整本书阅读指导能力,扩大学生阅读视野,提升阅读与鉴赏、表达与交流、梳理与探究能力。

---

① 余党绪."整本书阅读"之思辨读写策略[J].语文学习,2016(7):12.

② 李卫东.混合式学习:整本书阅读的策略选择[J].语文教与学(人大复印),2017(3):13.

（2）研究内容

① 调研区域层面整本书阅读现状，摸清当前整本书指导过程中教师层面和学生层面存在的关键问题。

② 在教学论视野中，分析教学起点、教学内容、教学过程和教学评价等，形成区域层面整本书指导实施方案和操作模板。

③ 开展整本书导读的行动研究，研发不同文本类型设计和实施的区域典型课例。

④ 基于整本书阅读教学系统，以不同文本类型指导的典型课例为抓手，提升区域层面高中语文教师整本书导读能力。

⑤ 总结各校典型做法，推动整本书阅读教学在区域层面高质量展开。

3. 掌握必要的研究方法

（1）文献研究法。搜集相关文献资料，运用相关理论对材料进行理论分析，力争在理论上有所突破和创新，使本研究能在前人的基础上，从较高层次对整本书阅读教学进行研究。

（2）比较研究法。本课题将开展整本书阅读指导的比较研究，从指导目标、指导内容、活动设计、阅读评价等多个方面进行多角度比较，以此为基础，形成区域层面的整本书阅读指导方案。

（3）行动研究法。课题组成员一方面作为课题的组织者，另一方面又是实践者，用科学方法为解决自己在整本书教学指导实践中产生的问题而进行研究，其主要环节包括计划、行动、实践、反思和再实践。

（二）预估研究结果，有序推进研究计划

（1）研究重点

本课题的研究重点是科学系统地回答整本书阅读什么时候教、教什么内容、怎样设计活动、怎样评价学生阅读情况、怎么从书本阅读走向精神联结等基本问题，建立整本书阅读活动的理论架构，在实践层面上为一线教学提供可资借鉴的教学理念和操作成果。

（2）主要研究阶段

第一阶段，整本书导读经验统整化。系统梳理语文独立设科以来在整本书阅读教学方面的理论成果和实践成果，凝练浦东新区整本书阅读教学实践及学校书香校园建设经验。整合学校读书活动,设计区域"阅读教室"活动框架体系,制订切实可行的成果实施及推广方案。

第二阶段,整本书阅读推进课程化。

① 开展整本书导读策略的行动研究,形成不同文本类型导读的典型课例,分析不同文本类型的整本书导读的目标、内容、方法和评价的异同,初步建立整本书阅读指导策略系统。

② 基于整本书导读的策略系统,以不同文本类型导读的典型课例为抓手,提升区域层面高中语文教师整本书指导能力。

③ 总结各校典型做法,编制整本书阅读指导手册,推动整本书阅读在区域层面大面积展开,积累典型课例与实践经验,完善基于文本类型的整本书导读的策略研究。

第三阶段,整本书区域导读模式化。通过研发《浦东新区高中整本书阅读指导方案模板》,系统规划整本书阅读的目标、内容、阶段、资源;以"课型、读法、评价、联结"为核心,具体设计教师的过程性指导环节。建设书香校园,形成阅读文化,让校园阅读随时随地发生,让学校图书馆成为语文学科整本书阅读开展的资源库和重要场所。

三、课题的主要成果

本课题基于教学论视角,对整本书导读过程深入研究,取得诸多理论上的突破和较为丰硕的实践成果。

(一) 理论突破

1. 原创性提出了与过程性指导匹配的"四课型系统"

我们系统分析了学生的阅读过程,立足于教师教学实际进行课型探究,吸收PISA 和 PIRLS 等国际阅读测评课题之成果,提出了与过程性指导相匹配的"引读课、助读课、研读课、评读课"的四课型系统。该系统不仅带有较大的原创性,而且具有很强的实操性。(见表1)

表 1 整本书阅读的课型系统

课型	阶段	学生状态	目的	着眼点
引读课	读之前或读之初	打算读/初读	"读起来"	激发学生阅读动力
助读课	读之初或读之中	续读但有困难	"读下去"	帮助学生跨越阅读障碍
研读课	读之中或读之后	浅读、误读/尚未"登堂入室"	"读进去"	帮助学生登堂入室
评读课	读之后、回头读	回读/反思与评价	"读出来"	帮助学生形成阅读成果

2. 分辨读法的不同类型,明确教学路径

读法是理解阅读内容所采用的手段或途径,是探究文本的方法,属于程序性知识。因此,读法的学习过程必然要遵循程序性知识的学习过程,读法的完整学习过程必然包含记忆、应用和评价这些认知阶段。从操作角度看,以读法为学习内容的教学大致包括精讲读法要点、范例操作、试用、反馈修改、迁移 5 个步骤,其中步骤二和步骤一顺序可以调整。

3. 建构整本书阅读评价模式

阅读不止于经历,还要有成果意识,这也是整本书阅读课程化的重要体现。从教学过程来看,教师需要了解学生"读得怎么样,有哪些收获",以便启动或调整后续的阅读指导活动;从学习结果来看,整本书阅读已经逐步纳入语文中高考等大规模考试体系。本课题主要从教学过程角度系统讨论整本书阅读的评价实践,建构了包括评价理念、目标、内容和方式的整本书阅读评价模式,同时在运用SOLO 分类评价理论方面进行了有效的实践。

4. 引入"联结"概念,为基于整本书阅读的专题学习做出了理论阐释

"联结"原是心理学术语,引入到整本书导读系统,为阅读文本和阅读主体之间建立内在联系提供了心理学意义。我们不仅系统阐述联结的内涵和特点,还分辨整本书阅读走向系统联结的不同途径:贯通性联结、横连性联结、探究性联结和反思性联结。然后以反思性联结为重点,通过专题性学习方案的研发,引导一线教师关注这种联结方式的设计特点,以期更好推进整本书阅读教学实践。

(二) 实践成果

1. 提出了教师的角色是"资深阅读者"的主张

要求"整本书阅读指导应隐含在活动设计之中,隐藏于阅读收获与阅读策略

的分享与交流中",这一个观点丰富了"教师为主导,学生为主体"的教学理念的内涵,使阅读和导读成为润泽生命、铸魂启智的重要途径,成为阅读育人的生动实践。

2. 构建了区域整本书导读策略系统

通过开设引读、助读、研读、评读课,构建系列导读课型;探索不同文本的不同读法,提炼合理有效的教学路径;建立 SOLO 分类评价的实践模型,形成分层多元评价体系;引入"联结",构建整本书阅读和学生精神生活的联系。

3. 实现了整本书阅读课程化

本课题从课型、读法、评价、联结等多个维度回答整本书阅读什么时候教、教什么内容和怎样评价学生阅读情况等,为教师有思路、有方法地开展整本书阅读提供理论框架和操作模式。

四、课题的"场效应"

本课题在教师的专业发展和整本书阅读教学实践上都取得了较为明显的效果,产生了良好的辐射效应。

(一) 提升了区域学生整体阅读水平,促进了学生个体的精神成长

具有浦东特色的整本书导读体系改变了过去散点、割裂式的状况,使区域整本书导读在理念、目标、方法、策略等方面形成了有机整体。阅读已成为德智体美劳情"六育并举"的抓手、学生精神发育的源泉和区域文化建设的品牌行动,学生在阅读方面变得更有兴趣,更有方法,也更有广度和深度。

(二) 推动了区域语文教师专业成长

区域层面形成以课题组为体、以区域教研和助教工作坊研修为两翼的"一体两翼"整本书阅读区域推进模式,在各级学术刊物发表论文 40 多篇,开发课例 100 多个,专著《教师如何导读——整本书阅读教学导论》出版。在本课题带动下,浦东的语文教师整体上形成较好的教研氛围,积极推动"双新"背景下基于语文核心素养的教学变革。

(三) 为学校层面提升整本书导读质量提供了可资借鉴的范例

围绕"课型、读法、评价和联结",课题组开发了系列高中整本书导读的范例。强化"学会阅读,享受阅读"的理念,让学校整本书导读有规范、有方法,整本书阅

读有文化、有内涵。学生在广泛的阅读实践中,不断提升阅读层次,丰富阅读方法和策略。经典阅读正成为学生观察世界的窗口、精神成长的湿地。

（四）产生了良好的辐射示范效应

近四年多来共举办区级教研活动 40 多场,覆盖全区 52 所高中;课题组和助教工作坊活动 15 场;区级新闻报道推送 15 篇,市级新闻推送 6 篇,课型、读法、评价、联结的设计理念已被区内教师广泛接受,并出现"外溢"效应;课题组 18 次获邀在各种全国性研讨会上做主题发言和专家报告;本课题主持人受邀多次承担上海市师资培训中心举办的"上海市高中语文整本书阅读教学骨干教师培训"课程设计和实施工作。

另外,还积累了不少成果推广经验。如理论先行,重顶层设计;叠加互见,重过程设计;示范辐射,重点面结合等。

基于生活跨学科主题探究

上海市高行中学　项雪平[①]

一、研究思路

"基于生活跨学科主题探究"课题以学校前一个课题中所基本形成的"生活探究课程"研究框架为基础,以初中选修课程、初中探究课程、高中研究性课程为载体,以学生学习活动为抓手,从德育建设、课程建设、师资队伍建设、学校发展等方面入手,通过以点带面(从课堂教学到课程建设、从课堂学习到活动探究、从单一学科到融合探究),基本形成了"基于生活跨学科主题探究"的基本模式和课程体系,通过系列化的跨学科课程和活动,帮助学生打破知识应用的学科壁垒,使学生"学会学习,学会研究,学会创新",理解学习的真谛。

二、研究价值

本课题旨在从学生的生活世界出发,选定对学生有意义的主题,并将主题转化为问题,通过搜集和分析资料,形成解决问题的方案,最终帮助学生积累知识、发展能力、增强体验,提升综合素养。

本课题通过阐明"基于生活跨学科主题探究"的内涵、基本特征、组成要素、一般过程、影响因素、评价指标,以及厘清课题与学生、教师、学校发展关系等相

---

① 课题组其他成员:黄志庆、周颖花、汤英华、陈莉、李鸿艳、岳崇岭、彭薇、陆耀青、钱荻宁、孙紫红、刘玉霞。

关理论的研究与实践,进一步丰富和完善立足于本课题的课程体系,并以此指导学校的课程教学行为,进一步推动学校内涵的发展。

随着本课题实践研究的深入,一是找回生活的发展价值。课题实践发展了学生解决生活问题的能力和动手实践能力,培养学生积极进取的生活态度和社会责任感。二是为重构学校课程提供新的途径。课题实践把学校的选修课、探究课和研究性课程三者贯通,并辐射于基础型、拓展型课程,使整个学校的课程体系有机融合,产生了综合效应和强大的影响力。三是为重建课堂找回了方向。课题组通过尝试基于生活、基于问题、基于项目的学习,促使学生在实践探究过程中进一步丰富学习经历,避免学生的偏科与知识面的窄化,促进学生的全面发展,提高学生的问题解决能力和实践创新素养,回归教育的本源。与此同时,教师通过不断学习、研究、实践、反思,丰富了教学经验,拓宽了教育视野,转变了教学观念,提升了综合素养。

三、研究实施

课题组在研究与实践进程中,紧紧围绕学校"诚以养德,智以育才"的办学思想,以"三课联动"模式推动跨学科探究的深度实施,以"主题活动"方式推进跨学科探究的厚度开展,以"学科渗透"形式推广跨学科探究的广度辐射,以"组织保障"策略确保跨学科探究的力度实施。

（一）以"三课联动"模式推动"跨学科探究"的深度实施

"三课联动"旨在用课题的研究和实践为主导,引领课程建设和课堂教学改革。与此同时,以课程建设和课堂教学改革实践研究为导向,推动课题研究向纵深方向发展,并形成循环推进的联动效应。

1. 以课题的学科分类明确"跨学科探究"的范围

"跨学科探究"的实施首先是建立在学科概念的理解上。鉴于中学时期与大学时期学科概念的差异,课题组将中学所涉及的 11 门主要课程科目做了分类与梳理,并结合相关课程的课程标准对学科的概念做了界定,明确了相关学科的一般研究方法(见表 1),并明确了跨学科探究的可行性与方向性。

表1 学科类别、学科概念和一般研究方法

类别	主要学科	学科（课程）相关概念	一般研究方法
自然科学	生物	生物学是一门研究生命现象和生命活动规律的基础学科	观察法、比较法、实验法
	化学	化学是一门在原子、分子水平上研究物质的组成、结构、性质、转化及其应用的一门基础学科	观察法、实验法
	数学	数学是研究数量关系和空间形式的科学	逻辑推理、抽象概括、数学建模
	物理	物理学是一门研究自然界物质的基本结构、相互作用和运动规律的基础学科	观察法、实验法
社会科学	政治	政治学是一门以研究政治行为、政治体制以及政治相关领域为主的社会科学学科	哲学思辨、逻辑推理、实证研究、数据分析
	心理	心理学是一门研究人类心理现象及其影响下的精神功能和行为活动的科学，兼顾突出的理论性和应用（实践）性	自然观察法、实验法、调查法
	地理	地理学是研究地理环境以及人类活动与地理环境关系的科学，具有综合性、区域性等特点	定位研究、模拟方法
	历史	历史学是在一定历史观指导下叙述和阐释人类历史进程及其规律的学科	考据法、比较法
人文学科	语文	语文是一门学习祖国语言文字运用的综合性、实践性学科，具有工具性与人文性统一的特点	文献法、语言欣赏、语言创作
	英语	英语是国际交流与合作的重要沟通工具，也是传播人类文明成果的载体之一	文献法、对比法、语言欣赏、语言创作
	艺术	艺术是人类运用特定媒介、形式和方法，将思想和情感表现为审美形象的创造性活动	欣赏、创作

2. 三类课程建设成为"跨学科探究"的战略高地

通过研究,课题组达成了立足于本学科、辐射其他学科的共识,并以完善的课程体系作为支撑。经过研究与论证,课题组将"跨学科探究"课程建设的着力点放在了初中选修课程、探究课程和高中研究性课程中,利用此三类课程的建设,形成"跨学科探究"的战略高地,并辐射各学科的基础型课程和拓展型课程。

目前学校初中选修课程共有 30 多门,其中"跨学科探究"课程为 20 门,如"绘本中的心理世界""英语与戏剧"等课程,占比约为 60%。而初中探究课程如"探寻浦东老街区的秘密""建筑中蕴含的历史和图形美"等,高中研究性课程如"化学与食品安全""数学建模"等课程,占比接近 100%。这些课程的实施着力于培养学生人文底蕴、科学精神、学会学习、健康生活、责任担当、实践创新六大核心素养。

结合学校完中的特点,综合学生年龄特征和知识储备的不同,此三类"跨学科探究"课程分别于四个年级中开展实施。课题组还根据对象、要求的不同,明确了课程的组织形式和评价方式。(见表 2)

表 2 三类"跨学科探究"课程实施表

课程名称	初中选修课程	初中探究课程	高中研究性课程
实施年级	预备年级、初一年级	初二年级	高二年级
课程周期	一学年	一学年	一学年
课堂形式	课堂教学	小组探究	小组研究
授课形式	教师组织、讲授	教师指导	教师指导、引领
评价方式	学生参与度	探究记录+探究报告	学习手册+研究报告

3. 课堂教学展示显现"跨学科探究"的成果

课题组在课程实施过程中,关注实践研究在课堂教学中的呈现与落实,并积极组织教师通过课堂展示的形式向课题组和学校教师展示课题研究的课堂开展,进一步明确"跨学科探究"的课堂形态。《联想—创作》《笛卡尔浮沉子》《电影中的美学》《社会生活的变迁》《探寻"古仁人"的人生密码——单元读写贯通课》《议题:如何坚定文化自信,实现中国梦》……这些精彩的课堂中,都存在着这样的共性:问题来源于生活,探究跨越多个学科,展现多学科视角,最终回归于对生活的深刻思考。而这些正是"基于生活跨学科主题探究"课题所带给教师的新灵感、新方向,也带给课堂新的活力。

(二) 以"主题活动"方式推进"跨学科探究"的厚度开展

"三课联动"的课题研究形态主要侧重在课程建设和教师层面的实践研究,而如何调动学生的积极性则是课题研究的另一个思考方向。课题组采取"主题活动"的方式来推进本课题研究开展的厚度,即通过主题宣讲活动帮助学生形成跨学科研究的意识;通过主题学科周带领学生积极开展跨学科研究相关的学习活动;通过主题研究的形式引领学生实施具体的跨学科主题探究。

1. "中国梦·太空行"主题宣讲活动帮助学生形成课题意识

针对学生对于"跨学科探究"存在接触少、难度大、认知缺、上手难等特点,课题组决定通过主题宣讲活动来帮助学生正确看待、理解跨学科探究,形成积极的跨学科探究意识。课题组基于近年来我国在太空航天事业方面的伟大成就,组织开展了"中国梦·太空行"系列活动,以讲座形式从历史、物理、语文、地理、生物、数学6门学科出发,带领学生在学科视角下进行对中国航天发展的探究。通过此活动,学生学会了从多学科、多视角观察事物,具备了跨学科探究的意识和崇尚科学、探索未知、敢于创新的热情。

2. "基于生活跨学科探究"主题学科周组织学生课题活动

为了让学生积累跨学科探究经验,课题组以课程教学中心、教师发展中心为核心组织开展了多项主题学科周活动,如"让快乐与数学同行"主题数学文化周活动,"中国梦·太空行"主题英语学科周活动,"致敬百年,致敬科学"主题语文、物理学科周活动等,学生通过参与各类丰富的跨学科探究活动,积累了真实有效的跨学科探究经验。

3. "高行八景"主题研究引领学生实施课题探究

作为课题组成员引领学生自主探究的一次尝试,"高行八景"主题研究活动由政治、地理、历史、生物、艺术教师组成了跨学科教师指导团队,高二部分学生群体为此项研究尝试的先行者,通过查找高行的地理位置、历史底蕴,以及"高行八景"的由来与分布,进而探讨"高行八景"文化传承的意义和如何传承。在此基础上,学生分小组围绕古镇开发、街区建设、文创宣传 3 个板块开展拟态研究,最终以学生的研究报告作为研究成果。通过自主探究,打破学科壁垒,让学科知识走出课本,融入生活,在生活问题的炼化下让多学科知识相互交融,使学生的知识得以应用,能力得以锤炼,素养得以提升。

4. "德育融合"将课题研究融入学校各类活动

课题组除了以学科为导向的学科知识应用外,还将跨学科探究融合在学校各类的德育活动中,如以二十四节气为依托的主题系列学生活动,"润心慧心,健康成长"心理月系列活动等,将跨学科渗透在学生活动的方方面面中。

(三) 以"学科渗透"形式推广"跨学科探究"的广度辐射

在学校教师发展中心的指导下,课题组成员带领教研组内其他教师积极地投入到跨学科研究中,利用"学科渗透"的形式将课题研究的辐射范围扩大,让更多的教师参与到跨学科的探究中来。

1. 课题研究改变教师学科观念

本课题要求教师立足于本学科,同时要对其他学科有所涉猎,才能引用其他学科视野辅助本学科的深入探究。如生物教师利用教材中生化实验设计问题,实施课堂跨学科探究教学;美术教师结合美术、劳技开展杯垫制作课程等。

2. 课题研究增添教师课堂活力

多学科视野的辅助给单一学科课堂增添了不一样的色彩,再通过教师的合理设计,为课堂带来了新的活力。如英语教师在备课组范围内开展"主题式英语课堂教学及学生习作探究"子课题实践,通过校园生活、环保、健康等主题,融合多学科知识与技能,探索形成多元、综合、实效的英语课堂。

3. 课题研究赋能教师专业发展

通过研究,不少教师获得了课程开发、课题研究、课堂研究、教学活动设计等多方面的经验,为教师的专业发展找到了有力的依托,也为教师专业发展提供了广阔的舞台。

(四) 以"组织保障"策略确保"跨学科探究"的力度实施

学校以教师发展中心牵头,课程教学中心与学生发展中心鼎力协助,保障课题研究的有序开展。

作为课题研究的组织核心,教师发展中心为课题组教师提供了丰富的学习资源:理论书籍和相关论文资料包。此外,还组织课题组全体成员共同研读了美国学者艾伦·雷普克的《如何进行跨学科研究》一书,通过阅读、笔记、交流等形式逐步厘清"跨学科"概念,使课题组内教师更全面、更系统、更深入地了解"跨学科"研究和学习的策略与途径,从而更好地指导实践操作。

教师发展中心还设计统筹此项实验项目的具体研究方向和方法,组织制订研究计划与任务,组织头脑风暴形式的研讨交流会,组织组内教师分享与交流自身的研究理解与研究经验,并牵头协同学校其他核心部门协调开展各项相关活动。

四、研究成果

根据课题的研究目标和要求,学校有目的、有步骤、有计划地通过三课联动、主题活动、学科渗透、组织保障的形式,在基于生活的主旨下针对跨学科主题探究的实施深度、开展厚度、辐射广度、实施力度这4个维度进行研究的有效推进、有序开展。经过4年的实践与探索,该项目取得了显著的成效。

（一）以学生为主体的探究实施模式形成

围绕学校"诚以养德、智以育才"的办学思想,以学生的健康发展作为研究方向开展实施。在具体过程中通过对学生各项活动的梳理与筹划,逐步形成了以学生发展为核心的"三层探究"实施模式,即:第一层探究意识形成,第二层探究活动参与,第三层自主探究实施。

通过主题宣讲活动帮助学生形成探究意识。立足于历史、物理、语文、地理、生物、数学这6门学科的"中国梦·太空行"主题宣讲活动,以学科知识为本,围绕着"中国梦·太空行"这一主题,从学科角度引发学生探究意识。

通过学科周活动鼓励学生参与探究活动。利用跨学科探究的系列活动,建立学生的学科意识、学科工具意识,让知识走出课本,走入生活,走向应用。（见图1）

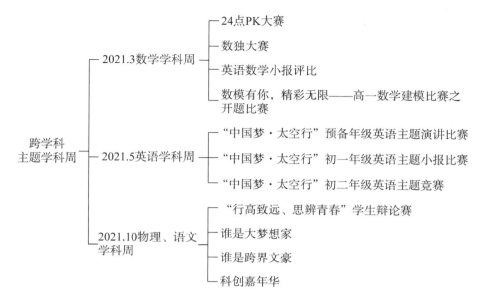

图 1　跨学科主题学科周系列活动

通过探究性、研究性课程引导学生实施自主探究;通过实施"自主、合作、探究"的学习方式,最大程度挖掘学生的学习潜能;通过生活问题的主题探究培养学生的创新精神、实践能力,让学生"学会学习,学会研究,学会创新"。

(二)"三课联动"的课题研究模式走向成熟

学校以课题研究为根,以建设完善、适合的课程体系为枝干,以教师课堂实施与课堂研究为枝叶、为花果,通过课程开发、课堂实践、案例撰写逐步形成了课题、课程、课堂"三课联动"的探究模式。

1. 课题研究指引课程建设

课题组以实践研究为载体,推进学校基于生活跨学科主题探究特色课程体系的建设与完善。目前已形成 50 余门相关课程,基本形成了科目多样化与目标层次化的跨学科探究课程体系。在课程建设的过程中,也涌现了一批具有特色的校本课程。如"二十四节气"系列选修课程,依托高行特色的"高行八景"系列研究性课程。

2. 课程实施激发课堂改革

课题组在新课改背景下,聚焦课堂,着眼于课堂活动设计,将生活问题转化为探究主题,提升课堂教学活动的有效性,丰富课堂教学学科内涵。通过课堂让学生"学会学习,学会研究,学会创新",同时更要让学生"会学",全面提升学生的学习力、行动力。如心理教师将即兴剧形式引入心理课堂,再如物理教师将人体科学引入物理课堂。

3. 课堂实践提炼课题成果

本课题研究不仅为学生提供了以问题为导向的生活探究式学习的尝试,而且对教师提出了更高的要求。教师必须在立足于自身学科的基础上,研究本学科与其他学科融合的可能性与实施方案,并在此基础上开发课程、设计课堂。通过实施与提炼,教师逐步积累了相应的研究成果。

随着课题组实践研究的深入,逐步形成了以课题为核心,全学科覆盖的网状分布,真正实现了辐射基础型、拓展型课程和各个学科的设想,并在各个学科中提炼总结获得相关的研究成果。

(三) 教师科研理论成果丰硕

课题组教师在项目实施过程中注重过程性资料的收集整理和研究过程的反思总结,在不断尝试、实践、体验、探索、改进的行动研究循环过程中积累心得和经验,并提炼总结理论成果,如论文和案例等。据统计,近年来学校教师跨学科教学成果如论文和案例等共计40余篇,一并收录于2022年8月正式出版的《核心素养指向下的学习方式变革》一书中。此外,在课题研究期间,学校教师在国家、市、区刊物上累计发表成果100余项,获得区级及以上奖项24项。通过本课题研究,教师们改变了陈旧的学科观念,逐步形成了促进学生综合学习的意识,课堂教学的活力和创造力不断增加,并赋能教师自身的专业发展。

基于 STEM 教育理念的幼儿科学探究活动的实践与研究

上海市浦东新区祝桥东港幼儿园　　刘红雁[①]

一、研究背景

（一）STEM 教育有助于培养幼儿适应未来的关键能力

2017 年 6 月，中国教育科学探究院正式成立 STEM 教育研究中心，并连续发布《中国 STEM 教育白皮书》和《STEM 教师能力等级标准》，明确提出 STEM 教育应该纳入国家创新型人才培养战略。2020 年《关于深入开展幼儿园科学探究教育的指导意见》中明确了加强幼儿园科学探究教育的重要性和必要性，提出了推动有针对性的科学探究活动、加强教师专业发展和设立科学实验室等具体举措。2022 年 2 月教育部颁发的《幼儿园保育教育质量评估指南》的"科学理念"中指出"充分尊重和保护幼儿的好奇心和探究兴趣，相信每一个幼儿都是积极主动、有能力的学习者，最大限度地支持和满足幼儿通过直接感知、实际操作和亲身体验获取经验的需要"。这些政策方针旨在促进幼儿科学探究的发展，为幼儿提供积极、体验式的学习环境，培养他们的科学思维和创新能力。

（二）STEM 教育有助于优化我园科学探究课程实施

我园历来开展幼儿"六小"（小问答、小实验、小制作、小故事、小画家、小创演）科学探究活动，为幼儿科学探究活动开展积累了丰富的经验。但在实践中我们发现课程还存在不足：(1)幼儿科学素养有待提高。幼儿的观察、提问、质疑、设计、想象、创作等能力并没得到实质性提高，而这些恰恰是幼儿科学素养培育

---

①　课题组其他成员：孙红卫、沈丹、桂丽、倪春英、殷悦、顾婷、徐敏、连慧琳、吴慧、黄佳玮。

的核心。(2)科学课程需要系统整合。任何一个科学探究活动都需要采用观察、实验、制作、绘画、设计、表演等一系列方法与过程,但"六小"课程却人为割裂为单独的课程,存在不合理性。课程内容由老师预设较多,由幼儿的需要和兴趣发起的较少,不是真正意义上的科学探究。

由此,我们思考基于 STEM 的教育理念,将六小课程进行有效整合,开发实施"科学探究课程"。STEM 教育是科学、工程、技术、数学四者的有机结合体,融合了"做中学"、建构学习、体验式教学等教学理念,具有现实问题导向、跨学科学习、团体协作实施等特点,符合学前教育改革的现实需要。《3—6 岁儿童学习与发展指南》中也指出要让幼儿喜欢大自然,对周围的事物和现象感兴趣。鉴于此,我园确立了"基于 STEM 教育理念的幼儿科学探究活动的实践与研究"的课题。

二、成果要点

(一) 基于 STEM 教育理念的幼儿科学探究活动的理论研究

在文献检索的过程中,我们发现,STEM 教育理念强调了整合性:将 5 个学科有机整合,融于一体;强调了问题性:让幼儿关注真实生活情境中的实际问题;强调了设计性:培养孩子设计思维,引导幼儿主动运用学科知识解决问题;强调了工程性:注重培养孩子的工程意识和制作能力;强调了项目性:强调聚焦某个特定的项目或任务,整合可获得的资源,合作完成学习任务,解决问题,获得成果,发展 STEM 素养。

(二) 基于 STEM 教育理念的幼儿科学探究活动的目标制订

根据《3—6 岁儿童学习与发展指南》以及借鉴穆莫教授的《早期 STEM 教学——科学、技术、工程与数学的整合活动》中的目标要求,我园制订了 STEM 幼儿科学探究活动的总目标:(1)激发探究兴趣,体验探究过程,发展初步的探究能力;(2)发现生活中真实的、有意义的问题,分析问题,用工程思维解决问题,进行科学、技术、工程与数学跨学科的学习。我们将总目标分解为小、中、大班阶梯性的目标,并结合《幼儿园办园质量评价指南》将培养目标进行了梳理,形成了发展与评价的指标。(见表1)

表 1　基于 STEM 教育理念的幼儿园科学探究活动的发展目标

		小班	中班	大班
发展目标	喜欢提问	喜欢接触大自然,对周围的很多事物和现象感兴趣。能经常问现实生活中真实的、感兴趣的问题,或喜欢摆弄物品	喜欢接触新事物,经常问一些与新事物有关的问题,尝试研究现实生活中真实的、有意义的问题	关注现实生活中真实的、有意义的问题,对自己感兴趣的问题总是刨根问底,并能用数字、图画、图表或其他符号记录问题
	用一定的方法探究周围感兴趣的事物与现象	1. 关注生活,对感兴趣的事物能仔细观察,发现其明显特征 2. 能用多种感官或动作去探索、制作物体,关注动作所产生的结果	1. 初步尝试用工程思维来动手动脑,探索、设计、制作、改进物体和材料,并乐在其中 2. 能对事物或现象进行观察比较,发现其不同与相同(略)	1. 能经常动手动脑寻找问题的答案,并能制订相应探究计划并执行,能用多种方法创造性地解决问题 2. 在探索中乐意用工程思维分析问题,进行设计、制作和改进,探索中有所发现时感到兴奋和满足(略)
	在探究中认识事物与现象	1. 认识常见动植物,能发现和了解周围动植物的主要特征和多样性 2. 能感知和发现材料在软硬、光滑和粗糙等方面的特性 3. 能感知天气变化,体会其对自己生活和活动的影响 4. 能初步了解和体会动植物与人类生活之间的关系	1. 能感知和发现生活中常见的动植物生长变化的过程及所需的基本条件 2. 能初步感知和发现常见材料的溶解、传热等性质及其在生活中的用途 3. 能感知和发现光、影、磁、摩擦等简单的物理现象(略)	1. 能发现和了解典型的动植物的外形特征、习性与其生存环境之间的适应关系 2. 能了解常见物体的结构和功能,发现两者之间的关系 3. 能探索和发现光、影、沉浮、水的形态等简单的物理现象产生的条件或影响的因素等(略)

（三）基于 STEM 教育理念的幼儿科学探究活动的内容设计

1. 物理科学

倾听幼儿从生活自然现象中提出的真实问题,并借鉴 STEM 教育理念,注重科学、技术、工程、数学方面的整合,把科学知识还原到现实生活情境中,实现课堂教育和社会教育有机整合。（见表 2）

表 2　有关物理的 STEM 科学探究内容

年龄	生活现象	STEM 科学探究内容		
		科学	技术与工程	数学
小班	1. 传声筒 2. 摇摇乐 3. 榨汁机 4. 神奇眼镜 5. 小猫钓鱼 6. 万花筒 7. 转动莲花 8. 夏天变热	1. 声音的传播 2. 物体的软硬性质 3. 物品的榨汁变化 4. 洞洞与光 5. 磁铁吸铁 6. 光的变化 7. 水的流动 8. 天气的变化	1. 摇晃 2. 使用 3. 制作 4. 寻找 5. 表演	1. 数数 2. 区分 3. 记录
中班	1. 配钥匙 2. 乒乓球滚动 3. 电话 4. 电灯亮了 5. 陀螺 6. 大包子 7. 弯管迷宫 8. 道路与汽车 9. 生活中摩擦 10. 锯子	1. 材料的结构 2. 运动的轨迹 3. 声音的传播 4. 电灯通电 5. 陀螺转动 6. 面粉的变化 7. 弯管的利用 8. 坡度与速度 9. 摩擦起电 10. 材料的使用	1. 配对 2. 制作 3. 整理 4. 链接 5. 配比 6. 设计 7. 实验 8. 搭建 9. 使用	1. 记录 2. 匹配 3. 计数 4. 分类 5. 关系 6. 比例 7. 比较 8. 统计
大班	1. 纸的形成 2. 神奇墨迹画 3. 有趣降落伞 4. 生活中的风 5. 会变的温度计 6. 转动的风车 7. 乌鸦喝水 8. 潜水艇的秘密 9. 房子的搭建 10. 造桥	1. 材料的属性 2. 风的阻力 3. 风的作用 4. 温度的变化 5. 物体的沉浮 6. 搭建的平衡 7. 零件的拼插 8. 影子的形成 9. 空气的动力	1. 捣鼓 2. 融化 3. 制作 4. 装饰 5. 折叠 6. 搭建 7. 链接 8. 组装 9. 拼插 10. 合作	1. 刻度 2. 测量 3. 记录 4. 数数 5. 比较 6. 统计 7. 关系 8. 比例

2. 生命科学

生命科学是指与一切有生命的物体——人物、植物和动物,包括生长周期,动植物的环境需求,栖息地和对各种人、动植物独有特征的观察。内容构建时我们重点选择从植物、动物来开展。在搜寻资料过程中发现 STEM 逐步演变成了 STEAM,其中的 A 就是艺术,由此增加了艺术探究内容。(见表 3)

表 3　有关植物的 STEAM 科学探究内容

年龄	植物名称	STEAM 科学探究内容			
		科学	技术与工程	艺术	数学
小班	土豆、黄瓜、萝卜、蘑菇、红薯、玉米、洋葱等	1. 植物名称、外形明显特征与特性 2. 物种多样性 3. 植物与人类生活之间的关系	1. 烹饪:捣鼓、拌和 2. 图片信息的简单运用 3. 放大镜、勺子等简单工具的使用 4. 组合、搭配的技术	1. 哼唱、涂画、粘贴植物 2. 简单模仿、用线条与色彩表现植物	1. 简单数数 2. 植物形状 3. 植物差别
中班		1. 植物外形特征与特性 2. 植物生长变化过程及所需条件 3. 季节变化对植物产生的影响 4. 有关植物的物理、化学现象	1. 烹饪:榨汁、搅拌、腌制、摆盘 2. 图片信息的比对 3. 榨汁机等简单器械工具的正确使用 4. 组合、搭配、搭建、垒高的技术	1. 用歌唱、律动、舞蹈、打击表现植物 2. 绘画、捏泥、折纸 3. 观察与想象	1. 数数 2. 形状方位 3. 粗细、厚薄、轻重差别 4. 比较多少

（续表）

年龄	植物名称	STEAM 科学探究内容			
		科学	技术与工程	艺术	数学
大班	土豆、黄瓜、萝卜、蘑菇、红薯、玉米、洋葱等	1. 植物外形特征与环境之间的关系 2. 植物的结构 3. 植物的生长变化 4. 有关植物的物理、化学现象 5. 四季轮回对植物的影响	1. 烹饪:简单刀切、削皮、刨丝、水煮等 2. 烤箱等简单器械以及测量工具的使用 3. 信息的收集与运用	1. 用多种工具、材料或不同的表现手法来表现植物 2. 用律动或简单的舞蹈动作表现植物 3. 用色彩、线条、形状以及材质表现植物	1. 排序、分类、测量 2. 数量加减 3. 统计 4. 形状造型 5. 空间方位

3. 地球科学

地球科学主要围绕对地球各组成成分的研究,包括其随时间变化的规律。内容通常包括对各类物质(如岩石、贝壳、土壤)的探查,也包括探究它们随环境(如天气、季节)的变化。[①]

表 4   有关地球的 STEAM 科学探究内容

年龄	问题	STEAM 科学探究内容			
		科学	技术与工程	艺术	数学
小班	1. 泥土上能看到贝壳的花纹吗 2. 所有的石头都沉底了吗	1. 化石的不同 2. 石头的沉浮	1. 压制 2. 制作 3. 观察	1. 绘画 2. 装饰	记录

---

① 莎莉·穆莫.早期 STEM 教学——科学、技术、工程与数学的整合活动[M].李正清,译.南京:南京师范大学出版社,2017.

（续表）

年龄	问题	STEAM 科学探究内容			
		科学	技术与工程	艺术	数学
中班	1. 大自然有哪些不同的形状 2. 哪种化石数量最多 3. 岩石里面有什么	1. 大自然的不同形状 2. 化石的组装 3. 不同岩石的差异	1. 工具使用 2. 寻找	1. 绘画 2. 装饰	1. 分类 2. 比较
大班	1. 岩石的厚薄、轻重 2. 地质的变化 3. 雪花的投影 4. 不同沙漏的时间	1. 岩石的不同 2. 混合物的变化 3. 雪花的形状 4. 沙漏的流动	1. 天平使用 2. 计时器使用 3. 投影器使用	1. 绘画 2. 装饰	1. 记录 2. 数数

（四）基于 STEM 教育理念的幼儿科学探究活动的实施途径

1. 学习性区角活动

（1）创设情境主题，开展探究活动

我们发现，将 STEAM 教育应用到幼儿物理科学探究中，需要转变教师的教育观念，把教师"预设"变成幼儿的"主动"，注重创设情境主题，激发幼儿活动兴趣，引导幼儿自主动手探究，发现事物的现象与结果。例如大班在开展"我是中国人"主题时，教师有意识地在教室内摆放了一台造纸机，孩子们对此非常有兴趣，积极询问问题。教师请小朋友自己去搜寻资料了解造纸过程，并在学习性区角活动中提供了造纸机、捣纸缸等材料，让孩子们自己动手来造纸。在这个过程中，活动来源于孩子（孩子们对造纸机发生了兴趣），问题是由孩子们自己产生的（纸从哪里来），问题的分析是由孩子们自己搜寻资料完成的（纸是怎么造出来的），问题的解决也是孩子们在体验和动手中自己完成的（利用造纸机来造纸），整个过程以幼儿为主体，老师只起到了支持、协助的作用。活动还体现了 STEM 各个要素的整合，如探究纸的制作过程就是科学，体验造纸过程就是技术和工程，纸浆浓度的调配就是数学，探究活动与 STEM 有了结合。

（2）打开研究思路,确立探究内容

在生命科学探究初期,老师们困惑:植物或者动物包含科学探究内容吗? 在专家的指导下,我们认识到并不是只有实验才叫探究,也并不是仅包含物理、化学的内容才叫科学,其实动植物的颜色、形状、特征、特性、造型、生长、食用性,这些都是值得探究的科学内容。动植物的颜色、形状可以运用观察并绘画的形式进行探究,特征可以用阅读、查看、记录的方式进行探究,特性可以用实验的方式进行探究,造型可以用塑造、拼盘、垒高等形式探究,生长可以用饲养和种植的方式进行探究,食用性可以运用烹饪的形式探究,打开了研究思路之后,探究内容也就不断显现出来。

2. 集体性学习活动

（1）解决问题式教学模式

结合“5E”教学模式理论,在物理科学中我们得出了解决问题式的教学模式:创设情境、提出问题—猜测设计、提供材料—实验验证、得出结果—交流解惑、共享经验—生活应用、延伸活动。

（2）操作观察式模式

在生命科学教学活动中,诞生了操作观察式模式,其过程为:创设情境、提出问题—提供材料、引发观察—交流分享、得出结果—再次观察、共享经验—生活运用、延伸活动。

（3）探讨制作式模式

在地球科学活动中梳理得出了探讨制作式的教学模式:创设情境、提出问题—提供材料、观察探讨—再次探讨、演示理解—启发制作、分享成果—生活运用、延伸活动。

3. 户外探究活动

在户外活动中,教师要善于捕捉幼儿有价值的兴趣点与问题,生成可以“做”的科学探究活动,鼓励幼儿在“最近发展区”范围内建构 STEAM 知识经验,并通过“动手做、做中学、学中思、思中创”的实践来解决问题,发展学习能力、思维能力、实践能力和创新能力。如幼儿在户外发现桂花开了,采了桂花放在抽屉中却发现桂花都“焦”了,由此生成了“花瓣为什么会变焦”的探究活动,之后又开展了制作糖桂花的系列活动。

4. 实地考察活动

建筑工地、汽车修理店、水果店、博物馆、动物园、科技馆等很多地方都蕴含很丰富的科学探究资源。教师带领孩子们去实地考察,引导幼儿观察工具、器械、大型动物、仿真物品等等,能不断激发孩子们的探究兴趣,促使孩子们发现和解决问题。

(五) 基于 STEM 教育理念的幼儿科学探究活动的探究方法

1. 实验法:先进行假设,再进行实验验证的方法。例:假设一颗乌龟蛋能孵出几只乌龟宝宝,教师准备材料,引导幼儿根据说明书把龟蛋放在孵化容器里孵化,并进行观察和记录。

2. 观察法:通过感官或借助科学仪器,进行观察、描述、记录物体与现象的方法。例:数龟背甲盾片的同心环数量判断龟龄。

3. 制作法:把脑中的创意和想法运用剪、贴、折等方法把实物呈现出来。例:观察了解乌龟的形状特征,用树叶拼贴成乌龟。

4. 设计法:把一种设想通过合理的规划、周密的计划,用各种形式表达出来的过程与方法。例:怎么分辨乌龟的雌雄? 设计方案,并实施方案来进行分辨。

5. 比较法:探究和分析两个或两个以上事物之间的共同性与差异性的方法。例:根据提供的图片与实物乌龟进行观察和比对,发现不同乌龟的种类以及它们之间的异同之处。

6. 测量法:根据研究的需要,采用标准化的测量工具,按照规定的程序,对物体进行实际的测定。例:利用 pH 试纸测试不同乌龟生活水域的酸碱度。

7. 推论法:用语言形式表达出来的推理的方法。例:探索怎么用铅笔敲击塑料盒,让乌龟沿着一定的方向运动。

四、研究成效

在幼儿科学探究活动中,幼儿的热情与积极性高涨,提问能力、观察力、专注力、动手能力、解决问题的能力等都得到了很好的发展。教师能更及时地捕捉孩子的兴趣点,并在此基础上思考怎样把孩子的兴趣转化为科学探究活动。此外,教师总结出了基于 STEM 教育理念的幼儿园物理、生命、地球科学探究活动的内容、途径、方法等,促进了我园特色园本课程的发展。

交互式多媒体技术
在幼儿个别化数活动中运用的实践研究

上海市浦东新区凌民幼儿园　　沈　莉、郭雯静①

一、研究背景

《幼儿园教育指导纲要》为幼教确立了一种全新的教学思想,即加强计算机技术对幼儿园教学的应用。相比于以往的课堂教学,多媒体最突出的优势就在于可以通过直观的形式生动活泼地表达信息,带给幼儿丰富的视听感受,可以充分调动幼儿的学习积极性,开发幼儿的感知觉和拓宽幼儿的眼界,并通过创设情境来帮助幼儿在学习过程中理解内容和发展创造思维。

把交互式多媒体技术应用于幼儿园个别化数活动的基本目的是提高儿童素质,促进儿童在不同视角下发展情感、态度、能力、知识和技能。多媒体技术图文并茂,形声兼备,情景互动,集多重元素于一体的艺术效果,引领着幼儿从表象意识走向了抽象思维,给儿童营造一种生动、活泼、形象地接受知识和信息的气氛。

二、主要观点

(1) 在个别化数活动中运用交互式多媒体技术是贯彻《指南》的需要。

(2) 将交互式多媒体技术运用于幼儿个别化数活动中,其根本目的就是培养幼儿的数学素养,从各个视角推动幼儿情感、心态、能力、学识、技术等多方面

---

①　课题组其他成员:常雅婷、葛薇琳、赵李娜、张怡、何莹、曹美、丁志瑾、殷智慧、石慧、侯梦欢。

的发展。

（3）将交互式多媒体技术运用于教育过程，就可以使抽象乏味的数学知识变得更加具体清晰；让繁杂苛细的数学问题化繁为简，趣味盎然；创造宽松和谐的学习气氛，充分调动幼儿的学习兴致。

（4）采用多媒体交互式技术，引领幼儿由具体形象思维向抽象思维转变，给幼儿提供了一个活跃、生动的接触知识、传播信息的环境。

（5）交互式多媒体技术使幼儿园数教育活动结构得到优化，增强教学效果并促进幼儿全面发展。

（6）教师通过具体的媒介让儿童和抽象的数学进行互动，使儿童认识数和学数学，培养了幼儿较好的数感，为幼儿继续学习奠定扎实基础。

三、学术贡献与创新价值

本文主要研究了教师如何通过交互式多媒体技术去实施个别化数活动，调动教师学习及运用交互式多媒体技术的积极性，发展运用交互式多媒体技术的能力，使课题研究与教师的自身发展结合起来。探索了交互式多媒体如何引领幼儿走向自由探究数学的认知阶段，让幼儿在独立、合作、体验、互动的认知环境中感受到自身的成长与愉悦的教育价值。通过交互式多媒体技术与现有教学资源整合的实践研究，探索两者科学有机整合的方法和规律。

四、成果要点

（一）数学小游戏的设计开发

1. 制订适切的设计目标

（1）总目标

根据幼儿的不同年龄差异，结合新课程，开发有利于幼儿互动的数学小游戏。让幼儿在开放的、真实的情境中，自由自在地探索、发现，并获得感性的体验。据此，形成小、中、大班开发和运用数学小游戏的经验总结。

（2）年龄目标

小班：利用计算机以生动有趣的画面、直观的思维形式，培养幼儿参与数活动的兴趣爱好。

中班:结合不同类型的游戏,引导幼儿认识 1—10 的数字、简单的图形与符号,并理解有关数字、符号的含义,会用数字、符号等操作使用交互式多媒体技术学习数知识。

大班:通过操作与练习型游戏,认识数学符号与图像,理解数活动的要求与含义,初步掌握通过交互式多媒体技术达到自主学习数知识的方法,具有初步的探究能力。

2. 选择与主题匹配的内容

利用数学小游戏将数学中的抽象知识变得生动具体,在一定程度上吸引幼儿的注意力,提高幼儿的学习兴趣。基于主题背景下,我们可以选取不同的数学内容(集合与模式、数概念与运算、比较与测量、几何与空间),探索和研究数学小游戏在幼儿园个别化数活动中的运用。

3. 制作合理的设计程序

(1) 确立素材

我们以年级组为单位,在年级组活动中依据主题讨论和搜集幼儿个别化数活动内容,在课题组活动时进行汇总和筛选,确立适合制作数学小游戏的素材。

(2) 设计题目

我们组织全员教师参与活动题目的设计工作,汇总后经过讨论和筛选,选定了数学小游戏的名称。

(3) 撰写方案

课题组成员承担数学小游戏设计方案的撰写任务,从游戏名称、活动目标、操作步骤几方面描述游戏的主要内容,形成设计方案。

(4) 制作游戏

各组员根据设计方案,运用 PPT 软件制作数学小游戏。

(5) 交流展示

在每月的课题组例行活动中,我们组织设计者进行数学小游戏的交流和展示。成员们以小组讨论的形式,对游戏设计提出修改意见,设计者再进行修改。

(二) 数学小游戏的类型总结

1. 操作与练习型

操作与练习型数学小游戏是让幼儿在任务的引导下进行操作或练习,巩固和强化已经学过的知识或技能。如小班"熊的故事"主题下设计的"三只熊"数学小游戏,旨在让幼儿巩固加深用目测的方法辨别物体的大小,并在此基础上练习按照物品大小与三只熊进行匹配的技能,在这个操作过程中,会发出正确或错误音效来告诉幼儿选择是否正确。当出现错误的提示音时,就需要重新操作直至选择正确为止;当出现正确的音效就进入下一步的练习。类似于这样的数学小游戏还有"雪花飘飘""男孩女孩分一分""找朋友""数星星"等。

操作与练习型数学小游戏都具有以下基本环节:了解学习目标—倾听问题—思考—操作—提示音反馈后又开始倾听下一个问题,这样循环几次直至结束。它的特点是即时操作、即时反馈,强化学习内容。

2. 演示型

演示型游戏指在多媒体教室或多媒体网络条件下,幼儿在个别化数活动中自主播放多媒体软件,用 PPT 展示教育活动,并创设教育环境或实施教学活动等。

如《停车场》数学小游戏目的是让幼儿运用自己已有的分类知识,根据车辆的某一特征进行实物分类并记录分类结果,之后检验自己分类的结果。它的特点是注重对幼儿的启发,引发探究兴趣,提示或帮助幼儿理解知识,有利于幼儿化被动学习为主动学习。

3. 游戏型

游戏型数学小游戏能使幼儿在充满教育意味以及隐藏学习任务的游戏中得到训练或有所发展。

"工具藏哪里""水果记忆棋""回家怎么走"等这一类数学小游戏通过"了解学习目标—记忆—倾听提示—操作—提示音反馈后又开始倾听下一个提示"这样循环几次直至结束的环节,除了让幼儿掌握数学知识外,旨在锻炼幼儿的记忆力和专注力。

"夏天拼图""大家来找茬 1""大家来找碴儿 2"等这一类数学小游戏通过"了解学习目标—倾听提示—观察—操作—提示音反馈后又开始倾听下一个提示"这样循环几次直至结束的环节,除了让幼儿掌握数学知识外,旨在锻炼幼儿的观察力和专注力。

"节水棋""植树棋"等这一类数学小游戏,除了让幼儿掌握数学知识外,还在培养幼儿下棋的规则意识的同时,激发他们对棋类活动的兴趣。它的特点是富有趣味性和挑战性。

(三) 数学小游戏的运用价值

1. 提升活动趣味,激发幼儿学习兴趣

我们将原有的数个别化学习内容进行收集,挑选部分适宜且可操作性强的素材制作成多媒体让幼儿进行操作。如在大班"我是中国人"的主题活动中,有一个"挂灯笼"的素材点,要求幼儿根据灯笼上的数字找到相应的算式。在过去投放个别化材料时,我们往往将一大堆算式放在一起,幼儿随机取出算式,然后将算式挂上相应的数字绳线。这样的操作形式枯燥无趣,幼儿常常会失去操作兴趣,学习效率不是很高。当我们运用数学小游戏调整了原有的操作模式后,整个活动变得生动起来。我们将操作形式改成了闯关的形式,由易至繁。在第一关中,我们设计了数字、难度比较小的加法,幼儿通过这一关,才能进入下一关。幼儿可以根据自己的水平选择进入下一关,或者放弃。这样的操作模式大大提高了幼儿的参与兴趣。

2. 丰富活动层次,满足幼儿挑战需求

在过去进行个别化数活动中,教师所使用的材料或多或杂,或少或单,没有表现出由浅入深、由易到难的层次性。尽管所使用的操作材料有层次性,但在实际操作阶段,存在随机性,幼儿往往不会按照我们原有设计的层次性选择材料进行学习。能力好的幼儿不能得到更高水平的发展机会,而能力较弱的幼儿则因为无法完成已有的操作要求,而只会"望材料兴叹"。长此下去,将使幼儿丧失同材料交流的兴趣和参加个别化数活动的积极性。我们在设计数学小游戏的过程中,关注到了原有的个别化数活动存在的问题,并进行了调整。如在"挂灯笼"的活动中,虽然传统的个别化学习材料包含一定的层次性,但是幼儿挑选操作材料存在随机性,可能一开始就挑选了比较难的算式,这类操作因材料层次紊乱而使能力较弱的儿童丧失操作的兴趣。于是在数学小游戏的设计过程中,我们梳理了材料的层次性,将比较简单的算式、数字比较小的灯笼放在前面,逐渐增加难度。由于层次分明,层层递进,更好地让幼儿在平板电脑上的操作中,积累了经验,推动了个别化数活动高效进行。

3. 弥补检验缺失,提高幼儿学习效率

在原有的个别化数活动中,检验幼儿的操作是否正确一直是我们的一个难题,我们无法关注到每一个幼儿的操作情况,导致很多幼儿在操作中,只能"将错就错"。多媒体在个别化数活动的运用中,很好地弥补了检验环节缺失这一遗憾。如在"买菜"的活动中,我们设计了多列算式,让幼儿进行选择,当幼儿出现错误时,会出现声音提示;当幼儿选择正确时,算式会自动移动到相应的数字线绳上。调整以后,幼儿可以根据操作结果的提示,对其操作进行调节,在操作的同时积累相应的经验,极大地提升了幼儿的学习效率。

（四）数学小游戏的优势与不足

数学小游戏投放之前,幼儿的个别化数活动形式仅仅是与实物材料互动;投放初期,幼儿的个别化数活动形式发生了变化,开始与平板电脑进行互动;而通过观察后的改进,幼儿的个别化数活动形式增加了平板电脑与实物材料相结合的设计,变得更加丰富和多元。

1. 数学小游戏的优势

（1）数学小游戏图文、声音并茂,既生动有趣又好玩,极具感染性,能寓教于乐,抓住幼儿的兴趣,激发他们自主学习的积极性。

（2）幼儿能够和平板电脑互动,改变了只能被动接受的局面,活跃了思想,能够充分调动他们的学习主动性。

（3）即时反馈操作结果,代替了教师的检验。

（4）数学小游戏不仅可以让幼儿形象、具体、直观、多角度地学习,而且可重复学习内容,有助于帮助幼儿理解、接受、掌握数学知识,提高个别化学习的效果。

2. 数学小游戏的不足

（1）学习内容固定,不可随时调整。

（2）长期操作容易失去兴趣。

（五）数学小游戏的投放建议

在研究的过程中我们发现,可以用传统的个别化数活动材料来弥补数学小游戏的弱势,这样就能更好地发挥数学小游戏的功效,因此提出以下使用建议:

1. 数学小游戏与传统操作材料相结合投放

通过游戏帮助幼儿理解和初步掌握数学知识点后利用传统材料进行操作。

2. 数学小游戏和传统材料同时投放

把相同内容的传统材料和数学小游戏同时投入到个别化教学活动中,幼儿可以按照自身的兴趣爱好、能力选择,同时依据幼儿的实际操作情况和了解知识点的程度,对传统材料进行调整,凸显层次性。

3. 仅投放数学小游戏

继续发挥数学小游戏的优势,提升幼儿学习的兴趣和学习的能力。

通过实践发现:不管是数学小游戏还是传统材料,或者两者相结合,只要运用得当就能发挥其最大的优势,让个别化学习活动更精彩。

五、研究成效

在本课题研究之前,我园教师对多媒体课件运用的认识并不高。在本研究期间经过专题培训、个别化学习观摩、数学小游戏的设计及展示交流活动等,教师们现已能够针对不同年龄阶段幼儿的特点和主题活动设计出有趣、高效的数学小游戏,促进教师专业化成长,改善教学环境,并有效发挥平板电脑交互性等特点,凸显幼儿主体性。与此同时,教师们运用多媒体技术手段进行教学的热情得到极大提高,教学水平稳步增长。

经过观察和记录,我们发现,在个别化数活动区域中投放数学小游戏,能让幼儿更加积极主动地参与个别化数活动,幼儿在操作平板电脑的过程中,不仅学会了数知识,而且养成了良好的学习习惯。因此,将多媒体技术应用于幼儿个别化数活动是非常有意义的尝试。区别于传统个别化学习,数学小游戏让幼儿和教师可借助一台平板电脑进行学习互动。大多数幼儿对这样的个别化数活动形式有好感,在学习过程中能够主动提问,积极参与。幼儿的语言表达能力、思维活跃度、学习专注力和数感方面均得到了极大的提升。

数学小游戏的研究和运用,有力促进了我园课程教育的现代化发展,破解了学校许多传统常规课程所没有破解的难题,对于改善学校课程体系,改善教育环境,提升教学质量,提高学校教育效率,为我园的数学特色课程的发展,起了不可估量的促进作用。

六、展望和反思

通过课题研究和数学小游戏的设计与投放,我园的个别化数活动从"静"到"动",从"无声"到"有声",从"等待指导"到"同步指导",从"与材料互动"到"与多媒体互动",但是在实践中仍发现了一些问题。

首先,能运用多媒体技术的教师相对集中,数量还不多。需要进一步提升教师现代教育技术应具备的总体水平。教师在教学过程中应不断加强理论学习和主动参与实践操作。强化教师继续教育,学习新知识、新技能,增强运用现代先进技术的能力。

其次,PPT制作的数学小游戏在幼儿平板电脑操作时有一些局限性,对平板电脑操作能力有一定要求,若幼儿对操作界面不熟悉,容易操作失误。

最后,完善与补充我园的"悦数"特色课程,将是我们今后的科研重心。怎样有目的、有系统地开发和研究我园的数学小游戏,使之和个别化数活动有机地融合,构成园本课程的一大特色,是我们的工作目标。

针对目前全社会对多媒体技术应用于教学的重视,以及丰富与补充我园"悦数"特色课程的需求,我园将进一步进行数教育活动领域的实践探究,为幼儿园的可持续性发展打下扎实的基础。

动商理论背景下幼儿园主题式运动的实践研究

上海市浦东新区黄路幼儿园　朱　律

一、问题的提出

十八届三中全会通过的《中共中央关于全面深化改革若干重大问题的决定》中指出"强化体育课和课外锻炼,促进青少年身心健康、体魄健康"。《上海市学前教育课程指南》提出:"强调培养幼儿对运动的兴趣,在自主运动的基础上,积累运动经验,体验运动乐趣;强调幼儿体质的增强和综合运动能力的培养。"少年强则国强,幼儿体质的培养是课程改革中重要的一环。而"动商"被认为是继智商、情商之后的第三种人格,是人的运动天赋水平和运动潜能发挥能力。我们提出了希望幼儿能够在运动中培养兴趣,建立运动自信,拓展心智禀赋,形成自信、大胆、勇敢、坚持等良好运动品质的期待。

在长期的课程实践中,我们努力解决实践面临的两个关键问题:

(1) 基于儿童发展,当下幼儿的身体素质如何提升?学前幼儿运动的核心价值是什么?

(2) 如何提升自主性运动中教师的实践能力,进一步支持幼儿动商发展?

由此,为更好地贯彻国家文件精神,关注幼儿体质提升、动商发展,我们着力开展实践与探究。

二、解决问题的过程与方法

研究至今,我们通过行动研究法,遵循"问题—行动—验证—反思"的循环过程,经历了3个研究阶段。(见图1)

2019年4月—2019年10月	2019年11月—2021年3月	2021年3月—2022年4月
准备阶段	**实施阶段**	**总结阶段**
过程：进行资料搜集工作，确定概念，建立理论观点，形成相关的系统思考，确定具体的课题研究方案，并落实具体的研究分工和研究步骤。	过程：开展观课、评课及理论学习、实践研讨等活动，从中积累相关经验，构建与实施推进幼儿园主题式运动课程框架与内容。	过程：进一步完善已实施主题式运动的课程体系，整理、分析各年龄段的主题式运动方案与视频资料，梳理实施策略和操作要点。
成果：完成了资料搜集工作，确定了整体研究方案。	成果：开发了基于动商理论的幼儿园主题式运动内容；形成了3—6岁幼儿基于动商的运动能力、运动品质发展性行为量规；形成了动商理论背景下幼儿园主题式运动实践样式；完成了幼儿动商发展的测评。	成果：形成了主题式运动实施步骤图以及主题设计步骤图，构建了完整的基于动商理论的幼儿园主题式运动内容，梳理了案例集，完成了研究总报告。

图1 研究过程图

三、成果的主要内容

（一）主要观点

动商即运动商数，又可称为"运动智力"，是个体克服自身和客观事物进行身体运动的能力，是人挖掘、发挥运动天赋和潜能的能力。本成果关注的动商是指3—6岁幼儿为培养未来终身运动兴趣打下基础而进行运动的能力，包括运动兴趣、运动品质、运动能力。

主题式运动是指以动商理论为理念指引，以幼儿运动兴趣的培养、基本动作的发展、运动品质培育为目标，促进幼儿身心健康发展的综合性运动活动。主题式运动关注运动情境、材料和内容对幼儿运动兴趣的激发，关注幼儿身心健康发展，它具有情境性、体验性、整合性、自主性、发展性的特点。

基于动商理论的幼儿园主题式运动内容开发要遵循以下三项原则：

1. 以儿童发展和兴趣相结合为原则

首先课程内容可以来自相关课程标准与目标，可以来自幼儿的实际问题需求，可以源于学前教育的经典内容，也可以是在现代与未来社会中幼儿社会性发展的需求，抑或是以上几者的结合。其次，主题式运动课程的设计者应强化幼儿兴趣的融合,制订幼儿喜爱,愿意体验、探究的课程内容。再次,教师可根据自身的运动爱好与特长,进行运动的感染与动商的影响。

2. 以幼儿动商发展的深度和广度相兼顾为原则

对于主题式运动课程的广度而言,主题式运动内容涉及三大基本领域:动作技能领域、认知领域、情感领域,需要明确相关主题运动的活动目标,着重培养、提升幼儿的哪些运动能力、运动品质及兴趣,需要达到什么动商行为表征。对于主题式运动的深度而言,主题式运动课程结构呈现开放、灵活和多样的特征。

3. 以幼儿动商多维发展要素相整合为原则

幼儿园主题式运动课程的整合,即幼儿动商发展的多维整合。其中必须包括两个方面:一是知识的整合,二是认知与经验之间的整合。

(二) 完成了各年龄段幼儿动商水平的调查与分析

参考《动商测试量表、动商公式和评价标准构建——以 5—6 岁儿童动商测评体系研究为例》中的动商测试表,结合我园梳理的"3—6 岁幼儿运动兴趣、运动品质及运动能力发展性行为量规"中的内容,形成了适合各年龄段的动商水平调查表,并对全园小中大各班级幼儿共 270 人开展调查,结论如下:

(1) 小班幼儿的上肢动作发展较弱,下肢力量发展相对较好。

(2) 中班幼儿投掷、助跑跨跳、悬垂、单脚跳的动作发展基本较弱,不少幼儿不能完成远距离投掷动作。在钻爬、平衡等方面的动作发展还是不错的。

(3) 大班幼儿同样在投掷、悬垂、单脚跳动作发展上较弱,男生相对女生来说,动作发展更全面些。

(三) 开发了基于动商理论的幼儿园主题式运动内容

本成果以动商理论为指引,基于幼儿发展,依据幼儿的年龄特点、发展需求,基于现有的运动水平及幼儿已有的认知经验,以幼儿运动兴趣的激发、运动能力的培养、运动品质培育为目标,以教师预设和幼儿生成相结合,研发并归纳了"运动小卡通""运动民俗风""运动小探险""运动小奇趣""运动嘉年华"五大主题内容,并设计相关的主题方案予以实施、推进。

表1 小班基于动商发展的幼儿园主题式运动内容(部分)

主题类型	运动主题	运动形式	主题式运动内容	运动素养和能力关注点	动商理论的指引点或契合点
运动小卡通	冰墩墩、雪容融,一起向未来	主题式游戏化运动	闪亮的冰球、翻滚吧雪容融、越野滑雪、冰雪嘉年华	滚、爬、攀、投掷	挑战新奇、激发兴趣
		主题式组织游戏	冬奥之平衡嘉年华、极地冒险、雪地探宝、高空滑雪	平衡、跑、跳	
		主题式运动集体教学	可爱的冰墩墩	平衡	
		主题式亲子运动	胖嘟嘟的雪容融、滑板车、打冰球	跑跳、钻爬、平衡	

表2 中班基于动商发展的幼儿园主题式运动内容(部分)

主题类型	运动主题	运动形式	主题式运动内容	运动素养和能力发展关注点	动商理论的指引点或契合点
运动小卡通	冰墩墩、雪容融,一起向未来	主题式游戏化运动	奔跑吧,旱地冰球	走、跑、跳	激发兴趣、坚持到底
		主题式组织游戏	我是滑雪比赛、墩墩飞跃赛	走、跳	
		主题式运动集体教学	"冰墩墩"投掷队	投掷、走、跳、平衡、跑	
		主题式亲子运动	钢架雪车、墩墩行走	走、跳、钻爬、	

表3　大班基于动商发展的幼儿园主题式运动内容（部分）

主题类型	运动主题	运动形式	主题式运动内容	运动素养和能力发展关注点	动商理论的指引点或契合点
运动小卡通	抗疫小超人	主题式游戏化运动	病毒消消乐、抗疫小卫士、冲击新冠、小小医护员	平衡、走、跑、跳、钻爬	坚强勇敢、规则意识
		主题式组织游戏	病毒快走开、打败病毒	平衡、投掷	
		主题式运动集体教学	抗疫小卫士	走、跑、跳综合运动	
		主题式亲子运动	小小医护员、抗击新冠病毒、小手洗洗洗	走、走跑、手眼协调	
	冰墩墩、雪容融，一起向未来	主题式游戏化运动	飞舞吧雪容融、冰墩墩花式玩球	走、跳、投掷	自信勇敢，热爱祖国
		主题式组织游戏	摇摇晃晃的冰墩墩	平衡	
		主题式运动集体教学	冰墩墩旱地冰球	走、跑、手眼协调	
		主题式亲子运动	钢架雪车、冰墩墩运送队	平衡、车类、走	

1. 基于动商理论的"运动小卡通"主题式运动

"运动小卡通"主题式运动是指运用孩子们熟悉的卡通形象所开展的主题式运动。使孩子们将运动化为角色、情境的再现,将运动卡通化,富有情趣与情感。

2. 基于动商理论的"运动民俗风"主题式运动

"运动民俗风"主题式运动以传统文化、节日和民俗特色、地方性特色活动为主题内容研发的主题式运动方案。在这类主题式运动中,我们以幼儿生活经验与认知为基础,通过主题式运动的开展,进一步加深对中华民俗文化、习俗的探究、习得、传承与发展。

3. 基于动商理论的"运动小探险"主题式运动

"运动小探险"主题式运动是以当下线上线下流行的活动、娱乐、游戏、社会实践等而研发的主题式运动方案。幼儿在喜闻乐见、富有挑战、充满惊奇的主题内容中,模拟小社会,快乐体验,追风探险,融入大社会。

4. 基于动商理论的"运动小奇趣"主题式运动

"运动小奇趣"主题式运动主要是基于我园原有的武术、溜冰、莲湘等园所特色基础之上的主题式运动。在动商理论的指引下,我们将运动特色和幼儿兴趣紧密结合起来,凸显与众不同的运动"奇趣"主题,在原有的特色课程基础上,与幼儿共同创设运动主题情境,鼓励幼儿一物多玩,一起丰富主题式运动的认知经验。

5. 基于动商理论的"运动嘉年华"主题式运动

嘉年华指的是大型有趣的狂欢盛会。本课题中的"运动嘉年华"主题式运动是指幼儿园大型主题运动,在激发幼儿运动兴趣、动作发展和运动品质等能力的同时,加强对学习的认知与运动体验。

(四) 明确了基于动商理论的主题式运动形式和课程安排

我们依据3—6岁幼儿动作发展的目标及要求,确立了3—6岁不同年龄段幼儿的主题式运动开展的形式:主题式游戏化运动、主题式区域运动、主题式亲子运动、主题式运动集体教学活动、主题式组织游戏。

具体安排上,每周各两次主题式区域运动和主题式游戏化运动,周五分时段开展主题式集体教学运动,每月一次的幼儿主题式社会实践活动、亲子运动,每学期一次的主题式运动会与每日的集体游戏、组织游戏与分散游戏。

图 2　幼儿园主题式运动形式的运用图

1. 主题式游戏化运动

主题式游戏化运动是指以基于幼儿兴趣与动商发展需求而产生的五大类的运动类别之一,以主题为线索,全面利用运动场地(可室内、室外或室内外结合),以主题式游戏、绘本故事等形式创设运动情境,形成完整的运动链,让幼儿在快乐的主题式游戏中运动,提升幼儿的综合运动素质,进一步激发运动兴趣,并获得与主题相关的生活、认知与社会经验。主题式游戏化运动特别适用于主题式区域运动、主题式组织游戏开展一段时间后进行,它是一种主题式游戏化的综合运动。

2. 主题式区域运动

主题式区域运动指的是基于动商理论的基础,在主题式游戏化运动主题背景下,教师根据幼儿运动水平和身心发展、认知特点而设计的系列运动子主题,即主题式运动内容。主题式区域运动根据本主题幼儿运动发展要素与运动能力发展要求,根据园内现有的运动器械和运动空间,合理规划运动区域活动性质,进行幼儿基本动作发展与运动量的合理搭配,创设与之相配套的主题式区域运动情境。主题式区域运动可结合常规的运动区域,如钻爬区、跑跳区、平衡区、攀爬区、投掷区、玩球区、玩车区,结合运动主题与运动量需求,合理投放、提供适宜的运动器材与辅助材料,幼儿根据运动主题情境,自选并发展内容,自由结伴,自主运动。

3. 主题式亲子运动

主题式亲子运动还可包括主题式亲子运动会与主题式亲子社会实践活动。它指基于动商理论基础上,围绕一个运动主题,家长和孩子一起利用一些居家生活用品,身边的环境、设施设备与轻便型运动器材,以游戏、故事情节、地理风貌等创设运动情境,激发运动兴趣,以合作、挑战、比赛等形式开展主题式亲子运动。在运动中提升幼儿及家长的动商,在动商的发展中加深亲子关系与社会认知、实践能力。

4. 主题式集体教学活动

主题式集体教学活动是指基于动商理论,围绕运动主题内容开展的体育集体教学活动。主题式运动集体教学是在体育集体教学中,教师以主题游戏、运动材料为导向,更好地激发幼儿对运动的喜爱与对运动材料、运动技能的探索,在教师的指导与师生、生生互动下,学习运用正确的运动技能与运动品质,促进身心发展,解决运动情境中的问题。

5. 主题式组织游戏

主题式组织游戏,即主题式体育游戏。教师基于动商理论,围绕运动主题内容,根据一定的动作发展目标设计、组织开展的小组运动游戏。它是由身体动作、情节、角色和规则组成的一种活动性游戏,以发展幼儿基本动作为主,习得运动游戏规则,全面促进幼儿的身心健康。

(五) 梳理形成了3—6岁幼儿基于动商的运动品质发展性行为量规

依据《3—6岁儿童学习与发展指南》《上海市幼儿园办园质量评价指南(试行稿)》与《学前儿童健康学习与发展核心经验》等,梳理完成"幼儿园主题式运动3—6岁幼儿运动兴趣与运动品质发展性行为量规"及"幼儿园主题式运动3—6岁幼儿运动能力发展性行为量规"。

"幼儿园主题式运动3—6岁幼儿运动兴趣与运动品质发展性行为量规"主要从"运动兴趣""适应能力""自理能力""自我保护""运动主动性""运动规则"6个方面详细描述了3种不同表现行为水平。（见表4）

表4 幼儿园主题式运动3—6岁幼儿运动兴趣与运动品质发展性行为量规（部分）

线索	表现行为 I	表现行为 II	表现行为 III
运动兴趣	1. 来到运动场地或看到运动器械时能迅速投入活动 2. 对感兴趣的运动,能坚持集中投入一段时间 3. 在提示下,不频繁更换运动项目、内容	1. 能用自己喜欢的运动器械和材料锻炼身体 2. 遇到困难时,在鼓励下能继续进行运动 3. 运动中有专注的时段	1. 乐于尝试不同的运动器械和材料,开展不同的身体动作,锻炼身体各部位 2. 遇到困难时,能多次尝试,不轻易放弃,直到完成运动中的任务 3. 运动中有一定的抗干扰能力,能认真地完成自己所接受的任务或自己制订的任务
适应能力	能在较热或较冷的户外环境中运动	1. 能在较热或较冷的户外环境中连续活动半小时左右 2. 换新环境时较少出现不适	1. 能在较热或较冷的户外环境中连续活动半小时以上 2. 天气变化时较少感冒 3. 能较快融入新的人际关系环境

"幼儿园主题式运动3—6岁幼儿运动能力发展性行为量规"主要以"运动能力（运动方式与基本动作）"为线索,关注2个要素,提出了"攀登""钻"等几种不同的表现行为水平。（见表5）

表 5 主题式运动 3—6 岁幼儿运动能力发展性行为量规(部分)

线索	要素	观察要点	表现行为 I	表现行为 II	表现行为 III
运动能力(运动方式与基本动作)	1. 具有一定的平衡力,动作协调、灵敏 2. 具有一定的力量和耐力	1. 攀登	攀登较低的器械、攀登架等	在各种攀登设备上自由地攀登	在攀登设备上完成各种手的交替、脚的交替等动作,攀登滑梯的斜坡等
		2. 钻(正面钻、侧面钻)	1. 正面钻 2. 钻过小山洞 3. 钻过 70 厘米高的障碍物(橡皮筋或绳子) 4. 两手两膝着地向前爬,如蚂蚁搬豆	1. 侧面钻过直径为 60 厘米的圈 2. 钻过长长的小山洞 3. 侧面钻	灵活钻过各种障碍物
		3. 爬(手膝着地爬、手脚着地爬、匍匐爬、侧身爬、仰面爬、攀爬)	1. 手膝着地协调地爬 2. 手脚着地爬 3. 倒退爬 4. 钻爬过低矮障碍物	1. 能以匍匐、膝盖悬空等多种方式钻爬 2. 手脚协调地爬 3. 爬越障碍物等 4. 猴子爬 5. 肘膝着地爬	1. 能以手脚并用的方式安全地爬攀登架、网等 2. 协调地爬越障碍物 3. 不出障碍物爬越等 4. 各种爬行动作

(六) 形成了动商理论背景下幼儿园主题式运动实践样式

研究并形成了主题式运动实施步骤导图、主题式运动方案设计导图,并以五大主题内容为例,以教师的主题式亲子运动云互动、经验文章、实施案例、教学活动、学习故事的形式分别加以展现。

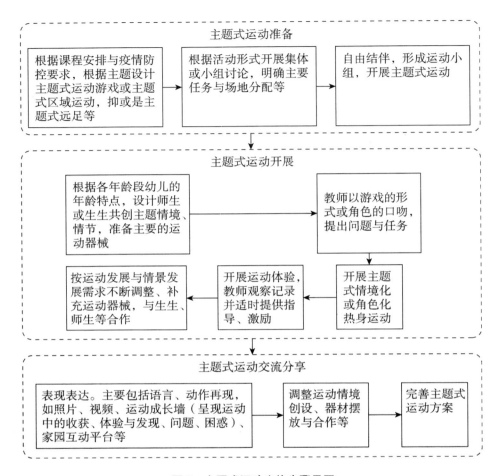

图3 主题式运动实施步骤导图

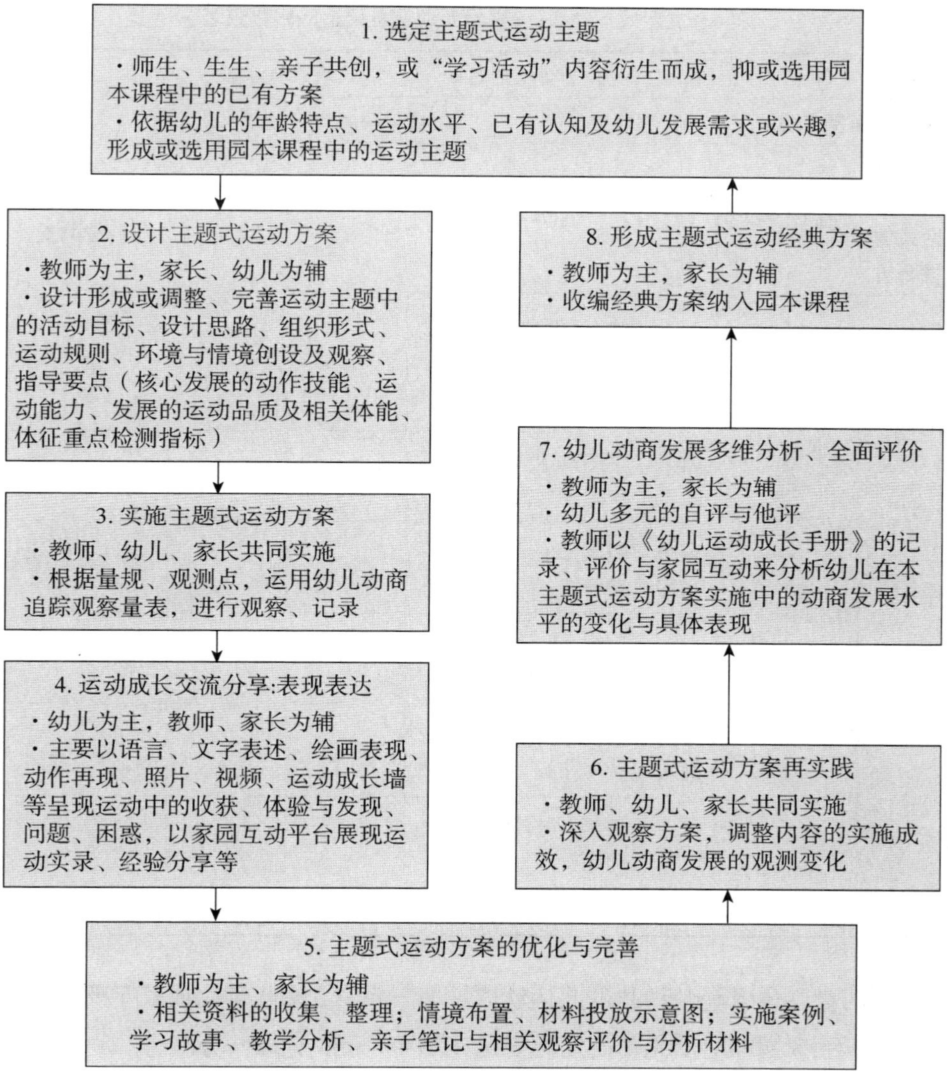

1. 选定主题式运动主题
- 师生、生生、亲子共创，或"学习活动"内容衍生而成，抑或选用园本课程中的已有方案
- 依据幼儿的年龄特点、运动水平、已有认知及幼儿发展需求或兴趣，形成或选用园本课程中的运动主题

2. 设计主题式运动方案
- 教师为主，家长、幼儿为辅
- 设计形成或调整、完善运动主题中的活动目标、设计思路、组织形式、运动规则、环境与情境创设及观察、指导要点（核心发展的动作技能、运动能力、发展的运动品质及相关体能、体征重点检测指标）

8. 形成主题式运动经典方案
- 教师为主，家长为辅
- 收编经典方案纳入园本课程

3. 实施主题式运动方案
- 教师、幼儿、家长共同实施
- 根据量规、观测点，运用幼儿动商追踪观察量表，进行观察、记录

7. 幼儿动商发展多维分析、全面评价
- 教师为主，家长为辅
- 幼儿多元的自评与他评
- 教师以《幼儿运动成长手册》的记录、评价与家园互动来分析幼儿在本主题式运动方案实施中的动商发展水平的变化与具体表现

4. 运动成长交流分享:表现表达
- 幼儿为主，教师、家长为辅
- 主要以语言、文字表述、绘画表现、动作再现、照片、视频、运动成长墙等呈现运动中的收获、体验与发现、问题、困惑，以家园互动平台展现运动实录、经验分享等

6. 主题式运动方案再实践
- 教师、幼儿、家长共同实施
- 深入观察方案，调整内容的实施成效，幼儿动商发展的观测变化

5. 主题式运动方案的优化与完善
- 教师为主，家长为辅
- 相关资料的收集、整理；情境布置、材料投放示意图；实施案例、学习故事、教学分析、亲子笔记与相关观察评价与分析材料

图 4　主题式运动方案设计导图

（七）开展了幼儿动商发展测评

研究结合《评价指南》中"3—6 岁儿童发展行为观察指引"中的表现行为描述及《3—6 岁儿童学习与发展指南》中的评价量表，编制了"主题式运动 3—6 岁幼儿动商发展追踪观察量表"（见表 6），为教师能更好地了解、把握幼儿动商发展现状、组织实施适合幼儿发展的主题式运动，促进每一个幼儿在原有动商水平上获得切实的发展提供了观察依据与记录样本。

表 6   主题式运动 3—6 岁幼儿动商发展追踪观察量表

日期：		年龄段：		幼儿姓名：	观察记录者：	
主题式运动名称：				观察运动区域：		
运动材料与主题式情境布置	时间	运动过程实录	观察识别		发现：非寻常时刻	教师的回应与后续的支持
			运动负荷	健康(生理：面色、汗量、呼吸、精神；心理：注意力、情绪、意志)		
			运动能力	参照幼儿运动能力发展性行为量规		
			运动兴趣	归属感(情绪状态、参与性、持续性)		
			运动品质	探究(挑战性、坚持性、自主性、规则性)		
				沟通(大胆表达、主动交往)		
				贡献(责任感、解决问题)		
幼儿访谈	教师的提问：				幼儿的回答：	

同时设立班级、园所的"幼儿运动成长墙"，制作"幼儿运动成长手册"，建立师生、生生、家园间对幼儿动商发展多元、多维的观察、记录与分享。

（八）突破与创新

本研究引入了"动商"理论作为实践研究的理论支撑，并通过主题式运动的研发、实施、评估，形成理论指引下的幼儿运动实践样例，有效地激发幼儿运动兴趣、运动禀赋与运动潜能，提高幼儿运动能力，为课改背景下一线幼儿园探索幼儿运动品质的创新实践提供样本启示。本研究为基于动商的幼儿运动能力培养开启实践研究之航，为全民全社会培育身心健康、有良好运动素养的国之未来做出了积极探索。

四、效果与反思

（一）实践成效

1. 促进了幼儿动商的发展

在主题式运动的实践研究中,幼儿从踌躇不前、寻求教师帮助到敢于挑战不同的环境,积极尝试利用不同难度的材料,运用多种运动技能,并在实践、交流、分享中不断习得、优化,运动能力得以显著提升。同时幼儿的运动品质也在不断加强,原先的活动时间、持续度都有所增加,幼儿对于运动的喜欢与坚持已成为习惯,主动参与性也在加强。

2. 促进了教师专业能力的提高

通过基于动商理论的幼儿园主题式运动的实践研究,教师在观察引导中记录、捕捉了很多幼儿的非寻常时刻,并通过个人反思、集体研讨、学习、专家指导等,学会了发现与捕捉有价值的教育契机与教师应该关注的非寻常时刻,学会关注每个幼儿的发展与需求,教师的专业素养有了很大的提升。

两名青年教师被评为区骨干,两名青年教师被评为区骨干后备,两位课题组成员被评为区优秀乡村教师,一名青年教师被评为中心骨干,一名被评为园级骨干……

3. 促进了家园共育的品质

研究中阶段性、全园性的主题式亲子运动,不仅收获了亲子间动商的共长,更在集体中实现了亲子、生生、师生与家园的动商理念的实践与推广。同时,我们结合幼儿园主题式运动,以家园共育、幼儿运动成长档案互动等形式开展主题式运动共育联动。

4. 提升了幼儿园课程实施质量

通过研究,开发设计了"快乐不倒翁"等12个主题式运动集体教学精品活动,设计了"乐享运动,活力奥运"等28个主题式运动方案,各类主题式游戏化运动、主题式区域运动、主题式亲子运动、组织游戏等100多份方案,创编了器械操,形成了幼儿园运动课程,进一步补充完善了园本课程方案,大大提升了幼儿园课程实施的质量。

（二）学术影响与社会效益

1. 学术影响

本课题在浦东新区第十届教育科研成果评比中获一等奖,相关研究成果作为园本课程方案在不断实施、推进与深化中。

2. 社会效益

在集团结对园交流及家长活动中展示交流。

（三）后续思考

一是进一步完善已有的幼儿园主题式运动课程内容,整理、分析各年龄段及家园共育的主题式运动文案与影像资料,完善实施策略和亮点、特色,编制主题式运动实施操作手册。

二是将教师的日常观察、指导与反思、评价进一步优化、标准化,增强可操作性、指导性。以丰富的主题式运动形式与教育共研的形式,加强园本、家园、社区教育实践、共育与研讨,拓宽教育视野与成效。定期将教研内容成果化,使主题式运动成为我园特色课程的重要内容之一,并将研究成果推广。

基于幼儿视角的角色游戏观察与支持的实践研究

上海市浦东新区小螺号幼儿园　　董　磊①

一、问题的提出

（一）概念界定

1. 角色游戏

黄人颂的《学前教育学》中对角色游戏的定义是"以模仿和想象,通过扮演角色创造性地反映周围生活的游戏"。刘焱在《儿童游戏通论》中对角色游戏的定义是"幼儿以角色扮演为主要表征手段,自主地表现和表达自己对现实生活和环境的认识与体验、想法和愿望的一种象征性游戏活动"②。诸多对角色游戏的定义并无多大差异,可以归纳出以下 3 个特征:第一,角色游戏是幼儿在幼儿园中扮演某些角色;第二,角色游戏需要幼儿充分发挥脑中的想象能力和行为的模仿能力;第三,角色游戏中创造性地反映了现实生活的面貌。

2. 基于幼儿视角

"儿童视角"是一个新的研究转向,儿童视角强调倾听儿童的声音,关注儿童的态度,在此基础上,尊重儿童的意愿,满足儿童的需求。相比于儿童,"幼儿"的年龄层更为低幼,具有这个年龄阶段的思维和行为特点。本研究中"基于幼儿视角"主要是指让幼儿通过适宜的"语言"发表自己对角色游戏的理解,表达对自身游戏的想法。"基于幼儿视角"则是肯定幼儿的能力、提供幼儿参与角色游戏的

---

① 课题组其他成员:王丽、黄慰慈、马铭芳、徐娴、金倩、王静、沈聪慧、刘晓雯、周钰洁、张一青、徐琰珏。

② 刘焱.儿童游戏通论[M].北京:北京师范大学出版社,2015.

机会,站在幼儿作为游戏主体立场了解其真实处境和体验,真实传达幼儿的声音。

3. 教师观察和支持

本研究将教师观察定义为在幼儿进行角色游戏时,教师在旁看幼儿的整个游戏,并借助游戏检核表分析幼儿游戏发展的水平,结合对幼儿的访谈,判断是否需要给予相应的支持。

教师对角色游戏的支持,是指角色游戏准备的支持,涉及游戏主题、材料的准备,幼儿相关经验的丰富、角色的分配等;游戏进行中的支持涉及介入的时机、采用的方法、价值的取向;游戏评价阶段的支持涉及评价主体和评价方式。

（二）研究背景

游戏是幼儿园的基本活动,幼儿是生活、学习和游戏的主体。从儿童视角来看,幼儿眼中的角色游戏是什么样的? 他们沉浸在游戏世界中时是什么感受? 观察游戏,究竟该观察什么? 什么样的指导方式不是"扫兴"而是"助兴"和"助力"……一连串的问题值得深思。从2017年开始,小螺号幼儿园在长达6年持续不断的角色游戏研究的基础上,开始了新一轮的研究。从儿童视角出发,观察幼儿的行为,聆听他们的声音,理解他们的游戏,发现幼儿在游戏中的真实表现和需求,从而探求有效的支持策略。

二、研究方法

本研究运用行动研究法、文献法、观察法、访谈法实施研究。

（一）行动研究法

本课题研究中,行动研究法是最基本也是最重要的。我们通过寻找适宜的幼儿游戏行为检核表入手,根据幼儿年龄特点先行观察,通过各班的观察对游戏行为检核表进行调整完善;在实践中我们发现游戏检核表不完全契合幼儿的特点,我们再采取相关措施,以探究的方式来对问题进行分析和解决。主要过程为"计划—行动—反思—再计划—再行动—再反思",直至问题得到解决。

（二）文献法

通过对相关书籍、报刊、知网等资料的搜集、学习,为教师推荐理论书籍,组织教师进行学习。借助课题组活动契机,学习、交流国内外基于幼儿视角研究的相关内容,拓展教师思维,让教师从"成人视角"转向"儿童视角",为课题研究提供理论支撑及研究基点。

（三）观察法

观察者在自然状态下观察并记录幼儿的游戏行为,结合游戏检核表对幼儿的游戏水平进行初步的判断,帮助教师适时调整游戏支持策略,为形成教师游戏观察工具提供实证资料。一种是带班教师在日常的角色游戏中,分阶段对不同幼儿进行自然观察并记录他们的游戏行为,结合游戏检核表对幼儿的游戏水平进行初步的判断,以便了解其下一阶段的游戏需要;另一种是课题小组定期进班级随机选取幼儿进行自然状态下的观察,了解教师观察与判断的水平以及幼儿的游戏状态。

1. 观察工具的整体介绍

结合研究主题,我们对国内外常用角色游戏观察量表进行筛选比较,选择了桑德拉·海德曼的游戏检核表作为观察工具。它是一种全景描述式的观察工具,关注游戏之初的进入、游戏中的互动和问题解决,用客观平实的语言表述幼儿游戏水平的不同发展层次。检核表既包含了幼儿在游戏中所表现的各种能力,又能看到同一项游戏技能中可能发生的各种表现,其宽度和深度能帮助一线教师打开视角。游戏检核表聚焦幼儿的游戏水平,覆盖了语言、动作、社会交往等 10 个幼儿发展领域项目。在每一个观察项目下,都有指向性、层次性非常清晰的技能水平的分级描述,从易到难的顺序呈现儿童发展进程中的行为表现。如表 1 所示:

表 1 游戏检核表

儿童姓名:_____ 日期:_____ 生日:_____

选择你持续观察到的最高技能:

1. 物品假装
   □不使用物品假装
   □使用真实物品
   □使用物品替代其他物品
   □使用假想的物品
2. 角色扮演
   □没有角色扮演
   □按照一个顺序片段进行的游戏
   □组合顺序片段

（续表）

□使用口头声明（例如：我是医生。）

□模仿角色行为，包括装扮

3. 游戏情境的语言表达

□在游戏中不使用假装的词语

□用语言表述替代物品

□用语言描述假想的物品和动作（例如：我在油漆房子。）

□用语言创造一个游戏情节（例如：假装我们被怪兽带走了。）

4. 游戏情节的口语交流

□在游戏中没有使用语言交流

□在游戏中只对自己说话

□在游戏中只对成人说话

□在游戏中以非游戏角色与同伴说话（例如：这不是妈妈抱宝宝的方式。）

□在游戏中以角色身份与同伴说话（例如：在你爸爸回家前把饭吃完。）

5. 游戏的持续性

□少于五分钟

□六到九分钟

□十分钟或更长

6. 互动

□独自玩

□仅和成人玩

□和一个儿童玩，并且总是这个儿童

□和一个儿童玩，可以是不同的同伴

□可以和两到三个儿童一起玩

7. 进入游戏小组

□不尝试进入游戏小组

□使用暴力进入游戏小组

□站在小组旁边观望

□模仿小组行为

□对游戏主题做出相关评价

□在评价前吸引另一个儿童的注意

8. 问题解决

□在冲突中屈服

□使用暴力解决问题

□寻求成人帮助

□模仿成人提供的口头解决方式或策略

□当被提醒时能够使用语言或策略

□主动使用语言或策略

□接受合理的折中方案

（续表）

9. 轮流
□拒绝轮流
□离开玩具,但别人要拿来玩时表示抗议
□成人安排和指导时可以轮流
□要求轮流,但是不等对方的回应
□玩完玩具后,容易让出玩具
□如果另一个儿童要求,可以让出玩具
□别人提出轮流时,可以接受并遵守
10. 同伴支持
□对同伴没有兴趣
□对同伴的困难能够给予注意
□表现出同情或提供帮助
□有时能够提出建议和接受同伴的建议
□鼓励或赞扬同伴

2. 研究工具的使用说明

首先,在尝试使用该观察工具之前,需要研究者非常熟悉游戏检核表上的每一个观察内容,根据幼儿具体游戏情况决定是否使用整个游戏检核表或者其中一部分,并完成一个游戏清单。设计不同年龄层幼儿的检核表,应注重发展阶段的行为,检核表上也应该填写"检核日期",记录幼儿的"实足年龄",利于参考和之后的追踪检核。

其次,至少2—3次聚焦观察幼儿,且每次持续观察进行10—15分钟的记录。基于幼儿的需要,观察游戏的整体场景。使用观察资料并分析搜集到的信息来检核幼儿持续表现出来的最高技能水平。

最终,检核表上应清楚说明填表的方法(圈选于哪个位置)及评估标准,以及填写之后的进一步处理及相关的咨询单位,应用时须依据指示谨慎为之,完成游戏检核表记录。

（四）访谈法

为了更好地从幼儿的视角观察与支持幼儿角色游戏,研究采用对案例分析中的幼儿进行访谈的方法。就教师撰写的案例中幼儿的表现行为与他们进行对话,倾听其想法。对照教师执行游戏检核表及经验判断之间存在的差距,不断调整观念与做法。

三、研究实施

本研究以浦东新区小螺号幼儿园全体教师及幼儿作为研究对象,以幼儿角色游戏行为观察检核表为观察工具,以自编问卷"教师观察与支持幼儿角色游戏"的调查问卷作为行动研究前测与行动研究后教师观察与支持质量的测评工具,构思基于儿童视角的教师观察与支持的应然状态。针对问题,课题组开展了3轮行动研究,梳理了基于儿童视角的角色游戏观察内容与方式;在游戏检核表的本土化实践中优化教师的"儿童视角"观,形成多维、有效的观察评价指标和基于多场景、各类型幼儿的观察工具;分析幼儿在角色游戏中的行为表现,探索并总结基于幼儿视角的角色游戏中教师有效的支持策略与方式。

（一）解读熟悉检核表,以客观的眼光观察孩子

刚开始接触游戏检核表的时候,部分教师一度是有些排斥的。有教师认为指标太多,无从观察;有教师认为幼儿的游戏行为这么复杂,但是指标表述这么简单,是否过于简单化了? 还有教师表示即使没有检核表,自己对幼儿的游戏现状也是非常清楚的。针对以上情况,我们骨干团队先行进行了实验,在园级骨干L老师班级进行实验。依据游戏检核表,针对幼儿轮流以及同伴支持的游戏情况进行观察记录,由L老师进行先期观察判断幼儿所处的水平,再由骨干教师组成的观察小组,对班级中5名幼儿进行跟踪观察识别,我们发现5名幼儿中仅2名幼儿的发展水平达成一致,另外3名幼儿出现了不一致的情况。（见表2）

表 2　两组观察结果对比表

幼儿	L老师的前期判断	观察小组的最终评估	是否一致
妞妞	轮流 □拒绝轮流 □离开玩具,但别人要拿来玩时表示抗议 √成人安排和指导时可以轮流 □要求轮流,但是不等对方的回应 □玩完玩具后,容易让出玩具 □如果另一个儿童要求,可以让出玩具 □别人提出轮流时,可以接受并遵守	轮流 □拒绝轮流 □离开玩具,但别人要拿来玩时表示抗议 √成人安排和指导时可以轮流 □要求轮流,但是不等对方的回应 □玩完玩具后,容易让出玩具 □如果另一个儿童要求,可以让出玩具 □别人提出轮流时,可以接受并遵守	一致

（续表）

幼儿	L 老师的前期判断	观察小组的最终评估	是否一致
小伟	轮流 □拒绝轮流 √离开玩具,但别人要拿来玩时表示抗议 □成人安排和指导时可以轮流 □要求轮流,但是不等对方的回应 □玩完玩具后,容易让出玩具 □如果另一个儿童要求,可以让出玩具 □别人提出轮流时,可以接受并遵守	轮流 □拒绝轮流 □离开玩具,但别人要拿来玩时表示抗议 √成人安排和指导时可以轮流 □要求轮流,但是不等对方的回应 □玩完玩具后,容易让出玩具 □如果另一个儿童要求,可以让出玩具 □别人提出轮流时,可以接受并遵守	不一致
苹果	同伴支持 √对同伴没有兴趣 □对同伴的困难能够给予注意 □表现出同情或提供帮助 □有时能够提出建议和接受同伴的建议 □鼓励或赞扬同伴	同伴支持 □对同伴没有兴趣 √对同伴的困难能够给予注意 □表现出同情或提供帮助 □有时能够提出建议和接受同伴的建议 □鼓励或赞扬同伴	不一致
小小	同伴支持 □对同伴没有兴趣 □对同伴的困难能够给予注意 √表现出同情或提供帮助 □有时能够提出建议和接受同伴的建议 □鼓励或赞扬同伴	同伴支持 □对同伴没有兴趣 □对同伴的困难能够给予注意 √表现出同情或提供帮助 □有时能够提出建议和接受同伴的建议 □鼓励或赞扬同伴	一致
威廉	同伴支持 □对同伴没有兴趣 √对同伴的困难能够给予注意 □表现出同情或提供帮助 □有时能够提出建议和接受同伴的建议 □鼓励或赞扬同伴	同伴支持 □对同伴没有兴趣 □对同伴的困难能够给予注意 □表现出同情或提供帮助 √有时能够提出建议和接受同伴的建议 □鼓励或赞扬同伴	不一致

最终教师发现经验并不总是奏效,有时候甚至会阻碍自己正确识别幼儿的发展阶段。教师开始认同观察工具,主动使用游戏检核表,并理解游戏检核表不是用来给幼儿贴标签、划分能力强弱的工具,而是用来测量、评价、规划和帮助追踪儿童成长的。

(二) 补充完善检核表,在本土化的实践中优化教师的"儿童视角"观

随着对检核表的深入研究,研究者发现由于中西方文化、家庭教育背景等一些客观的因素,检核表中的一些指标与观察到的幼儿游戏现场存在差异,不利于教师对幼儿的观察与识别。由此,我们进入了第二轮研究:对游戏检核表进行补充与完善,力求更加符合本园的生情与学情,并在本土化的研究过程中进一步优化教师的"儿童视角"观。

在这一轮的行动研究中,我们综合运用多元分析法、持续循环改进法观察与支持幼儿,并不断进行调整和完善,形成了本土化的游戏检核表(见表3,表中浅色部分为调整部分)。在此过程中,我们一方面对某些项目中的层级进行修改或完善,另一方面检核表中的项目也有所增加。"图符表征"和"游戏情绪"就是10个项目以外新增加的内容。

表 3　本土化的游戏检核表

| 游戏情节的口语交流
□在游戏中没有使用语言交流
□在游戏中只对自己说话
□在游戏中只对成人说话
□在游戏中以非游戏角色与同伴说话
□在游戏中以角色身份与同伴说话
□以角色身份与多主题进行语言交流,以多重身份与同伴进行交流 | 互动
□独自玩
□仅和成人玩
□和一个儿童玩,并且总是这个儿童
□和一个儿童玩,可以是不同的同伴
□可以和两到三个儿童一起玩 | 轮流
□拒绝轮流
□离开玩具,但别人要拿来玩时表示抗议
□成人安排和指导时可以轮流
□要求轮流,但是不等对方的回应
□玩完玩具后,容易让出玩具
□如果另一个儿童要求,可以让出玩具
□别人提出轮流时,可以接受并遵守 |

（续表）

进入游戏小组	同伴支持	问题解决
□不尝试进入游戏小组 □使用暴力进入游戏小组 □站在小组旁边观望 □模仿小组行为 □尝试通过协商、请求等方式进入游戏小组 □对游戏主题做出相关评价，并能吸引该主题幼儿的注意	□对同伴没有兴趣 □对同伴的困难能够给予注意 □表现出同情或提供帮助 □有时能够提出建议和接受同伴的建议 □鼓励或赞扬同伴	□在冲突中屈服 □使用暴力解决问题 □寻求成人帮助 □模仿成人提供的口头解决方式或策略 □当被提醒时能够使用语言或策略 □主动使用语言或策略 □接受合理的折中方案
物品假装	游戏情绪	角色扮演
□不使用物品假装 □使用真实物品 □使用高结构的材料替代 □使用低结构的材料替代 □高低结构组合或转换	□情绪消极、低落（不参与游戏、有抵触心理） □情绪不稳定，易受影响 □情绪平稳 □情绪积极、愉悦 □能主动调节不良情绪，积极影响他人	□没有角色扮演 □没有固定角色扮演 □使用口头声明 □模仿角色行为，固定角色扮演（单一角色扮演并有与角色相符的一系列游戏行为。） □多重角色扮演及自然角色转换
图符表征	游戏情境的语言表达	游戏的持续性
□仅满足于个体图画的意愿，与游戏无关 □有表征目的，但未用于游戏 □满足游戏的单一需要 □满足游戏的两种需要 □满足游戏的两种以上需要	□在游戏中不使用假装的语言 □用语言表述替代物品 □用语言描述假想的物品和动作（例如：我在油漆房子。） □用语言创造一个游戏情节（例如：假装我们被怪兽带走了。）	□少于五分钟 □六到九分钟 □十分钟或更长

游戏检核表从本园 54 名教师的视角出发，对小、中、大班 108 名幼儿在角色游戏中的行为现状进行调查，让教师判断幼儿行为发生的程度，共收回有效问卷 108 份，有效率 100%。研究采取内部一致性 α 系数来考查游戏检核表的信度，从表 4、表 5 可知：信度系数 α 值为 0.978，大于 0.9，具有较高的一致性和稳定性。

表4 幼儿角色游戏行为检核表问卷内容信度(α系数)

项数	样本量	Cronbach α 系数
12	108	0.978

表5 一致性检验结果汇总

最大特征根	CI 值	RI 值	CR 值	一致性检验结果
12.000	0.000	1.540	0.000	通过

研究数据表明,本土化的游戏检核表具有良好的信度和效度,帮助教师看到了每一个幼儿游戏的最近发展区。教师对游戏检核表每一层指标和对应的幼儿典型表现有了更深的认识。游戏检核表对教师及幼儿都产生了积极影响,最终促使教师优化游戏观念,真正走进幼儿的游戏。

(三)科学使用检核表,以持续循环改进的方法支持幼儿

桑德拉·海德曼的《游戏play,从理论到实践》中的改进方法——"持续循环改进图"(见图1),其亮点就在于既有面向小组幼儿的观察与支持,又有面向个体幼儿的特殊帮助。两个融合的循环图代表着对每一个游戏中幼儿的尊重。当教师观察某一组幼儿时,常常会发现有些幼儿因为气质、经验缺乏或特殊需要等原因,需要教师特别设计一些活动来帮助他学习游戏技能,如果教师没能及时收到这个信息或没有为此另行计划,往往就会错失幼儿最佳进步的机会;反之,如果教师能够站在幼儿的角度,读懂幼儿发展的需要,抓住关键期,则可以起到事半功倍的作用。

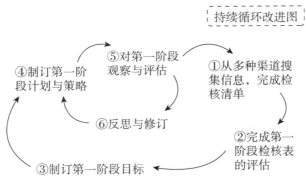

图1 持续循环改进图

持续循环改进主要包含以下 5 个流程：

（1）观察和评估，主要包含从多种渠道搜集信息和基于观察完成游戏检核表两方面。

（2）评价游戏技能，即跟着最初的观察，评价在计划活动中幼儿的需要来支持幼儿的游戏技能，反思是否已完成目标，决定是否需要制订新目标。

（3）根据游戏检核表中的项目作为核心来撰写 SMART 目标。

（4）计划并实施设计的活动和策略，即在规定日期完成目标前，提供一系列的活动和机会来实践新技能，观察和评估每次活动成功与否，并根据需要进行调整。

（5）循环此过程，从观察和评估幼儿的游戏技能开始。

在这一轮的行动研究中，我们综合运用多元分析法、持续循环改进法观察与支持幼儿，最终形成教师的 3 种有效支持方式和 6 种支持策略。

1. 支持方式

（1）材料支持

我们发现游戏中的材料支持对教师非常具有挑战性，主要有以下两个方面：一是基于幼儿角色视角的角色游戏中的材料支持，既要考验教师的即时反应，又要挑战教师的观察与倾听、分析与识别能力，只有正确地解读判断，才能行之有效地支持幼儿游戏；二是教师既要能发现和把握游戏中的材料支持的最佳时机，又要选择合适的支持策略，并注意支持策略的适宜性，保证支持的品质，即教师不能越俎代庖，不能放任不管，而要把握好支持的"度"。

（2）言语支持

教师有效的言语支持就是教师借助合适的言语表现来满足幼儿的游戏需要，推动幼儿游戏发展，促进幼儿思维、情感、个性、社会性等各种能力的提高。

教师的言语支持主要分为游戏前、游戏中、游戏后的分享 3 个时期，因此教师在游戏中不仅要斟酌判断合适的支持时机，灵活运用合适的言语支持类型（见表 6），还要锤炼自己的言语表达能力，借助精准的语言表达来点亮幼儿的游戏。

表 6　教师言语支持类型及方式

言语支持形式	言语支持具体策略
鼓励肯定式	营造气氛——温暖的肢体动作:拥抱、拍肩、拍手等 正向表情——温柔的笑脸,鼓励的眼神 赞美语气——温馨的语气,积极的语态 语言鼓励——肯定认同的语言,理解接纳的语句
启发引导式	角色演绎——通过情境性的角色扮演或者示范,师幼互动、生生互动启发幼儿 解释说明——为幼儿不明白的内容进行解释 行为带动——用引导式的动作,肢体带动启发思维,引起共鸣 回忆想象——通过回忆、想象,唤起和激活幼儿已有的生活经验
提示建议式	建议试探——试探性地提出一些建议,或者把问题抛还给幼儿,引发和提示幼儿积极思考 质疑推进——有意识地设疑、反问、质询等,以问题为基点,推动幼儿不断动脑筋 总结提炼——帮助幼儿总结分享好的经验,提炼好的方法,供幼儿自主选择
共情分享式	共情移情——用接纳性的言语与幼儿共情,引导幼儿更好地表达意愿或者分析问题 牵引共建——借助多媒体信息分享或者寻找合作伙伴等帮助幼儿牵线搭桥,丰富幼儿的游戏体验,感同身受,提高认同度 链接沟通——助推生生互动,鼓励幼儿与同伴互助解决问题

（3）情感支持

角色游戏中教师与同伴的情感支持、情感的认同与接纳、积极的氛围能使幼儿感到轻松愉快,更有助于丰富幼儿的游戏体验。教师对待幼儿游戏的态度应有助于形成安全、温馨的心理环境;要具备良好的素质,做表率,把积极、快乐的情绪带给幼儿;支持幼儿独有的情绪表达方式,了解其一言一行中表达出的情感,丰富幼儿的情感体验,更要赞赏在此过程中形成的自我认识、交往能力、协商能力、合作能力。教师的情感支持没有固定的模式,不同性格特征的幼儿可以采用不同的方式进行支持。

2. 支持策略

教师基于儿童视角,在游戏观察的过程中,要觉察到幼儿的求助信号,聆听和发现幼儿的需要。根据不同游戏情境和幼儿不同的个性特点、发展的需要,支持幼儿在游戏中获得发展。支持策略主要有以下 6 个方面:（1）关注情绪,情感支持;(2)顺应需求,材料支持;(3)同伴支持,讨论互动;(4)丰富经验,提供支架;(5)激活启发,言语支持;(6)尝试试探,谨慎支持。

四、研究的收获

(一)幼儿的发展

研究帮助教师找准游戏观察的"儿童视角",形成有效的支持策略,从而促进幼儿游戏水平的发展。课题实施促进了幼儿在游戏中了解并遵守共同生活所必需的规则,体验并认识人与人相互关爱与协作的重要与快乐,培养良好的交往与合作能力。幼儿在情感、态度、认知能力、语言、艺术等各方面均获得了长足发展。

(二)教师的成长

本研究在验证与完善中形成教师游戏观察的评估工具,帮助教师形成科学的游戏观和研究态度。教师从自身视角转向基于幼儿视角的观察与支持,代表自身观念的转变,更意味着其儿童观、教育观的优化。主要体现在,尊重幼儿的游戏特点,尊重幼儿的现有经验,以师者之意陪伴幼儿,提升了自身的"游戏力"。教师以幼儿发展为基础,形成了具有一定成效和参考价值、可操作性强的有效策略方法。对于教师来说,大家真正参与了研究的全过程,体验了研究对于自身专业发展的促进作用,对于其提升教育科研素养也具有重要意义。

当然,在研究实践中也会不断有许多新的问题产生,如在观察识别的过程中,观察方法与观察内容需不断丰富;形成性评量与总结性评量在实践中如何操作;教师观察的"敏感度"、偏好与坚持度等,如何进行合理引导等,这些问题我们将在今后的实践中不断去探索和解决。

素养培育

培育初中生对话素养的实践研究

上海市建平实验中学　李百艳①

一、选题缘由与研究意义

（一）选题缘由

1. 传统教学束缚，真实对话缺失

长期以来，人们对"对话素养"的理解失之狭隘并流于浅表，简单地将"对话素养"同"演讲""口语交际"等同起来，不能很好地辨析对话与谈话、对谈、沟通、交流、互动、讨论、争论、辩论、谈判等词语的区别。学校和课堂本是最需要对话的地方，对话的质量影响着教学质量和师生的生命质量。然而，现实中教学更多是独白式的，德育更多是灌输式的，学校管理常常是命令式的，普遍缺少真正的对话，学生学习的过程质量和生命质量没有得到足够的关注。学生学习负担重、学习效率低、幸福指数低、学校归属感低、生活满意度低等问题依然存在，这些现象的背后，是学生主体意识的缺失，关键能力和人格发育受到影响，与全面发展的目标相背离。

2. 学习分化挑战，身心发育困扰

初中阶段是一个人成长中的关键期，也是敏感的青春期，有人把这个阶段称为"疾风暴雨"期，也有人称为"沼泽地"。这个阶段的学生可塑性强、稳定性差。青春期是一场孩子的内战，在他们的内心里面常常有多个自我在交战。自我认知的冲突、人际交往的困境，加之学业考试的压力，学生的性格、人格、品德、学习

能力等各个方面存在着分化的多种可能性。由此可见,在教育中开展真实的对话,在真实的对话中培育学生的对话素养,对其成长具有长远意义和重要价值,关乎每一个学生的可持续成功与恒久的幸福人生。

3. 升学压力胁迫,育人生态破坏

中考是学生经历的第一次高利害的考试,初中升学普职比大体相当,竞争激烈。由于升学成了重中之重,学校办学目标和功能变得单一,目前初中学段的学校普遍存在"重分数、重绩效、重结果"的管理倾向,家校关系也变得"单向度",功利主义比较严重,难以达成教育共识。教师面临着两难境地,如何在培养应试能力和培养综合素养之间寻找统一,如何适应新课程改革提出的对话、互动等专业能力的挑战,如何开发丰富学生体验的课程,变得困难重重。由于对话的缺失、对话的中断、对话的低质,常常使学校陷入"干群疏离""家校矛盾""师生纠纷""家庭大战""亲子冲突""青少年心理危机"等扎堆式的问题丛林,使得初中学段的育人生态难以呈现出理想的状态。面对复杂的办学现状和教育困境,初中生对话素养的培育举步维艰。

(二) 研究意义

如果培育初中生对话素养的研究实践仅仅拘泥于"课堂"这一个阵地,无法与各项教育教学工作建立起全面、紧密而深入的关联,那么对话素养的培育工作便不能深入到学生学习生活的方方面面,在相当程度上会削弱对话课堂的实效性。没有民主、真诚的对话关系的重构,缺乏健康、和谐的教育生态的优化,初中生对话素养的培育便无法得到保障。

课题组将"对话"作为推动学校整体转型性变革的突破点与生长点,通过对话将管理与教育进行联结与融通,在全方位、多层次、多元化的立体对话中更新教育理念,深化课程改革,改进课堂教学,营造学校文化,化解各类矛盾,培育具有对话素养的一代新人。

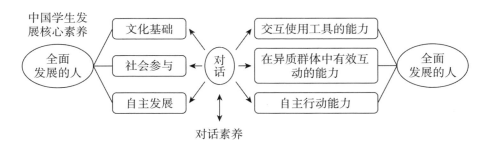

图1 "对话素养"与"核心素养"

"对话"是培养学生核心素养的重要路径。初中阶段是一个人成长的关键期。在教育中开展真实对话,培育学生对话素养,在真实的对话中发展学生的核心素养,对学生成长具有长远意义和重要价值。

二、研究过程与创新价值

(一)研究过程

"培育初中生对话素养的实践研究"是上海市建平实验中学2019年申请的区级重点课题,自立项以来,课题组努力从增强科学性、把握规律性、提升有效性的角度,破解对于对话的内涵界定不清晰,对话素养的构成梳理不完善,师生、家长对话质量不如人意等现实问题,按照计划实施了教育教学的整体实践研究,形成了一系列有效的经验和具体的做法。

通过课题的实施逐步实现如下预期:通过达成对话教育的理念共识构建一个价值共同体,以机制建设与工具研制两项策略来提炼实施路径,从对话教学、对话育德、对话研修三个维度来展开培育初中生的对话素养的实践研究,经由育人理念创新、办学实践创新、体制机制创新、育人生态创新4种创新来总结提炼实操模型和有效做法,探索出一条既具有学校特色且兼具一定推广意义和借鉴价值的校本化实践之路。

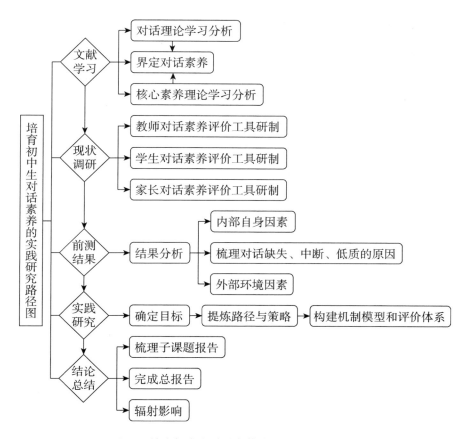

图2 培育初中生对话素养的实践研究路径图

本研究采用文献研究法、访谈法、问卷法和行动研究法,基于教育教学中暴露出的对话的缺失、对话的中断、对话的低质等实际问题,进行培育初中生对话素养的教育教学实践研究。本研究是一种持续性地处于"实践—反思—再实践"过程中的课题研究,研究得到的分析框架和理论指导实践,是一个边实践边总结、边分析边重构的行动实践研究过程。研究过程分为文献学习、现状调研、前测结果分析、实践研究和研究总结5个部分。

1. 文献学习

通过文献学习,课题组对核心概念做出以下界定:

(1)对话

对话是指基于平等主体间的用言语方式进行沟通,努力达成理解与共识,产生正向效果的人际交往过程。

（2）对话素养

所谓对话素养,是经由长期对话实践而内化到自身的修习涵养过程,伴随着某件事或某个人的社交知识、沟通能力与交流态度,内化为自身的意识、习惯甚至本能,它对人的生活发展有相当重要的价值和意义。（见图3）

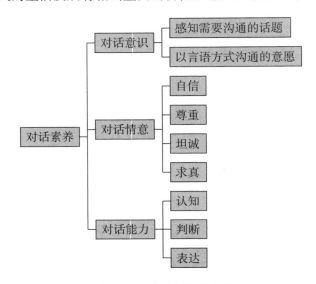

图3 对话素养解构示意图

2. 现状调研

在文献学习的基础上,通过对学生、教师和家长进行焦点式的访谈和随机访谈,形成对学生、教师和家长对话素养研究框架,调查学生、教师和家长对话素养的发展现状和存在问题。（见图4）

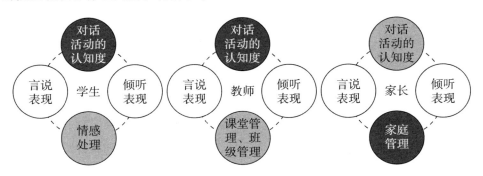

图4 对话素养现状调查问卷的维度框架

依据对话素养研究维度,研发针对学生、教师(班主任和学科教师)以及家长对话素养的调查问卷。问卷采用李克特量表,共收集 1060 份有效问卷,其中学生问卷 480 份、学科教师问卷 60 份、班主任问卷 40 份、家长问卷 480 份。

3. 前测结果分析

对收集到的 1060 份有效问卷分类整理分析,发现学生、班主任、学科教师、家长对话素养现状分维度调查结果如表 1 所示。

表 1　学生、班主任、学科教师、家长对话素养调查结果表

对话素养调查现状	
学生	在对话认知度维度,学生对对话的理性认识不够 在倾听表现维度,初三年级整体表现较好 在言说表现维度,随着年龄的增长,学生在对话积极性方面有所缺失 在情感处理维度,随着年龄的增长,通过对话的方式有效处理情感的意识和能力得到提升
班主任	在对话认知度维度,班主任对于对话的认知度相对较好 在倾听表现维度,班主任对于学生在班级中的角色认知存在一定的偏差,需要多倾听学生的反馈 在言说表现维度,班主任能用言语调动学生的活动积极性与班级参与度,并在班级内部营造学生与学生之间的对话 在班级管理维度,班主任能意识到学生是班级的主人翁,努力营造民主氛围
学科教师	在对话认知度维度,学科教师对于对话的认知度相对较好 在倾听表现维度,学科教师能关注学生的回答,但需提升对学生质疑的关注 在言说表现维度,学科教师课堂提问类型单一,"明知故问"式问题较多 在课堂管理维度,学科教师对学生评价方式单一,针对性不强
家长	在对话认知度维度,家长对对话的认知和理论没有系统的认知,较为片面 在倾听表现维度,家长能关注到孩子提出的问题,但在如何经由对话处理具体的诉说要求方面,家长表现得相对不足 在言说表现维度,家长大多能在与孩子的对话中给予反馈,通过对话将信息传递给孩子 在家庭管理维度,家长应更加注意与孩子进行平等对话交流,加强思想性的引导

从现状调查结果可知,学生对于对话的认识不够理性,特别是在与老师的对话过程中,容易把老师作为先知者放在权威的位置上,没有意识到对话是一个在平等交流的基础上对真理的探索过程。同时,调查发现在对话中学生对作业的讲解和对回答的倾听的关注度较低,分析认为可能是学生周围没有平等、真实的对话氛围。这也更需要老师在课堂中开展有效的、平等的对话,老师和家长一起引导、帮助学生正确认识对话,在学生学习生活中形成良好的对话氛围。

4. 实践研究

（1）初中生对话素养的培育目标和内容

基于此调查结果,上海市建平实验中学开展了一系列以培养学生对话素养为目的的教育教学研究活动,确定了初中生对话素养的培育目标(见表2),围绕对话意识、对话情意和对话能力等构成要素,在课堂教学、学生发展等领域中分别实施,开发了分领域的实施目标。

表 2　初中生对话素养的培育目标

Ⅰ级要素	Ⅱ级要素	Ⅲ级要素
基于平等	意识	积极参与意识
		开放民主意识
		履行契约意识
	情意	彼此尊重
		以人为本
	能力	能履行契约
		参与体验能力
		换位思考能力
经由沟通	意识	深入话题意识
		沟通表达意识
	情意	自信坦诚
		彼此尊重
	能力	表达能力
		协商能力
		倾听能力

（续表）

Ⅰ级要素	Ⅱ级要素	Ⅲ级要素
达于理解	意识	共情理解意识
		相互学习意识
		整合信息意识
	情意	主动探究
		善于反思
	能力	共情能力
		逻辑思维能力
		信息整合能力
达成共识	意识	交流合作意识
		自我复盘意识
		思辨质疑意识
	情意	相互合作
		勤于总结
	能力	活动策划能力
		总结得失能力
		组织协调能力

　　初中生对话素养的课程培育内容，遵循"基于平等、经由沟通、达于理解、达成共识"的对话基本特征，并从意识、情意和能力三要素进行分解，分为课前、课中、课后3个阶段，对学生发展进行课程内容分解。具体如表3所示。

表3　"学生发展"领域的课程内容分解

不同学习阶段的Ⅰ级要素		Ⅱ级要素	Ⅲ级要素
课前学习对话素养	基于平等	意识	预习意识
			问题意识
		情意	主动积极
		能力	能主动预习即将学习的内容
			能提出自己的疑问或质疑

（续表）

不同学习阶段的Ⅰ级要素	Ⅱ级要素		Ⅲ级要素
课前学习对话素养	经由沟通	意识	合作意识
			沟通意识
		情意	互相尊重
		能力	能向同学或老师表达观点
			能倾听他人的困惑或见解
	达于理解	意识	思辨意识
			拓展意识
		情意	勤于钻研
		能力	能对即将学习的内容达成初步理解
			能对沟通中存在的见解进行初步辨析
			能通过知识拓展深化认识
	达成共识	意识	整合意识
		情意	求真务实
		能力	能与学习伙伴达成基本学习共识
			能做好学习相关的准备
课中学习对话素养	基于平等	意识	民主平等意识
		情意	彼此尊重
		能力	能得体地表达观点
			能认真倾听他人观点
	经由沟通	意识	团队协作
		情意	换位思考
		能力	能围绕核心问题展开讨论
			能从交流中捕捉有效信息
	达于理解	意识	辨析整合信息
		情意	反思质疑
		能力	能整合信息形成认识
			能对现有认识提出质疑
	达成共识	意识	拓展学习意识
		情意	探究创新
		能力	能在课堂中呈现学习成果
			能举一反三，探索规律

（续表）

不同学习阶段的 I 级要素	II 级要素		III 级要素
课后学习对话素养	基于平等	意识	自我反思意识
		情意	勤于反思
		能力	能自主反思
	经由沟通	意识	沟通分析意识
		情意	乐于探讨
		能力	能从同伴分享中汲取养料
			能与同伴分享学习思路
	达于理解	意识	整合意识
		情意	勤于提炼
		能力	能在作业中呈现学习成果
			能从错误中梳理知识缺漏
	达成共识	意识	归纳总结意识
			深入探索意识
		情意	善于总结
		能力	能总结梳理相关知识系谱
			能明晰进一步学习的方向

（2）初中生对话素养培育的分领域实施

研究活动打造了全员、全纳、全域、全方位的对话式德育生态。

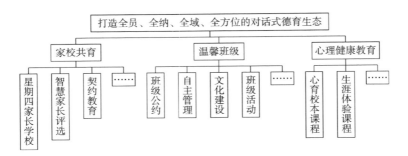

图5 全员、全纳、全域、全方位的对话式德育生态示意图

研究活动进行了基于初中生对话素养培育的教学改革,探索对话教学,提升学习动力,打造绿色课堂。在项目式学习中促进多元对话,通过课程审议、资源开发、关系重塑,形成和谐的氛围、有机的系统,合力运作展开立体型对话。

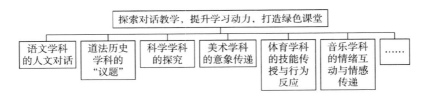

图6 探索对话教学,提升学习动力,打造绿色课堂的多元对话示意图

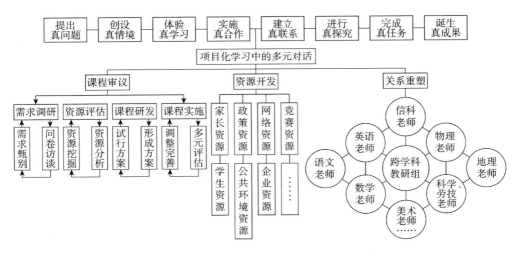

图7 项目化学习中的多元对话示意图

　　研究活动构建了"专业共建、精神共勉、生命共生"的教师文化生态。若想培育有对话素养的学生，首先应该提升为人师者的对话素养。学校通过课程改革引领教师专业成长，打造多元对话研修模式，进行了师德修养与育德能力、学科素养与教学实践、信息技术与创新发展等一系列校本研修课程，全面提升了教师的对话素养。

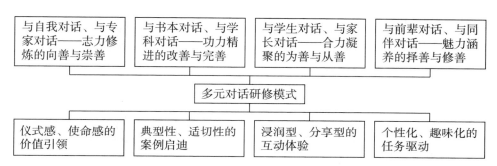

图 8　多元对话研修模式示意图

（3）基于初中生对话素养培育的评价研究

　　基于对话素养框架的建构基础上，历经 3 年的实践与探究，经过多次修正与迭代，对初中生对话素养的培育模式建构和对话策略的多元发展有了进一步的思考。从不同主体的数据中审视学校课程建设对于学生对话素养的培养，理解四者之间的交互关系，挖掘真实的对话水平层级，形成了学生、班主任、学科教师、家长对话素养维度结构图。

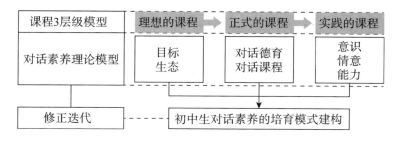

图 9　初中生对话素养的培育模式建构图

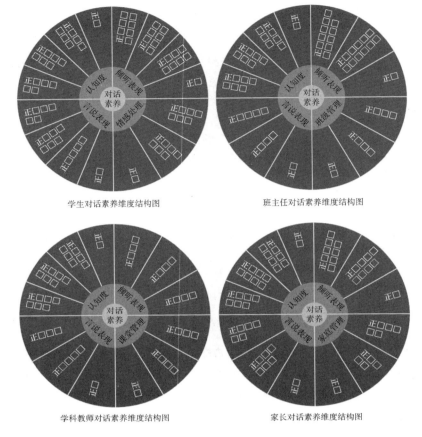

图 10　学生、班主任、学科教师、家长对话素养维度结构图

5. 研究总结

　　培育初中生对话素养的实践研究全面、紧密而深入地关联各项教育教学工作,重构了民主、真诚的对话关系,优化形成了健康、和谐的教育生态,将"对话"作为推动学校整体转型性变革的突破点与生长点,通过对话将管理与教育进行联结与融通,在全方位、多层次、多元化的立体对话中更新了教育理念。通过达成对话教育的理念共识构建一个价值共同体,以机制建设与工具研制两项策略来提炼实施路径,从对话教学、对话育德、对话研修 3 个维度来展开培育初中生的对话素养的实践研究,经由育人理念创新、办学实践创新、体制机制创新、育人生态创新 4 种创新来总结提炼实操模型和有效做法,探索出一条既具有学校特色且兼具一定推广意义和借鉴价值的校本化实践之路。

（二）创新价值

1. 通过价值观念转型，创新"对话教育"理念与实践内涵

通过构建"对话教育场域"，营造平等对话、民主和谐、参与协作的文化氛围，引导学生与自然（知识）、与社会（他人）、与自我（心灵）展开对话，培育"对话意识""对话思维"与"对话能力"，把学生培养为自我发展的承担者、善于沟通的合作者、反思进取的创造者。

2. 通过课堂教学改革，创设"倾听对话，互动共享"课堂教学情境，构建对话课堂新范式

提炼了"问题与倾听、合作与分享、创造与生成"对话教学核心要素，探索了"创设对话情境—促进深度理解—共享思维成果"的对话课堂结构范式，师生与生生之间情感互动，思维碰撞，智慧生成，改变了"教师独白，学生听讲"的课堂面貌，课堂焕发了生命活力，学校逐渐走出了"课堂教学失语"的危机。

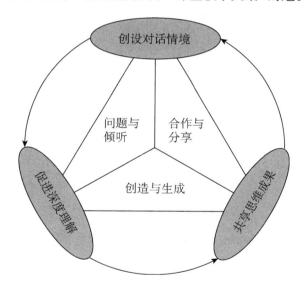

图 11 "对话教学"的循环螺旋结构图

3. 通过成立弹性灵活的专业组织，开发课程教学协同新架构

成立"对话课例精修工作坊"等灵活的跨学科共同体，开展"对话教学"主题教研，形成了"教研组—备课组—各类学习共同体—工作坊"相互支持的专业组织体系，探索出"共享·互助·成长"的对话研修模式，研制出以培育"对话素

养"为目标的系列校本课程,如对话式德育课程、对话式心育课程、对话式探究课程等。

4. 通过建立对话治理机制,融通对话教育合力,构建"五维五共"融合育人新生态

针对学生青春期心理失衡、多元主体沟通失协的问题,探索出提升主体精神的对话参与机制、践行商谈伦理的民主协商机制,形成了"五维五共"的融合对话育人生态,使"对话教育"理念融入文化、课程、课堂、教研、评价,为初中生对话素养的培育提供了保障。

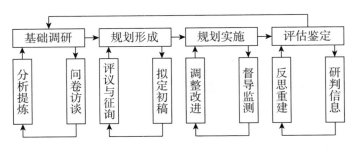

图 12   提升主体精神的对话参与机制图

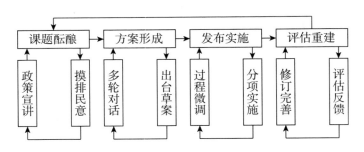

图 13   践行商谈伦理的民主协商机制图

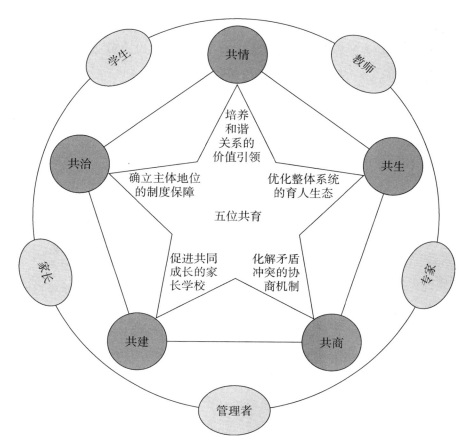

图 14 "五维五共"的融合对话育人生态图

三、实践成效与社会效益

（一）实践成效

在办学质量的显著提升方面，学校先后获评市优秀基层党组织、市文明单位、市首批文明校园、全国中小学心理健康教育特色培育校、市中小学行为规范示范校、市家庭教育示范校、教师专业发展学校，获评市首批中小学心理示范校、市学校心理健康教育先进集体5次（每三年评一次）等荣誉。

1. 彰显对话价值，形成愿景共识力

以"建德建业、惟实惟新"的核心价值、"脚踏实地育真人，千方百计创未来"的办学理念和"美丽校园、书香支部、心灵港湾、温馨班级、德业课程、对话课堂、真善少年、仁爱教师、智慧家长"九位一体的教育蓝图，培育"探索真知、追求真理、学做真人、活出真我"的时代新人。"用父母心办教育""让每一个孩子拥有对话世界的力量"等教育理念成为建平实验人的普遍共识,350 余名教师和5000多个家庭形成了具有"愿景共识力"的价值共同体。

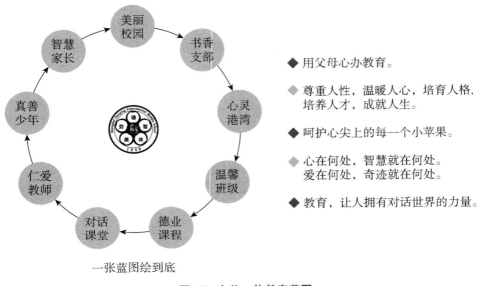

◆ 用父母心办教育。

◇ 尊重人性,温暖人心,培育人格,培养人才,成就人生。

◆ 呵护心尖上的每一个小苹果。

◇ 心在何处,智慧就在何处。爱在何处,奇迹就在何处。

◆ 教育,让人拥有对话世界的力量。

图 15　九位一体教育蓝图

2. 构建对话机制,激活师生内生力

对话课程有效开发,对话治理机制为师生发展"保驾护航",形成了基于对话的"学生学习需求调研,教师自主合作申报,专家动态审议指导"的课程审议机制,优化"五育"课程结构。

由"特需"推广到"普需",从而促进了"刚需",是一种激活、点燃和撬动。

图 16　"三需"对话课程结构图

教师培训取得丰硕成果,教师专业发展、学校现场评估、见习教师规范化培训考核均为优秀,上海市见习教师基本功大赛,"2—5年职初教师培养"市级研究项目获评优秀。我校被评为上海市见习教师规范化培训基地学校,学校所有教研组获评区优秀教研组,部分教研组获评浦东新区、上海市巾帼文明岗、三八红旗集体。

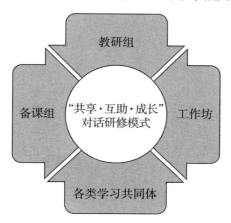

图17 "共享·互助·成长"对话研修模式图

3. 重构教育关系,建设学校生态力

搭建多主体协同对话平台,重塑了基于交往理性的新型教育合作伙伴关系,师生关系、同侪关系、亲子关系、家校关系等得以优化,营造了平等沟通、民主和谐、协作互信的育人生态,集聚教育合力。

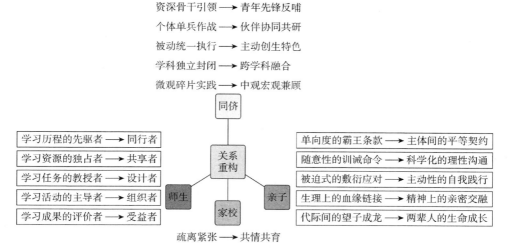

图18 基于交往理性的新型教育合作伙伴关系重构图

（二）社会效益

在学校的辐射引领方面，校长充分发挥"双名"主持人的引领示范辐射作用，构建了以建平实验中学为基地，以"双名"工作室引领的多层次开放式研修格局，形成了浦东新区李百艳语文教师培训基地、上海市"双名工程"高峰计划名校长团队、教育部"国培计划"领航名师工作室三环协作的同侪对话研修模式，成立了"三区三州"跨区域协作式工作室，把学校教师队伍和工作室学员结合起来共同培养，带动深度贫困地区支援校、金杨学区兄弟校、上海市强校工程实验校共同发展，把差异转化成研修资源，异中求同，同中有异，校室整合，相互带动，共同发展，助力基础教育优秀人才培养体系的构建。

图19 "双名"主持人的引领示范辐射图

校长先后受邀参加第14届国际校长联盟大会、2020世界人工智能大会云端峰会、2020中国教育报校长大会、2020年"全国新时代高品质学校建设"校长大会、2021年"宣讲行，送教行"活动、上海市第四期"双名工程"名校长名师高峰论坛等，围绕"现代治理理念下公办初中对话教育的探索与实践"主题发言，有效发挥了示范、引领和传播推广的作用。

在研究成果的产出与传播方面，在《人民教育》《中国教师》等期刊发表"对话治理"相关论文20余篇；出版《对话与超越：公办初中治理现代化的机制探寻》等相关学术专著4部；《治理导向下的对话机制探寻》获市第二届初中学校教育管理案例评选一等奖。主持国培计划"领航工程"课题、市"双名"高峰课题等10余项。《家校心心相印，共育阳光少年》《创想未来之城，开启未来教育》等成果被学习强国、中国教育电视台、《中国教育报》等知名媒体报道。

社会主义核心价值观引领下
小学生社会责任感教育的研究

社会责任感是素质教育的一项重要内容。小学生具有了较强的社会责任感，才能成为一个"大写的人"，逐步适应现代社会发展的需要。本研究从目标、途径、方法、策略四个方面对社会主义核心价值观引领下的包含小学生自我责任感、他人责任感、集体责任感、国家责任感教育在内的社会责任感展开研究。

一、社会主义核心价值观引领下小学生社会责任感教育的目标

1. 总目标

学校以社会主义核心价值观为引领，创设适宜的环境，采取恰当的手段，深入开展各项教育活动，培养学生对自我、对他人、对集体、对国家的责任感，从而整体提升其责任素质，使他们成为适应时代发展的社会主义一代新人。

2. 分目标

责任是指人分内应做的事或应尽的义务。社会责任感是指人们对自身在社会中所应承担的责任的自觉意识和相应的行为，以及情感体验。

---

① 课题组其他成员：耿佳琳、赵旖旎、陈晓丽、胡静、乐韵。

二、社会主义核心价值观引领下小学生社会责任感教育的途径

1. 日常活动和主题活动相结合

（1）日常活动

日常活动是指平时的、经常的、每日都要做的事情。学校日常活动就是学生在学校里，由老师组织或自觉进行的一系列常态化的行为活动。它贯穿于学校教育教学的全过程和学生校园生活的各个方面。

学校日常活动是小学生社会责任教育的常规载体。在学校层面，通过校会课、升旗仪式、校园广播、学生值勤、节庆活动等途径，以说教、示范、评价等方式来规范学生的校园行为，使其养成良好的行为习惯。对于小学生来说，良好的行为习惯，就是对自己、对他人、对集体、对国家负责的表现。

日常活动虽然琐碎，但都是最贴近学生生活的教育，又因为对教育时空的要求不高，也是最及时的教育，属于"打基础"的教育，对于小学生责任意识的培养起着至关重要的作用。

（2）主题活动

主题活动是指在一定的时间里，围绕某一主题所组织的活动。学校主题活动是学校依据社会发展需要和学生成长实际，在符合学生心理及认知特点的基础上，设计组织的富有教育意义的活动。

学校主题活动力求做到目标多元融合，内容丰富多彩，形式灵活多样，既有课内的，也有课外的，既有校内的，也有校外的。这些主题活动通过话题讨论、调查研究、情景模拟、社会实践等形式，摆脱了许多传统的束缚和陈旧的做法，把被动、呆板的灌输变为学生主动、有趣的参与，具有较大的新鲜度和生动感。

2. 宏观活动和微观活动相结合

（1）宏观活动

宏观活动是指从大的方面或总体规划的活动。小学生社会责任教育中的宏观活动指的是学校层面组织的教育活动。

学校根据学生责任养成的现状与需要，以及社会对学生责任培养的要求，通过校会课、升旗仪式、少先队活动、校园特色活动、社会实践活动等，对学生进行社会责任教育。

学校层面的宏观活动,可以关注到全校学生在责任养成过程中存在的普遍问题,有组织、有计划地对学生进行教育。这是学生社会责任教育的主阵地,对其他层面的责任教育具有导向作用。

（2）微观活动

微观活动是指从小的方面或局部组织的活动。对应于宏观活动的界定,微观活动是指各班根据学校社会责任教育的总体目标及年段分目标,组织开展的班级层面的教育活动。

微观活动主要由班主任老师组织开展,具有及时性和灵活性的特点。当发现班级学生存在责任缺失的行为或现象时,班主任老师可以利用班会课、课间休息,甚至课堂教学时间,组织学生开展讨论,通过达成共识、订立公约等方式培养学生的责任感。

与此同时,班主任老师还可以将微观活动内容与宏观活动内容相对接,在宏观活动的引领下,根据本班学生的实际,对学生进行更精准、更深入的教育,使社会责任教育落到实处,从而提升责任教育的实效性。

3. 学理活动和实践活动相结合

（1）学理活动

学理活动是学习理论知识的活动。学校教育的学理活动是小学生在学校内学习理论知识的活动。学理活动具有主观性、自我性等特征。学理式的小学生社会责任教育旨在从思维、认识、判断等精神层面出发,让小学生增加社会责任方面的知识,为其责任化实践夯实基础。

依据小学生社会责任教育的目标,学校采用聆听专题讲座、主题学习、班级读书会等形式组织学理活动,让学生树立明确的责任意识,认识到自己"为什么要做",知道"该如何做"。

（2）实践活动

实践活动是实行、履行的活动。学校教育的实践活动是指学生在接受学校教育后,能按照一定的要求和规定进行实际操作的活动。学生通过实践活动,能够夯实所学知识,落实责任行为。

学校根据不同年段学生的认知特点,开展了社会调查、志愿服务、情景体验等多种形式的实践活动,以帮助学生将责任意识转化为责任行为,并使他们从中获得体验,积累经验。

4. 显性活动和隐性活动相结合

(1) 显性活动

显性活动是指明显、外显的活动。显性教育活动是指充分利用各种公开手段、公共场所,有领导、有组织、有系统地对人们进行教育的活动。显性教育活动具有目的性、计划性、直接性、组织性的特征。

小学生社会责任教育的显性活动是学校通过一系列外显的、直接的教育活动,包括常规教育、课程教育、活动教育等,使学生迅速明确学习目标,了解学习内容并掌握相关信息,以最短时间达到最大的教育效果。

(2) 隐性活动

隐性活动是与显性活动相对而言的活动。隐性教育活动是指运用各种喜闻乐见的手段,寓教于景、寓教于文、寓教于乐,使人们在潜移默化中接受教育的活动。隐性教育活动具有非预期性、间接性、隐蔽性、灵活性、愉悦性的特征。

学校的隐性教育重在场景的设置和运用,包括校园环境设计、宣传栏布置、教室墙面张贴等。在小学生社会责任教育的过程中,隐性活动能为学生提供充分的思考和接受空间,达到润物细无声的效果。

5. 专题教育和渗透教育相结合

(1) 专题教育

专题教育是指在实施教育教学的过程中,专门研究或讨论的题目。在小学生责任教育的过程中,学校以专题的形式,设立相应的活动,培养小学生的社会责任感。

学校专题教育内容丰富、形式多样,有一年级的"大家庭,新成员",二年级的"午休红领巾",三年级的"十岁生日",四年级的"我是小军人",五年级的"我要毕业了",等等。这些活动能帮助学生逐步树立社会责任意识,培养社会责任情感,增强社会责任素质。

(2) 渗透教育

渗透教育是指借助一定的活动或载体自然而然地进行教育的活动。学校的社会责任教育,除了专题的形式,还可以借助一节课或者一个活动进行渗透。组织渗透教育,可以是一个或几个方面的内容,也可以是某一个方面的某一点或某几点的内容,一切视实际情况而定。

学校依据教育的实际和学生的需要,主要采用学科渗透和活动渗透两条途径。通过渗透,进一步提升小学生社会责任教育的整体性、全面性和有效性。

三、社会主义核心价值观引领下小学生社会责任感教育的方法

1. 说服教育

说服教育是学校德育工作中重要的方法之一,也是最基本、最常用的一种教育手段。它是通过摆事实、讲道理,启发和引导学生心悦诚服地接受或改变某种观点、信念,明辨是非和善恶,提高觉悟,从而指导行为实践的一种教育方法。

说服教育强调正面教育,通过教师讲明道理、以理服人来提高学生的认识。说服教育时,教师给予学生充分发表自己的意见和看法的机会,让学生做到畅所欲言,帮助学生学会分析问题,提高认识水平。

2. 情境陶冶

情境陶冶教学策略有时也称暗示教学策略,主要通过创设某种与现实生活类似的情境,让学生在思想高度集中但精神完全放松的情境下进行学习。通过与他人充分交流和合作,提高学生的合作精神和自主能力,以达到陶冶修改和培养人格的目的,因此,这是一种主要用于情感领域教学目标的教学策略。具体实施时教师通过语言描绘、实物演示和音乐渲染等方式或利用教学环境中的有利因素为学生创设一个生动形象的场景,激起学生的情绪。

3. 榜样示范

榜样是仿效的楷模,是某种道德理想的集中体现。楷模总是有爱有恨的血肉之躯,生活在特定历史条件下,不可避免地带有时代的烙印。但是,人们从楷模身上感受到的却不是这种局限,而是他们特有的感召力和吸引力。这种超越时空的辐射力,体现着榜样价值的永恒性。这就是为什么即使是以前的榜样,今天仍有无穷的魅力,始终为人们所追忆和怀念;当代的榜样,时时受到人们的尊重和敬仰。此时,榜样已不再作为独立个体,而是一种文化的象征,一种先进道德文化的凝聚者和传承者。

4. 实践磨炼

根据小学生的年龄特点,他们容易说出应该怎么做、想怎么做,却往往做不到,缺乏意志力。但是意志力的强弱决定了能否在实践中坚持下去。对于小学生来说,这可能有一定的难度,所以班主任应组织各种丰富多彩的活动,并在学生参加活动的过程中积极引导他们。小学生好玩、爱动,开展一些符合他们年龄特征的活动,花不多的精力,却可以培养学生的兴趣爱好,磨炼他们的意志力。

5. 自我教育

自我教育是指个体根据思想道德教育主体的要求和自身发展的需求,有目的、有计划地对自我提出任务,把自我作为认识和改造的对象,通过自我认识、自我选择、自我反省、自我调控等方式自觉提高和完善自我的一种教育活动。在小学阶段,学生自我教育的培养是关键。

四、社会主义核心价值观引领下小学生社会责任感教育的策略

1. 目标引领

（1）以社会主义核心价值观为目标引领

党的十八大提出,倡导富强、民主、文明、和谐,倡导自由、平等、公正、法治,倡导爱国、敬业、诚信、友善,积极培育和践行社会主义核心价值观。其中富强、民主、文明、和谐是国家层面的价值目标,自由、平等、公正、法治是社会层面的价值取向,爱国、敬业、诚信、友善是公民个人层面的价值准则,这里公民个人层面的价值准则也可以作为目标引领小学生社会责任教育,从小以此为目标进行教育,长大后才能成为一名有社会责任感的公民。

（2）以《小学生日常行为规范》为目标引领

《小学生日常行为规范》中的第五大类就提出要求学生做到:严于律己,遵守公德。"欲扫天下,先清己屋",一个人先做到了严于律己,才能遵守公德,而一个遵守社会公德的人,已经具备了初步的社会责任感。为了牢记《小学生日常行为规范》,并将其转化至日常行动中,我们不仅在校园中张贴相关规范,更是利用班会、午会课等时间进行教育,使社会责任教育渗透到学校生活的方方面面。

2. 有序推进

（1）学段教育的有序推进

低年段学生,由于生理成熟程度低,知识经验少,更多处于被保护的状态,他们往往更关注自身,缺乏社会责任意识。在该年段的社会责任教育中,更多的是利用低年段学生感性思维强的特点,帮助学生初步建立社会责任意识。因此在这一阶段的活动实施中给学生以特定身份,让他们进行角色体验,从而产生代入感,初步建立责任意识。随着年龄的增长,中年段学生已经对自己在不同环境的身份有一定的认知,这时的活动更多关注学生在小学阶段的成长经历,在活动中培养学生的集体主义精神,学会对集体负责,对班级负责。高年段学生已经能够明确自己不是以个体的形式生活,更多是生活在家庭、班级这些不同的社会群体中,这时候可以帮助学生把他们的群体概念扩大,让他们知道自己不仅需要对家庭、对班级有责任感,也要对整个社会有责任感,因此,活动的涉及范围更广。

（2）主题教育的有序推进

在组织和实施小学生社会责任教育的特色活动中,各项活动的组织是按照一定的顺序进行的,每项活动都是从前期准备到进行活动再到最后的活动总结。在准备阶段,各班或各年级根据本班或本年级的情况和活动主题设计相应的活动方案,开会审核通过后,方可执行。而进行活动时,学校会印制邀请函邀请家长参与观摩,这样做不仅可以提高学生的活动积极性,也可以使家长了解学校如何进行社会责任教育,以便家长在家庭教育中进行渗透,家校联动,双管齐下,达到更好的教育目的。在活动总结阶段,各年级组长会对相应活动进行总结和反思,各班级也会请学生和家长撰写活动感言,通过这些感言让学生更好地感悟活动中的收获,学生和家长的建议也会为下一次活动的开展提供改进的方向。

3. 鼓励表扬

（1）不同对象的鼓励表扬

儿童具有思维形象具体、好模仿的特点,对于榜样及其先进事迹或行为有一定的崇拜心理,并且会在实际学习中去模仿。因此教师在培养学生社会责任感的过程中,要选准儿童模仿的榜样。

（2）不同形式的鼓励表扬

表扬的目的在于为学生日后的行为指明方向,使学生得到激励而更加进步。

在对于学生的良好表现进行表扬时,教师要指明其受到表扬的具体行为,描述越具体,学生对于表扬的理解就更清晰,模仿时也就更明确。

（3）不同场合的鼓励表扬

表扬是对于学生正确的思想或行为的认同并给予肯定的评价。其目的是让受表扬的学生明确自己的长处或做得正确的地方,并使其得到进一步的巩固和发扬。它是调动儿童积极性的重要手段。表扬的形式要多样,不要局限于口头。

4. 情感渗透

（1）教育语言的情感渗透

学校教育的过程,是师生交往的过程,是心与心碰撞的过程。教师的情感对学生起着至关重要的作用。我们要培养学生的社会责任感,教师的工作责任感和敬业精神对学生的影响最为直接。因此,在小学生社会责任教育的过程中,教师必须充分体现对学生的关爱,以自己的真情实感感染学生,使学生在与教师的日常相处中,产生共鸣,以教师为榜样,增强自我的社会责任感。

（2）教育行为的情感渗透

在一项活动中,如果参与者能怀有积极的情感投入,活动过程保持高昂的兴致,活动的效果自然更好。教师要不断帮助学生培养自身的情感能力,能通过活动产生移情能力,如在"护蛋"活动中,教师不断强调学生作为"鸡妈妈"的身份,在部分学生的鸡蛋破损或遗失后,让学生想象一下自己离开了妈妈心情会如何,学生立马就能将情感转移至自身,使情感得以升华。

（3）教育神态的情感渗透

情感总是在一定情境中产生的,情境中的各种因素往往会对情感的产生起综合作用。因此,在小学生社会责任教育中,可以根据需要创设相应的情境,如在博物馆活动中,我们发动学生按照各年级主题参观各类博物馆,让学生身临其境,感受直观形象和浓烈的氛围。在参与愉快活动的同时,触"境"生情,引发积极的情感体验,促使学生的社会责任感不断增强。

5. 因材施教

（1）专题活动的因材施教

虽然每项活动都是针对全体学生设计的,但在面向全体的设计中,我们也必须关注到个体的差异。如果一项活动只是让部分学生感受到其中意义,大部分学生走形式,那么活动的效果无疑大打折扣。如在感恩母爱的相关活动中,我们既设计了性格活泼、勇于表现的学生进行展示的才艺表演环节,也设计了制作贺卡,表达母爱的环节,让那些平时羞于表达的学生将自己想对母亲说的话写在贺卡上,赠送给自己的母亲。这样的方式,避免了内向学生的短处,也同样起到了教育的效果。

(2) 日常活动的因材施教

因材施教策略,在日常教育中显得尤为重要。我们根据学生的不同个性、不同成长经历对其实施有针对性的教育手段,如缺乏自信的学生应更多以鼓励为主,乐于表现的学生更应该让其在活动中一展所长,能力较弱的学生可以分配一些相对较为简单的任务。在整个小学生责任教育的过程中更要关注到的是那些拥有责任感和良好道德品质的学生,而不是像日常教学中,以学习能力来进行评定。

利用材料"百宝箱"促大班幼儿学习品质的案例研究

上海市浦东新区冰厂田临港幼儿园　　薛　蕾①

一、课题背景

自"二期课改"以来,个别化学习活动取代了传统的区角活动,成为幼儿在园自主学习的一种重要方式。但是在日常的大班阶段的个别化学习活动中,我们发现个别化学习更像是教师设计的一种"作业",固定的区域、单一的操作方式,被动而枯燥的练习内容,忽略了材料的可玩性,导致很多材料成为幼儿"被发展"的制订内容,虽然在材料提供时老师也会考虑层次性,但反复操作几次后,这些材料就无法引起大班幼儿的兴趣了。

大班幼儿正处于幼儿时期各方面能力发展的最高阶段,又处于小学前准备阶段,他们在生理和心理方面有自己的特点。随着年龄的增长,大班幼儿不再满足于追随、服从,而是有了自己的想法和主见,他们活动的自主性、主动性水平明显提高。他们好奇好问好探索,有较强的探索、创造欲望,表现与表达方式也趋于多样化。作为教师,我们应该充分理解和支持幼儿在活动中的想法和需求,通过投放适宜的材料,引发和支持幼儿的持续探究和学习,从而促进他们学习品质的养成,基于此我们想到了以"百宝箱"的形式在个别化学习活动中投放种类丰富的辅助材料。

---

① 课题组其他成员:沈婷、廖迎春、凌行知、张子菁、周慧、张苏强、王涵钰。

二、研究价值与主要观点

（一）研究价值

1. 尊重幼儿个体差异，提升幼儿学习品质

通过查阅资料对"幼儿学习品质"进行了界定：首先，幼儿学习品质是幼儿在参与活动中产生并得到发展的；其次，它是幼儿在活动过程中表现出来的，包括好奇、主动、乐群、合作、专注、创造等对学习具有积极意义的因素；再次，它影响幼儿的学习效率，对幼儿的学习与发展具有潜移默化的促进意义。

"百宝箱"的提供能给幼儿最大的想象和活动空间，让幼儿在自己主导的活动中自由探索与发现，我们希望通过环境中百宝箱的创设与投放，可以帮助幼儿及时获得自己在活动中所需要的材料，支持幼儿的创造与探索，发挥幼儿的学习主动性，在自由、轻松的心理状态下，发挥自己的潜能，从而促进幼儿主动性、创造性、耐力、合作能力和反思能力等学习品质方面的发展。

2. 基于儿童视角，助推教师观察、支持幼儿的能力

在我国学前教育的实践中，落实"以儿童为本"的教育理念时，存在着"为了儿童"有余而"基于儿童"不足的倾向。"为了儿童"虽然具有强烈的教育道德感召力，但如果不以"基于儿童"为理性基础，往往会使教育实践偏离"以儿童为本"的精神。而个别化学习活动中"百宝箱"的设置以及材料投放，需要教师对幼儿行为观察与分析后再不断调整内容，因此本研究符合当前最前沿的教育理念。

（二）主要观点

1. 材料"百宝箱"的投放策略

（1）"百宝箱"材料投放要分类有序

一般来说，高结构材料目标明确，对于幼儿的能力有比较针对性的锻炼和练习，这是高结构材料的优势。但是高结构材料也有不足的地方，如限制幼儿的想象力和创造力，影响幼儿有更高水平的发展。而"百宝箱"中低结构材料的教育目标有不确定性，幼儿可以在操作中从多种角度探索它们的特性，可以在同一种材料的操作中感受到多种玩法。教师可以鼓励幼儿大胆尝试，进行材料的增加、变换形态或者多种材料之间相互组合，产生出另一种材料的多种玩法。由于"百宝箱"内材料众多，因此教师在投放"百宝箱"时首先要分析各种材料的特点与性

质,然后进行分类,在内容上可以分为"工具"与"材料",但对于内容丰富的材料,建议根据其属性进行进一步的分层分类,并做好标记,有序摆放。材料分类清晰,有利于幼儿进行有目的的探究。

(2)"百宝箱"材料投放要有计划性

我们发现"百宝箱"在投放时,有些材料是相对固定的,有些材料还是要有选择性地进行投放,并且隔一段时间要进行部分材料的调整和更换。根据季节变化,我们在美工区提供了各种各样的树叶、树枝、松果、小石头等等。当幼儿看到这些自然材料时,会非常感兴趣,经常能看到几个幼儿安静地在那里进行绘画创作。幼儿绘画的材料越来越丰富,对于自然的表达也越来越真实,边创作边交流自己用什么材料做了什么东西,看一看、说一说这些树叶有哪些不同。

此外,我们还根据学习活动主题设计材料投放预案,并预想需要的材料、幼儿可以如何操作这些材料,以及这些材料对发展大班幼儿相应学习品质的作用。如在"我们的城市——老房子新建筑"小主题下,老师对于科学区的活动做了一份预案,梳理出了需要投放在"百宝箱"的材料。(见表1)

表1 老房子新建筑材料投放预案

主题	我们的城市——老房子新建筑
内容与要求	1. 有兴趣地观察周围不同的建筑,了解它们的特征,以及与人们生活的关系 2. 体会城市建设的不断变化,了解各种新鲜事物,感受我们的家乡越来越美丽
素材点	越造越好的房子、老房子、新建筑、造房子、平改坡……
"百宝箱"材料	1. 工具:尺、纸、笔、胶带、过滤器、磁铁、量杯、滴管、搅拌棒、镊子 2. 材料: (1) 玩具类:乐高积木、雪花片、纸牌、颜料、黏土、管子 (2) 自然类:沙、土、树叶、豆子、小石子 (3) 纸张类:报纸、纸杯、彩纸、A4白纸、过滤纸、KT纸板、空白记录本 (4) 生活类:纸巾、纱布、棉球

在"二期课改"发展的新阶段,"项目化"学习、"班本化"学习,各类学习模式层出不穷,但万变不离其宗的是,我们的"学习"还是通过"主题"的形式在进行,

这就需要教师结合主题学习经验及主题活动素材点设计一份方案,并预想需要的材料、幼儿可以如何操作这些材料,而不是盲目地投放很多材料。

(3)"百宝箱"使用要发挥幼儿的主动性

我们一直倡导要让幼儿的活动回归本真,幼儿有参与的兴趣,才是顺利开展学习活动的首要前提,这就考验教师的观察能力,幼儿到底喜欢什么,我们在投放与使用"百宝箱"时除了根据幼儿学习需要投放一部分材料,还应该倾听幼儿的建议。大班幼儿已经开始有了自己的想法,我们也可以和幼儿一同商量个别化学习活动区域到底要投放哪些材料,怎么投放,投放后如何标记等,这样可以充分调动幼儿的参与积极性。

2. 材料"百宝箱"对大班幼儿学习品质的促进作用

(1)材料"百宝箱"促进了幼儿学习的主动性

我们观察发现,当幼儿看到一个新材料时,会主动问老师"这是什么东西""我可不可以拿这些材料玩一个游戏"等;又或者当幼儿看到各种管子的时候,他们就会通过管子说说话,把管子当成传声筒,有的将管子放在头上当作花洒假装洗头洗手。当幼儿面对新鲜事物时,会通过不断询问老师来获得有关新事物的信息,而且迫不及待地想去操作新材料,探索其中的秘密,在操作过程中还能想象出许多新玩法。这些表现充分体现出了幼儿强烈的好奇心和学习的主动性。

在分析一个"食物旅行棋"的案例时,我们发现,"百宝箱"里面的材料有效地帮助幼儿将自己的经验通过绘画书写的方式表达出来,并且运用在自己的个别化学习活动中,把简单重复的旅行棋设计得更加丰富有趣,让幼儿能在自己制订的规则下专注下棋而不觉得枯燥。活动中无论是幼儿相互之间经验的表达,还是主动利用"百宝箱"寻找材料进行创作的过程,都是幼儿自主学习与发展的表现,促进了幼儿学习的主动性。

(2)材料"百宝箱"增强了幼儿的专注性

在材料"百宝箱"投放初期,部分幼儿注意力容易从个别学习活动材料中转移到"百宝箱"材料本身,随着教师和幼儿共同调整对材料"百宝箱"的投放后,幼儿的专注性大大增强了,将注意力集中在利用材料"百宝箱"中的材料来解决个别化学习活动中遇到的问题。

比如,在一个科学区"水的过滤"活动案例中,我们发现幼儿除了使用常规材料来进行水的过滤,还利用"百宝箱"中的材料对实验工具进行改造,激发幼儿的活动兴趣,增强了幼儿的专注性,最大限度地支持幼儿的探索与学习。当幼儿在探索过程中遇到问题或者有新的想法时,"百宝箱"可以提供多元的材料让幼儿持续探究,继续操作,满足了幼儿的好奇心,也让幼儿在活动中主动学习、主动反思,并不断调整、解决问题,整个活动都专注于自己的学习活动中。

(3) 材料"百宝箱"提高了幼儿的计划性

材料"百宝箱"的出现,让幼儿对材料有了更多的选择。在没有材料"百宝箱"时,幼儿们只能使用老师预设提供的材料,完全不需要幼儿去选择或思考。但是经过不断调整材料"百宝箱"的投放后,幼儿们就学会了对材料的观察和选择。如在科学实验"沉与浮"活动中,刚开始幼儿只能使用老师提供的现有的材料进行沉浮观察。但是有了材料"百宝箱"后,有的幼儿就有了更多的想法和计划。类似的例子还有很多。在拿到这些材料时幼儿首先要思考可以用来做什么,接着要思考怎么做,最后进行操作。这个过程表明幼儿在完成个别学习活动时有一定的计划性。

(4) 材料"百宝箱"推动了幼儿的坚持性

材料"百宝箱"的提供,让幼儿在个别化学习活动中探索更加自主、更加有趣。当个别化学习活动中的材料增加了,幼儿每一次的探索时间也随之增加。他们愿意并且积极使用新材料,无论是对材料的摆弄还是利用材料辅助自己的活动进行探索的现象明显增加。幼儿的学习能力在这种自我探索、自我发现的过程中得到提升。

在"电路连连看"案例中,两个幼儿第一次玩这个电路连接。在第一次玩的时候,两个幼儿对这个游戏产生了极大的兴趣,并且在遇到风扇不转这个问题的时候能积极地动脑思考,产生了一个假设后,主动去"百宝箱"寻找能够帮助风扇转起来的工具,通过一次次失败之后梳理教训,最终获得了成功。两个幼儿在这个过程中非常专注、认真,没有离开过这个游戏,一直坚持玩到个别化学习活动结束。大班的幼儿能积极主动地想解决问题的办法,不怕困难、敢于探究和尝试,乐于创造,这都是难得的学习品质。

(5) 材料"百宝箱"激发了幼儿的想象力与创造性

材料"百宝箱"让幼儿在个别学习活动时,有了更多的选择和尝试其他材料来完成自己的操作,这常常能激发他们的想象力与创造性。

在实践中我们也发现,幼儿除了会在美工区使用各种装饰材料,还会使用一些废旧物与装饰材料进行组合,制作一些美术作品,投放了"百宝箱"以后幼儿的作品越来越丰富,每天老师都可以更换他们最新的作品。

(6)材料"百宝箱"提升了幼儿的反思能力

在"百宝箱"中我们设置了一个待完成区域,在这个区域中,有由于时间关系幼儿未能完成的作品,有由于幼儿陷入思考瓶颈而未能完成的作品,也有幼儿需要朋友的智慧使其更完美的作品。待完成区的创设,可以让幼儿改善自己的作品,也可以通过和同伴的探讨丰富自己的作品。无论哪一种情况,都给予了幼儿反思与解释的机会。同伴间的交流、教师启发式的引导能够更好更充分地让幼儿反思、解释。

三、研究结果与结论

通过一段时间的观察与信息收集,研究对"百宝箱"使用后对大班幼儿"学习品质"的影响进行了量化和定性分析。从数据分析以及案例分析中可以得出:"百宝箱"能显著加强大班幼儿的好奇、探究、坚持、专注、想象与创造的学习品质发展要素,对主动、计划与执行、反思与解释几个学习品质要素的影响有但不显著。(见表2)总体上来看,"百宝箱"的投放在材料选择方面给了幼儿很大的自由度,让幼儿积极主动地投入到活动中,获得了有价值的经验,学习品质有一定程度的提升与发展。

表 2　实验班和对照班幼儿材料"百宝箱"投放后学习品质差异比较(后测)

学习品质	组别	M	SD	t	p
主动性	实验班	3.87	0.730	3.268	0.002
	对照班	3.27	0.691		
专注性	实验班	4.13	0.629	3.263	0.002
	对照班	3.63	0.556		
计划性	实验班	3.10	0.607	0.422	0.674
	对照班	3.03	0.615		

（续表）

学习品质	组别	M	SD	t	p
坚持性	实验班	3.33	0.547	0.254	0.800
	对照班	3.30	0.466		
想象与创造	实验班	3.43	0.774	5.321	0.000
	对照班	2.43	0.679		
反思与解释	实验班	3.27	0.521	1.586	0.118
	对照班	3.03	0.615		

最后,研究者得出结论:

1."百宝箱"的使用有利于大班幼儿"学习品质"的养成

基于"儿童视角"是近几年被广泛提到的教育理念和价值导向,"百宝箱"在大班个别化学习活动中的投放使得小组式学习活动更自主,幼儿有了从活动设计、材料选择到活动组织的参与权。我们也可以从观察量表的量化数据中看到,各项学习品质要素的量化数据在"百宝箱"投放使用期间是有提升的,因此"百宝箱"的使用对于大班幼儿"学习品质"养成有积极的效果。

2."百宝箱"的使用能显著增强幼儿的学习兴趣

我们通过分析"学习品质"中学习兴趣的好奇、好问、好探究几个要素相关数据与案例可以发现,在使用"百宝箱"时,教师不断增加低结构材料的同时,幼儿的好奇心是逐渐增强的。幼儿对"百宝箱"中的材料非常感兴趣,基于材料会产生问题,愿意主动尝试新材料,探究性行为也频繁出现。此外,幼儿能对同一种材料有不同使用方法,并且会进行调整,能从多角度多方法去寻求答案,逐步调整自己的制作方法。这一结论也同样证实了实验数据分析的结论,即"百宝箱"材料的投放能加强幼儿学习兴趣。

3."百宝箱"的使用能显著提升幼儿的学习态度

通过实验数据以及案例分析,我们发现在使用"百宝箱"时,幼儿"学习品质"中指向学习态度的几个要素主动性、专注性、坚持性的变化也是较显著的。不同能力的幼儿在传统的个别化学习活动中,有时会因为操作内容太难不愿意尝试,或者操作内容太简单,尝试了一次就不想再进行了。而在观察中,我们看到可以自由选择材料的"百宝箱"满足了幼儿进一步学习的需要,幼儿的个别化学习活动更自主了,新材料的加入让幼儿学习的专注性和坚持性明显上升,主动性对于大部分幼儿来说也是有提升的。

4.“百宝箱”的使用对于学习能力有部分提升的效果

在本次研究的过程中,研究小组对于“学习品质”中学习能力块面适用于个别化学习活动的要素进行了筛选,只提取了“想象与创造”以及“反思”能力进行观测与分析。通过实验结果以及案例的深入分析,我们发现“百宝箱”的投放与使用对于幼儿“想象与创造”以及“反思”能力有推进作用,能激发幼儿相关行为,但结果是因人而异的,部分能力较强的幼儿能结合生活经验,运用自己的经验来进行想象与再创造,想法也比较独特,但有些幼儿会有盲从的行为。同样的情况还出现在“反思”能力提升的观察数据与观察记录中,“反思”需要幼儿能清楚地描述已经发生的学习行为,能回忆自己的想法、观点;能思考自己做过的事并从经验中学习,但这样的行为在我们观察记录中也出现了一些原本就能力较强、有“反思”精神的幼儿身上。只能说“百宝箱”的使用让有“反思”能力的幼儿增加了此项行为的频率,推动了反思能力的进一步发展。

对于个别化学习活动中“百宝箱”的投放与使用,我们的研究刚刚起步,投放方式以及教师指导方面也还有很多值得继续思考的地方。我们希望借助这样一种材料投放形式,可以引发大班幼儿持续探究和学习的兴趣,支持不同能力水平的幼儿在原有水平的基础上向更高水平发展,也希望教师在投放这些材料时,学会观察幼儿、解读幼儿行为、倾听幼儿的声音,改变以往个别化学习活动中教师对于投放材料的高控性。“路曼曼其修远兮”,在今后的研究中我们还需要结合大班幼儿学习品质的养成,更深入地对材料投放进行探索和思考,让“百宝箱”发挥更大的作用。

在主题式结构游戏中提升幼儿专注力的研究

上海市浦东新区王港幼儿园　唐晓瑜

一、问题的提出

专注力是幼儿终身学习与发展的必备品质,《3—6 岁儿童学习与发展指南》提出认真专注是良好学习品质的组成之一。通过观察发现部分幼儿存在专注力缺失、在游戏和学习中容易被干扰的现象。教师较少关注幼儿专注力发展,对主题式结构游戏组织开展也有困惑。

因此,本文以主题式结构游戏为媒介,对幼儿专注力开展研究。希望在游戏中了解幼儿专注力特征,通过有意识地对幼儿施加指导提升其专注力,并为教师开展主题式结构游戏提供参考。

（一）核心概念

（1）专注力:指幼儿把注意力集中于某一活动的能力,有一定的目标意识,能控制自己的行为,认真投入活动。

（2）结构游戏:指幼儿使用各类结构游戏材料,通过积极设想、动手操作来表现周围事物的游戏。

（3）主题式结构游戏:指幼儿以兴趣和需要为前提,围绕主题,使用各种结构材料表现主题内相关事物的游戏。主题以幼儿园教育内容、幼儿兴趣、年龄特点为基础,以教师预设、幼儿生成相结合而形成的一系列主题式结构游戏活动。

（二）国内外研究现状分析

通过文献整理,先行研究一致提出培养幼儿专注力的重要性,且运用游戏能培养专注力。米兰发现幼儿在游戏时完成任务的意愿会促使专注力集中并持久。① 蔡黎曼认为通过建构游戏课程能够提高幼儿注意力。②

对于幼儿专注力的表现,贾卫红将其界定为思考、伴随语言、求助、抗干扰、注意分散五种。③ 鄢超云、魏婷认为幼儿专注可观察其完成任务的表现来确定。④

专注力测评方法主要为划消测验法、改错测试、自编量表测试等。划消测验要求被试在短时间内准确地按一定要求划去某个标志物。⑤ 王剑云采用划消目标形状来评定幼儿的注意力。⑥

文献搜索中发现对专注力的研究较多在中小学阶段开展。结构游戏方面的研究多聚焦于游戏指导上,虽有研究提出结构游戏培养幼儿专注力,但多以思辨的分析与经验总结为主,缺乏实证研究支持。

二、研究设计

(一) 研究对象

本研究在 W 幼儿园各年级中随机各抽 2 个班,共 6 个班为研究对象。幼儿均无能力缺陷,教师教龄、学历等基本相同。

表 1 实验班对照班基本情况

年级	班级	人数	男生	女生	教师教龄		教师学历	
小班	实验班	25	13	12	8	2	本科	本科
	对照班	25	13	12	5	3	本科	本科

① 米兰.适宜运用教学内容培养幼儿专注力[J].贵州教育,2017(21):21-22.

② 蔡黎曼.积木游戏对学前儿童认知能力发展的影响[J].华南师范大学学报(社会科学),2018(05):89-95.

③ 贾卫红.3—6 岁幼儿结构游戏中专注力表现的特点研究[D].沈阳:沈阳师范大学,2016.

④ 鄢超云,魏婷.《3—6 岁儿童学习与发展指南》中的学习品质解读[J].幼儿教育:教育科学,2013(6):1-5.

⑤ 杨博民.心理实验纲要[M].北京:北京大学出版社,1989:147-149,335-337.

⑥ 王剑云.篮球活动对 4—5 岁幼儿注意力稳定性影响的实验研究[D].成都:四川师范大学,2017.

（续表）

年级	班级	人数	男生	女生	教师教龄		教师学历	
中班	实验班	27	15	12	8	1	本科	本科
	对照班	27	15	12	6	2	本科	本科
大班	实验班	26	13	13	12	1	本科	本科
	对照班	26	16	10	10	3	本科	本科

（二）研究方法

1. 文献法

对幼儿专注力、结构游戏及主题式结构游戏的相关研究进行梳理，启发开展研究的内容和方法。

2. 观察法

在自然条件下观察幼儿在游戏中专注力的表现。根据相关标准，判断专注力表现并搜集案例以供分析。本文参考贾卫红的研究并增加操作搭建这一行为，形成以下 6 个行为及具体表现。

表 2　自然条件下幼儿游戏中专注力的观察框架

行为	具体表现
思考	游戏中通过表情、动作做出相关的表现，如选择材料、观察图片、对比调整、制订计划等
操作搭建	选择结构材料后进行摆放、垒高、拼插、嵌合、旋转、组合、拆装等操作搭建行为
语言	游戏中与同伴讲述和主题相关的内容，如讨论拼搭步骤，交流意见与经验、分享介绍等方面的交流
求助	遇到问题向老师、同伴寻求帮助，如借用材料、帮忙解决问题、询问等
抗干扰	游戏中受到外界干扰不被影响
注意力分散	游戏中将注意力放在与结构游戏主题无关的事物上，出现闲聊、玩闹、离开游戏区、玩其他玩具、坐着不动等行为

3. 实验法

进行有控制组前后测准实验设计。采用划消测试法,各年级随机抽取 1 个班为实验班,进行主题式结构游戏专注力相关指导,10 周后后测。为减少练习效应,前后测中形状排列分布不同。

划消测试参考王剑云的研究,取 25×25 个图形(圆形、三角形、长方形、正方形和梯形)。测试前开展图形认知教学,确保幼儿认识图形。测试时要求幼儿在 3 分钟内划消某图形。计算公式:

$$专注力 = \frac{总图形数}{总用时间} \times \frac{正确数 - 错误数}{应划图形数}$$

开展迁移实验,探讨在主题式结构游戏专注力培养中,幼儿获得的经验能否运用于类似的其他活动。因此对在角色游戏中幼儿专注力的表现进行编码分析。

(三) 研究步骤

本研究开展的具体研究以及实验步骤如图 1。

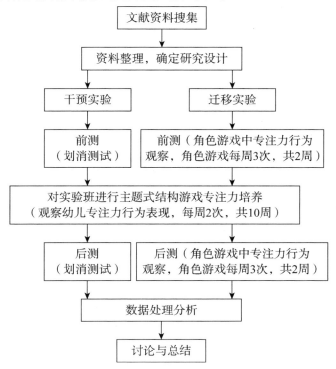

图 1　实验研究步骤图

三、研究实施

（一）主题式结构游戏的主题来源

主题来源体现预设、生成相结合的原则，预设的内容源于基础课程，生成的内容从幼儿当前兴趣点和自身需要出发。采用先预设后生成或边预设边生成的模式推进较为适宜。小、中班的幼儿注意力和活动目的性较弱，可观察后确定主题，以教师启发为主。大班幼儿知识经验和想法丰富，以多数幼儿的兴趣为重点给予支持，开展有助于专注力发展的游戏主题。

（二）主题式结构游戏活动开展阶段及程序

从幼儿经验获得的角度将主题式结构游戏开展分为两个阶段：

一是产生兴趣、初步探索阶段。幼儿感兴趣，愿意观察或摆弄材料，形成相关的思考或问题。在支持下，利用书籍、调查等得到经验与同伴分享，制订大致的计划。

二是建构表征阶段。能选择合适的材料、工具进行主题建构，尝试与同伴协商、分工合作完成任务，遇到困难可以坚持。

开展的程序及环节为游戏导入、游戏展开及分享。导入环节旨在引发幼儿参与兴趣，帮助了解游戏主题和注意事项等。游戏过程中教师以观察为主，当幼儿遇到困难时给予支持，当幼儿出现专注力消极行为时随机指导。游戏分享依据实际情况，可运用拍摄的照片、视频或现场搭建的成品进行小组、集体分享。组织幼儿交流与讨论，包括问题、解决方法、游戏乐趣及成果等。

（三）主题式结构游戏活动方案

结合前人已有的研究成果，根据年龄特点开展有利于专注力培养的方案设计，在过程中注重对幼儿的启发引导，激发幼儿参与兴趣，深化专注力的培养。在各年龄段开展两个主题式结构游戏，大班："动物大世界""城市"；中班："交通工具""周围的人"；小班："小动物""娃娃家"。开展主题式结构游戏时有预设有生成，实线为教师预设，虚线表示幼儿活动中的生成。

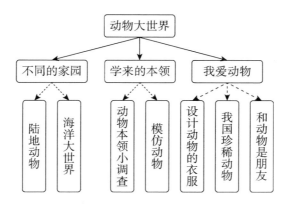

图2 大班"动物大世界"主题式结构游戏网络图

（四）主题式结构游戏培养幼儿专注力的方法与策略

1. 主题式结构游戏培养幼儿专注力的方法

（1）环境刺激法

活动区尽量开阔,布置与主题相关的表征内容引发幼儿投入到主题式结构游戏之中。设置主题作品展示区展示幼儿主题探索和主题建构的轨迹。

（2）分层指导法

尊重幼儿个体差异,给予不同建议。缺少任务意识的幼儿需要适时提醒,鼓励其参与同伴的讨论和规划中,让其接受小任务参与主题建构。能力强的幼儿,给予启发式的提问,推动其积极思考开展游戏。

（3）自主互评法

在游戏中凸显幼儿主体地位,以"游戏我做主"为导向,鼓励幼儿相互评价。在群体的你一言我一语中,使幼儿不断产生新想法与新思考,引发后续活动。

2. 主题式结构游戏培养幼儿专注力的实施策略

（1）材料与环境的支持策略

教师须观察了解幼儿游戏材料使用的情况以评估材料的适宜性。包括主题相关的素材,如搜集的图片、书籍等。操作材料包括结构游戏材料、自然及废旧物品等,还有主题辅助材料,如玩偶、小车等。

在保证安全的前提下,开展游戏的位置可在教室桌面、柜面、地面,也可在走廊、户外操场。为了便于在户外开展,我们将积木搬到了操场旁。部分主题如

"城市""交通工具"就很适合在开阔的户外进行,空间的增大引发幼儿更投入地构建出更有创意的主题建构作品。

（2）实施与指导的策略

游戏过程中,老师要细心观察、适时诱导,掌握推动专注力发展的有效方法,使幼儿更投入游戏。

顺应兴趣,组织讨论,积极探索。幼儿在兴趣的引导下注意力更集中,产生更多的求知欲。遵循这一规律,捕捉幼儿的兴趣点,引发他们的后续活动。如"小动物"主题中幼儿对"小动物爱吃什么"展开调查和讨论。幼儿在调查后分享自己的经验,在讨论交流中幼儿认真专注,对小动物有探究的兴趣,获取了许多关于动物的知识。

注重观察,驻足观望,静心止语。当幼儿在游戏中产生问题时,教师可着重观察,不急于指导。过多帮助可能会影响幼儿,后退一步给予幼儿更多思考时间和操作空间,多尝试多操作对于专注力培养更有利。

开展分享,聚焦专注,交流经验。在游戏分享中,引导幼儿在自评、互评中发现自己和同伴的优势。着重让幼儿了解认真专注能更快更好地获得成功。在交流中了解幼儿的需求,便于后续有针对性地提供支持。

（3）家长资源利用的策略

有研究认为,家长行为关联到儿童专注力的发展[①]。家园合作开展专注力培养,从材料准备、环境创设中都可鼓励家长参与。特别是小、中班的幼儿搜集信息的能力较弱,可通过亲子调查共同探究。如"马路"主题的开展,请父母带着孩子实地观察、搜集资料。通过亲子共同体验和实践,幼儿的交流分享更为积极。

四、研究结果与分析

（一）干预效果结果分析

幼儿划消测试中专注力水平得分如表 3 所示。在 10 周后 6 个班的平均得分均有所提高,实验班专注力水平提高幅度更大。对两组前测结果进行独立样本 T

---

① 张祎黎.父母过度保护与学前儿童注意力的关系[D].成都:四川师范大学,2021.

检验,各年龄段 $p>0.05$,说明幼儿干预前专注力水平无明显差异。后测中,幼儿成绩有显著差异($p<0.05$),实验组专注力水平明显提升。

表3 实验班和对照班划消测试前后测成绩独立样本 T 检验

年龄	时间	实验班($n=78$)	对照班($n=78$)	t	p
小班	前测 M(SD)	27.40(14.357)	23.68(15.769)	0.874	0.387
	后测 M(SD)	36.63(18.093)	26.63(16.275)	2.055	0.045
中班	前测 M(SD)	55.92(23.071)	60(22.560)	−0.658	0.514
	后测 M(SD)	78.00(23.740)	64.36(22.682)	2.160	0.035
大班	前测 M(SD)	71.79(13.104)	66.32(23.658)	1.031	0.309
	后测 M(SD)	89.22(18.256)	68.30(21.789)	3.752	<0.001

另外,探讨主题式结构游戏中年龄段、性别对幼儿专注力影响的主效应及交互作用。对组别、年龄段、性别3个因素上的差异进行了方差分析,分析结果如表4所示。组别差异效应显著($F=20.948,p<0.001$),表示实验组和对照组幼儿的专注力水平存在显著差异。年龄段、组别的主效应显著,组别与年龄段、组别与性别、年龄段与性别之间的交互作用不显著。

表4 实验班和对照班幼儿专注力水平主体间差异分析

源	df	F	p
组别	1	20.948	<0.001
年龄段	2	78.769	<0.001
性别	1	2.418	0.122
组别 * 年龄段	2	0.907	0.406
组别 * 性别	1	0.065	0.799
年龄段 * 性别	2	1.113	0.332

为了解主题式结构游戏专注力指导对实验班幼儿专注力水平的影响,对实验班幼儿的前测、后测的成绩进行成对比较分析。(见表5)实验班各年龄段幼儿在主题式结构游戏活动后,后测成绩较前测有显著提高($p<0.001$)。

表 5　实验组划消测试成绩前测、后测成对比较

年龄	df	F	p
小班	24	−4.313	<0.001
中班	26	−6.139	<0.001
大班	25	−4.282	<0.001

(二) 迁移效果的结果分析

1. 迁移效果描述性统计

在角色游戏中对幼儿专注力行为表现进行观察并统计。(见表6)前测小班实验班幼儿注意力分散及求助行为最多,均值为13.08 及6.88,语言及思考最少,均值为0.40 及0.44;中班实验班幼儿求助行为最多,为5.96,思考行为最少,为0.52;大班实验班幼儿注意力分散行为最多,思考行为最少。后测中,小班实验班幼儿注意力分散行为最多,但对比前测有所降低;中班实验班幼儿求助行为相对最多,大班幼儿语言行为最多。

2. 迁移效果前后测差异比较

各年龄段幼儿在专注力表现前测 T 检验中,p 值均大于 0.05,说明实验组与对照组在专注力行为表现方面无显著差异。

后测独立样本 T 检验中的行为较前测有所变化。小班幼儿在思考、语言、求助,中班幼儿在思考、语言、注意分散,大班幼儿在思考、语言、抗干扰、注意分散方面有显著变化($p<0.05$)。说明幼儿在主题式结构游戏的专注力培养中获得的部分经验,如语言、思考、求助等方面,能迁移到角色游戏中。操作行为在 3 个年龄段中都没有明显变化,可能是游戏本身就具有操作性,无论是传统型结构游戏还是角色游戏中活动的开展都需要操作。

表 6 各年龄段实验组和对照组前后测独立样本 T 检验

时间	专注表现	组别	小班				中班				大班			
			均值	标准差	t	p	均值	标准差	t	p	均值	标准差	t	p
前测	思考	实验组	0.44	0.651	0.744	0.460	0.52	0.643	0.424	0.673	0.77	0.765	-0.336	0.738
		对照组	0.32	0.476			0.44	0.641			0.85	0.881		
	操作	实验组	1.76	1.052	1.556	0.126	1.19	1.039	-1.594	0.117	2.35	1.384	-0.427	0.671
		对照组	1.32	0.945			1.67	1.177			2.50	1.208		
	语言	实验组	0.40	0.500	1.206	0.234	1.74	1.059	0.787	0.435	3.65	1.231	0.110	0.913
		对照组	0.24	0.436			1.52	1.014			3.62	1.299		
	求助	实验组	6.88	2.862	0.611	0.544	5.96	2.084	-0.669	0.506	2.46	1.476	-0.093	0.926
		对照组	6.40	2.693			6.33	1.981			2.50	1.503		
	抗干扰	实验组	1.60	1.414	0.328	0.744	2.85	1.486	0.508	0.614	3.00	1.497	-0.476	0.636
		对照组	1.48	1.159			2.67	1.177			3.19	1.415		
	注意分散	实验组	13.08	6.055	-0.133	0.895	5.44	3.984	-0.657	0.514	5.00	2.898	0.051	0.959
		对照组	13.28	4.468			6.11	3.457			4.96	2.490		

（续表）

时间	专注表现	组别	小班				中班				大班			
			均值	标准差	t	p	均值	标准差	t	p	均值	标准差	t	p
后测	思考	实验组	1.24	1.363	2.612	0.012	1.33	1.301	2.160	0.035	2.35	1.696	3.460	0.001
		对照组	0.48	0.510			0.70	0.775			1.04	0.916		
	操作	实验组	1.92	0.997	1.300	0.200	1.63	1.548	−0.480	0.633	2.73	1.151	0.203	0.840
		对照组	1.56	0.961			1.81	1.272			2.65	1.548		
	语言	实验组	2.16	1.519	4.415	<0.001	2.59	1.279	2.964	0.005	4.73	1.589	2.560	0.014
		对照组	0.64	0.810			1.67	1.000			3.65	1.441		
	求助	实验组	8.24	3.722	2.148	0.037	6.07	2.235	0.132	0.896	3.04	1.509	0.089	0.929
		对照组	6.28	2.638			6.00	1.881			3.00	1.600		
	抗干扰	实验组	2.20	1.658	0.923	0.361	3.33	1.922	0.238	0.813	4.46	1.655	3.725	0.001
		对照组	1.84	1.028			3.22	1.476			2.96	1.216		
	注意分散	实验组	10.20	4.890	−1.764	0.084	4.15	2.429	−2.186	0.033	3.15	1.826	−2.381	0.021
		对照组	12.56	4.565			5.74	2.903			4.54	2.336		

继续分析主题式结构游戏（组别）、年龄段、性别对迁移实验中幼儿专注力表现行为影响的主效应及交互作用，对3个年龄段被试幼儿专注力行为得分在组别、年龄段、性别3因素上的差异进行了方差分析。（见表7）组别差异除操作外都很显著，表示实验组和对照组幼儿的专注力行为水平在大部分专注行为表现中存在显著差异。专注力行为表现与性别无显著差异，与年龄段有显著差异。

表 7　实验组和对照组幼儿专注力水平主体间差异分析

源	df	思考		操作		语言		求助		抗干扰		注意分散	
		F	p	F	p	F	p	F	p	F	p	F	p
组别	1	23.366	<0.001	0.247	0.620	30.41	<0.001	4.395	0.038	7.656	0.006	11.699	0.001
年龄段	2	8.706	<0.001	8.401	<0.001	62.751	<0.001	49.474	<0.001	16.421	<0.001	86.292	<0.001
性别	1	1.175	0.280	1.832	0.178	2.812	0.096	1.328	0.251	0.001	0.991	3.907	0.050
组别 * 年龄段	2	1.894	0.154	0.389	0.678	0.453	0.637	3.789	0.025	2.474	0.088	0.317	0.729
组别 * 性别	1	0.357	0.551	0.366	0.546	2.691	0.103	6.648	0.011	2.219	0.138	0.029	0.865
年龄段 * 性别	2	0.963	0.384	2.196	0.115	0.265	0.768	5.315	0.006	0.047	0.955	7.288	0.001

五、成效与反思

通过分析可得结论:①在主题式结构游戏中对幼儿专注力开展有意识的指导,实验班与对照班的划消测试得分差异显著,说明利用主题式结构游戏对幼儿的专注力进行培养能在一定程度上有效提升实验班幼儿的专注力水平。②在迁移实验中,幼儿的专注力行为水平在部分行为上有显著差异,说明幼儿在主题式结构游戏中获得的专注力有关能力具有一定的迁移性,如语言、思考、求助等方面能迁移到角色游戏中,但操作行为变化不明显。

(一) 对幼儿的发展

在本次实证测试下,证明幼儿的专注力可通过主题式结构游戏来提升,也验证了先行研究中的观点。主题式结构游戏的建构内容丰富,幼儿参与的兴趣和主动性更高。游戏中幼儿为了完成游戏目标有积极的沟通,计划与任务式的活动促使幼儿积极协商配合,投入地参与活动。分享交流中幼儿相互学习到了成功经验,他们发现有规划并能认真专注的小组能更快更好地达成目标,同时获得愉悦的情绪体验。

(二) 对教师的发展

本研究从活动设计到方案的实施、材料的支持等都需要教师在观察分析幼儿的基础上,针对培养幼儿专注力方面进行不断调整。教师在主题式结构游戏开展的过程中进行观察、反思、调整,在过程中提高了反思性实践的能力。在园部专题理论培训和实践中丰富了教师对专注力水平的观察与评价经验,提升了教师专业能力。

(三) 研究的不足与展望

本研究还有一些没有考虑全面的因素:专注力的发展与幼儿个体气质及家庭环境等方面有相关性,这些因素可能会影响实验结果。但由于客观条件限制,只是在游戏中观察幼儿的专注力表现,没有开展家长评定问卷。另外,研究中实验数据均来自教师他评所得,不同年级、班级参与测评的教师不同,教师观察过程中可能出现疲劳效应和期望效应,都会影响实验结果。同时,本次研究干预时间仅为 10 周,但专注力的培养需要不断持续开展,后续应开展更长时间使幼儿得到充分的实践。在研究过程中,还需丰富和优化主题式结构游戏活动素材和方案,更好提升幼儿专注力发展。

大班幼儿户外自主游戏中问题解决行为的观察研究

上海市浦东新区方竹幼儿园　陈　英①

问题解决能力对幼儿终身发展具有重要价值。问题解决是幼儿在遇到问题时形成和表现出的稳定态度和行为倾向。《3—6 岁儿童学习与发展指南》中明确指出:"成人要善于发现和保护幼儿的好奇心,充分利用自然和实际生活机会,引导幼儿通过观察、比较、操作、实验等方法,学习发现问题、分析问题和解决问题。"幼儿在户外游戏中所遇到的问题反映的是一些真实情境问题,能充分调动幼儿运用生活经验与认知,处理解决问题,考验提升幼儿问题解决能力。幼儿在户外游戏中的问题解决行为需要得到教师重视。研究者认为只有走进幼儿的游戏世界,对幼儿问题解决行为的观察与解读准确到位,教师才能提出更有效的教育支持。

一、大班幼儿户外自主游戏中的问题类型和特点

(一) 大班幼儿户外自主游戏中"问题"的类型

研究通过采用事件(行为)取样观察的方式抽取大班 3 个班级 90 名幼儿,对其进行非参与式的观察和记录,形成"人—物"产生的问题类型、"人—人"产生的问题类型。

1."人—物"产生的问题类型

"人—物"产生的主要问题在于,幼儿在户外自主游戏中所出现的问题类型多样,且不同幼儿对不同类型问题的产生所呈现的状态和解决方式也是不同的。具体如表 1 所示:

---

① 课题组其他成员:周晨妮、杨柳青、黄维仪。

表1 幼儿户外自主游戏中出现的"人—物"问题类型汇总表

人—物	材料准备问题	材料数量问题
		材料大小问题
		材料适宜性问题
	材料使用问题	构建问题
		替代问题
		搬运问题
	材料整理问题	收纳问题
		归放问题

（1）材料准备问题

① 材料数量问题

材料数量是影响幼儿游戏的重要因素之一,充足的材料能支持幼儿游戏行为。材料太多会产生问题:幼儿在游戏中有时会拿取很多材料,觉得材料越多越好,因此出现游戏材料堆满场地,给幼儿游戏顺利进展、收拾整理等带来影响和干扰等一系列问题。材料不足也会产生问题:幼儿在游戏中有时会遇到缺少游戏材料或者材料不足的问题,进而引发幼儿争抢材料、影响游戏推进等问题。

② 材料大小的问题

幼儿在游戏中有时会遇到材料大小的问题,这也会给幼儿游戏的顺利进展带来一定麻烦和困难。

③ 材料适宜性问题

我们在实际中发现,材料适宜性也是会在幼儿游戏中产生问题。如生态园游戏中提供的工具、置物架深度等,都可能会在幼儿的游戏中引发问题。

（2）材料使用问题

大班幼儿户外自主游戏时,往往会在材料使用方面出现种种问题,主要集中在构建问题、替代问题、搬运问题。

① 构建问题

幼儿在创设游戏主题、构建游戏场景时,常常会遇到构建的一些问题和困难。

② 替代问题

替代是幼儿游戏中的一个重要行为。幼儿在游戏中时常会因为材料有限，或者会因为各种游戏创想，需要用一些其他物体来进行替代，这时就会遇到替代的问题和困难。

③ 搬运问题

幼儿在自主游戏中，因为游戏情节、游戏场景的需要，搬运、摆弄各种材料，与材料发生各种互动，其中就会遇到搬运问题。

（3）材料整理问题

① 收纳问题

游戏中的收纳问题是指幼儿在游戏过程中，因为材料多、材料重等原因，给幼儿收纳整理带来一些问题。

② 归放问题

游戏中时常会存在因游戏材料的形状、大小、摆放方式等因素，不能很好地归放到材料收纳框、收纳架等问题。

2. "人—人"产生的问题类型的研究

"人—人"产生的问题类型具体如表2所示：

表2　幼儿户外自主游戏中出现的"问题"类型汇总表

人—人	占有问题	占有材料
		占有同伴
		占有空间
	融入问题	主动融入
		被动融入
	破坏问题	无意破坏
		故意破坏
	争执问题	言语争执
		肢体争执

（1）占有问题

占有问题是指在自主游戏中，由于大班的幼儿自我意识还没有完全消退，他们很大程度上倾向于将自己喜欢的，或者是想要的东西归为己有，包括游戏材料、游戏伙伴以及游戏空间，从而当两个以上幼儿在同一时间对同一对象进行占有时，问题就出现了。

① 占有材料

大班幼儿由于游戏情节、游戏主题的复杂性加大，会对游戏材料量的需求更大。而在游戏中常常会因为担心材料不足，无法合理预设所需游戏材料的量而出现占有材料的行为，引发一些问题。

② 占有同伴

大班幼儿的游戏情节、游戏角色逐渐复杂，同伴间的合作交往也在增多，对于同伴的需求随之加大，有时班上一些具有"游戏高手""受欢迎"等特质的幼儿，常常会变得很"抢手"，于是在游戏中总会出现一些占有同伴、争抢同伴的问题。

③ 占有空间

大班幼儿随着游戏情节的复杂化，他们会需要更大的游戏空间，希望不要受到旁人干扰和"侵犯"，或会因为都心仪一个"好地盘"而出现抢占空间的问题。

（2）融入问题

融入问题主要是指在游戏的过程中，幼儿常常渴望自己能够融入其他小组或其他团队的游戏之中，或者幼儿希望同伴能够融入共同的游戏之中，在此过程中会因为意见不合出现幼儿融入游戏的问题和困难。

① 主动融入

大班幼儿具有一定的主动表达游戏意愿、提出加入游戏意愿的能力。然而，被遭拒绝也是常有的一件事，这也成为幼儿的常见问题。

② 被动融入

幼儿在游戏中也会因为玩伴协商不好，而出现强制被动融入游戏的问题。

（3）破坏问题

破坏问题指的是幼儿在游戏过程中有意或者无意地在游戏中捣乱损坏别人的作品或者游戏进程等。

（4）争执问题

争执问题是指幼儿与同伴交往中，因物品、空间、资源、规则等原因而引起争执或者发生口角，幼儿争执一般表现在言语与肢体动作上。

（二）大班幼儿户外自主游戏中的问题特点

经过对观察实录的统计分析，我们得出幼儿在户外自主游戏中产生的问题类型频次具体情况如下：

表3　幼儿户外自主游戏中"人—物"产生的问题类型频次表

性别	问题类型								合计
	材料准备问题			材料使用问题			材料整理问题		
	数量问题	大小问题	适宜性问题	构建问题	替代问题	搬运问题	收纳问题	归放问题	
男孩	19	10	24	31	20	14	26	21	165
女孩	6	11	9	26	14	4	11	10	91

表4　幼儿户外自主游戏中"人—人"产生的问题类型频次表

性格	问题类型									合计
	占有问题			融入问题		破坏问题		争执问题		
	占有材料	占有玩伴	占有空间	主动融入	被动融入	无意破坏	故意破坏	言语争执	肢体争执	
男孩	53	38	11	36	8	8	27	29	33	243
女孩	14	16	6	21	14	3	0	35	0	109

1. 大班幼儿户外自主游戏中的问题以"人—人"产生的问题居多

大班幼儿户外自主游戏中问题产生的特点更多偏向于"人—人"产生的问题方面如图1所示。这可能与大班幼儿随着年龄增加，社会交往行为随之增加，然而大班幼儿的社会交往能力尚处在发展当中，还不能很好地处理社会交往中的问题，因此幼儿的社会交往行为方面的矛盾和问题也就相对居多。

图1 "人—物""人—人"问题的总频次比较分析

2. 幼儿户外自主游戏中"人—物"问题以材料使用问题为主,"人—人"问题以占有和争执问题居多

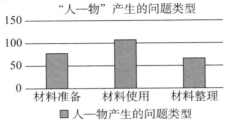

图2 "人—物"问题类型总频次比较分析

根据表3、表4具体数据,以及图2、图3清晰显示,我们发现:幼儿在户外自主游戏中出现"人—物"问题主要表现在游戏材料使用问题。这是由于大班幼儿随着年龄增长,游戏经验逐步丰富,对于游戏的想象创造的想法更多,然而由于行为能力还处于发展阶段,因此游戏中遇到的材料构造问题、替代问题和搬运问题也相应较多。

同时,大班幼儿户外自主游戏中出现"人—人"问题主要表现为占有问题和争执问题出现较多。可见大班幼儿随着游戏想法、游戏需求增多,常会为了游戏出现占有材料、占有空间、占有同伴的问题,并且为此会伴随言语和肢体争执。

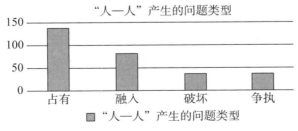

图3 "人—人"问题类型总频次比较分析

3. 对于幼儿户外自主游戏中的各问题类型,男孩比女孩的问题表现更为突出,体现了较为明显的性别差异

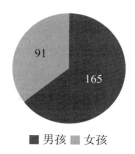

图 4　"人—物"不同性别幼儿问题类型总频次比较分析

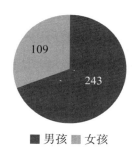

图 5　"人—人"不同性别幼儿问题类型总频次比较分析

根据表 3、表 4 具体数据和图 4、图 5 显示,男孩遇到的"人—物"问题均比女孩多,表现出较为明显的性别特点。如大班男孩在材料准备时喜欢霸占材料,出现游戏材料过多问题;在材料整理时,在搬运问题上,因为男孩子喜欢速度,所以在搬运过程中往往会出现打翻玩具等问题,整理玩具时也容易乱扔,不能做到像女孩子一样摆放整齐。

幼儿户外自主游戏"人—人"问题类型方面,男孩出现的"人—人"问题总体达到 243 频次,占 69%,女孩达到 109 频次,占 31%。总体而言,对于幼儿户外自主游戏中的各问题类型,男孩比女孩的问题表现更为突出,体现了较为明显的性别差异。

二、大班幼儿户外自主游戏中的问题解决行为方式与特点

（一）大班幼儿户外自主游戏中"问题解决"的方式

根据观察,幼儿对问题的解决方式分为"积极解决问题""消极解决问题""组合解决问题"3种类型,具体的问题解决方式如下表。

表5　大班幼儿户外自主游戏中问题解决方式汇总表

	探究
积极解决问题方式	协商 a. 给予建议,获得接纳 b. 利益交换,达成目的 c. 利益补偿,双方互赢
	求助
消极解决问题方式	告状
	争抢
	制约
	妥协 a. 顺从　b. 沉默
	回避
	遗忘
组合解决问题方式	组合方式

组合方式是指幼儿在遇到问题想办法解决的过程中,往往不限于采用一种方法,而是会叠加组合采用两种以上的方法来尝试解决问题。

（二）大班幼儿户外自主游戏中问题解决行为的特点

表6　户外自主游戏中幼儿问题解决方式频次表

性别	问题解决方式									组合	合计
	积极解决问题			消极解决问题							
	探究	协商	求助	告状	争抢	制约	妥协	回避	遗忘		
男孩	62	36	32	39	49	29	28	12	7	53	347
女孩	44	42	36	41	23	12	19	10	2	32	261

根据统计分析发现：

1. 大班幼儿在户外自主游戏中采用的问题解决方式多样,会存在大部分消极解决问题方式

通过游戏观察,我们发现幼儿解决问题的方式多种多样,有积极解决问题方式,如采用探究、协商、求助解决;还有消极解决问题方式,如告状、争抢、制约和妥协解决方式,诸如有的幼儿遇到问题保持沉默,有的幼儿选择回避问题,有的幼儿会被其他事物转移注意力而遗忘问题等。可见,大班幼儿虽然积累了一定的同伴交往经验,但仍然会在遇到问题时,采用简单、直接、负面、消极的解决问题方式,有待老师加以正确引导。

2. 幼儿会用多种解决问题的方式转换和组合的办法来解决问题

部分大班幼儿随着社会交往能力的增强,社会交往经验进一步丰富,在遇到问题时会充分调动自己对于问题解决的办法,综合多种问题解决方式,以达到解决问题的目的。同时,这也说明了这部分大班幼儿面对困难敢于挑战,努力探究,坚持不懈的良好学习品质。

3. 男孩的问题解决行为方式与女孩差异明显

根据统计显示,在积极解决问题方面,男孩达到了 130 次,女孩为 122 次,男孩总体上略高于女孩,尤其在探究解决问题方式上,明显高于女孩。但是,女孩在协商解决和求助解决方式上都高于男孩。在消极解决问题方面,男孩为 164 次,女孩为 107 次,其中男孩表现特别明显的是较多采用争抢来解决问题,而女孩相对较多采用告状来解决问题。当遇到问题时采用组合方式解决问题的,男孩达到 53 次,女孩达到 32 次。可见,男孩在解决问题时,比女孩更具备坚持性和变通性的特点,更能为了解决问题而努力去寻找问题解决的方法。

三、大班幼儿户外自主游戏中问题解决行为的教师支持策略建议

（一）智慧观察,正确看待幼儿在户外游戏中出现的问题

观察是教师了解、评价幼儿学习与发展的基本途径与方法,也是支持、鼓励幼儿,引导和培养幼儿发现问题的基本前提。教师需要有智慧观察的能力。当教师观察到幼儿在游戏中出现的问题时,先不要简单地做出对错评价,而是要坚信幼儿有能力从错误中发现问题或提出问题,并积极思考,探索解决问题的方

法。学习与发展,这是幼儿产生问题的巨大教育价值。

(二) 耐心守望,给予幼儿自己处理问题的空间

"守"是等待,"望"是期望,这里的"守望"是指信任幼儿、欣赏幼儿,给予幼儿充分的时间、空间来支持幼儿,相信幼儿小小的身躯里蕴含着无穷的能量,能做出超乎我们想象的举动。所以,给予幼儿独立的空间解决问题,在一定程度上是帮助幼儿提高问题解决的能力,无论成功或失败,都是问题解决能力的积累和进步。

(三) 正确引导,支持幼儿正确解决问题的方法

幼儿解决问题的有效方式是在原有经验的基础上不断调整、内化、运用、重组,在原有经验上建构新经验。这时教师就要在尊重幼儿、信任幼儿、放手给予幼儿探究空间的基础上,再巧妙地介入幼儿的探究,及时搭建支架,推动幼儿解决问题,并形成良好的习惯。

1. 针对"人—物"问题的解决办法

幼儿游戏中的游戏材料投放要适量,适合当前游戏推进的程度。对于大班幼儿,适当减少游戏材料,能促使幼儿在与同伴解决纠纷时学会交往技能、控制自我冲动。当材料不能满足儿童需要时,老师可鼓励儿童尝试对材料本身进行改造和加工,使其符合自身的需要,减少与同伴的冲突;有时材料形态发生变化时,能够引发儿童其他的思考和行动,也是在有效地延伸材料的其他使用方式。

(1) 让幼儿成为搜集材料的主人。游戏中幼儿经常会遇到材料不足的问题,可以鼓励幼儿走进大自然,搜集大自然中的游戏材料;也可以引导幼儿收集家里的废旧材料,充分发挥变废为宝的作用,避免幼儿因材料不够而争抢。

(2) 让幼儿具有改变材料的智慧。大班幼儿随着游戏能力越来越强,材料区的材料常常难以满足孩子的需求。可以引导幼儿通过改变材料解决游戏材料数量、适宜性等方面的问题。

(3) 让幼儿具有资源共享的意识。幼儿打通游戏区域,让户外角色区、建构区、创意区、生态区、沙水区等所有的游戏材料相互之间可以使用,解决游戏中材料发生的问题。如角色区里,幼儿搬来了建构区的人字梯,从运动区里搬来平衡木,架在一起就变成了娃娃家的小别墅;沙水区里,幼儿会把创意区的 PVC 管搬到沙水区进行水的流动的实验;用娃娃家里的竹篮在沙水区里运水等。

2. 采用问题解决法支持"人—人"问题解决

有交往就会有冲突，这是人与人交往过程中必不可少的一部分，所以游戏中人与人之间的问题主要是冲突。但在一定程度上，同伴冲突对幼儿的发展有意义，如"去自我中心""学会交往""改善同伴关系"等。所以，面对冲突，在智慧观察的基础上，我们可以采用问题解决法。

（四）课程支持，推动幼儿发展问题解决的思维

问题解决的一般过程分别为发现、分析、解决和反思。教师应尊重幼儿的认知特点，由易到难，由浅入深，循序渐进地引导幼儿逐步学会提出和解决"是什么、有什么、什么样"等描述性问题，以及"为什么、是不是、能不能、会不会"等思辨性问题，进而提出"怎么样、怎么办"等策略性问题，做到"导而有序"，促进幼儿问题解决思维的发展。

（五）家园共育，协助幼儿养成主动思考解决问题的习惯

培养幼儿解决问题的能力需要家园配合。当幼儿在生活中遇到问题时，家长要多用"是什么""为什么""怎么样"的提问进行引导，促进幼儿思考，一些有经验的家长甚至可以设置一些困难，鼓励幼儿自己去解决，从而培养幼儿的应变能力。即使幼儿一时想不到解决方法，家长也不必急于告知方法或替他们解决，可以鼓励幼儿再想想办法，给他们一个自己处理困难的机会，不到幼儿打退堂鼓的时候家长不要直接介入。一旦幼儿凭借自己力量成功解决问题，他就能体会到问题解决所带来的成就感，以后再遇到问题时他首先想到的是自己去解决，而不是求助大人，从而逐渐养成主动想办法解决问题的习惯，最终提高幼儿独立解决问题的能力。

心理发展

基于童心的课堂心理环境建设的研究

上海市浦东新区育童小学　　张蕊清[①]

童心是儿童的心理,是儿童的内心世界,如好奇心、求知欲、创造力。教育应养护童心,使童心繁盛。积极的课堂心理环境有利于保护童心,对学生的认知、态度、情感和心智健康成长具有重要而深远的意义。课堂心理环境建设就是要保护童心,把童心还给课堂,使课堂成为学生有梦想的地方。

本课题拟通过分析育童小学儿童的童心现状与发展趋势,探索影响儿童童心的课堂心理环境因素,揭示基于童心的课堂心理环境的构成要素,总结基于童心的课堂心理环境建设的实施策略和途径,建立相应的评价指标。通过激发学生的好奇心、求知欲、创造力,打造具有"愉悦、和谐、安全、公平"的课堂心理环境,形成有良性师生互动及和谐师生关系的课堂氛围,促进儿童积极学习的心理品质的发展。

一、儿童的童心现状与发展趋势

在教育实践的经验基础上,育童小学明确提出了童心教育的理念:以童心为本,以"心理育人"为抓手,遵循儿童生命发展次序,尊重儿童的成长规律,引发儿童的好奇心,促进儿童的求知欲,发掘儿童的创造力,营造儿童世界,让每一名儿童快乐学习、积极成长。育童小学儿童的童心主要通过儿童的好奇心、求知欲和创造力3个指标进行反映,如图1所示。

---

①　课题组其他成员:王佩红、张悦、蔡晓蓉、经彩凤、陈建萍、张敏华、冯颖、林颖、沈俭、蒋龚华、张旭。

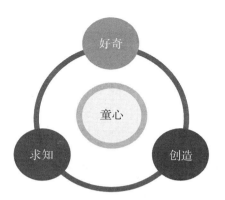

图 1　儿童童心的构成要素

在文献法的基础上,本课题采用问卷调查法,通过对育童小学儿童的童心现状与发展趋势进行调查,为建设基于童心的课堂心理环境奠定初步的基础。本次调查于 2020 年 3 月进行,选取育童小学 900 名小学生作为样本,具体样本的分布情况如表 1 所示。

表 1　育童小学儿童抽样分布情况

	数量	频率
男	488	54.2%
女	412	45.8%
一年级	197	21.9%
二年级	195	21.7%
三年级	164	18.2%
四年级	184	20.4%
五年级	160	17.8%
独生子女	509	56.6%
非独生子女	391	43.4%

（一）儿童童心的整体特征及差异分析

1. 儿童童心水平的整体分析

首先对小学生的童心水平进行整体分析。根据问卷答案的设置以及 5 点量表计分标准,各维度得分越高,表明小学生的童心水平越高。由表 2 可知,童心及其 3 个维度的平均分均高于 3 分,即上海市浦东新区育童小学小学生的童心水平处于良好水平,但相对而言,好奇心的得分较高,求知欲的得分较低。

表 2　小学生童心水平的整体分析

变量	平均值	标准差	极小值	极大值
童心	3.63	0.59	1.52	4.96
好奇心	3.95	0.65	1.75	5.00
求知欲	3.42	0.87	1.00	5.00
创造力	3.52	0.56	1.39	4.88

2. 儿童童心水平的性别差异分析

对不同性别小学生的童心水平进行独立样本 t 检验。由表 3 可知,男生和女生在童心整体水平上不存在显著性差异。

表 3　不同性别小学生童心的平均数差异检验

变量	类别	样本量	平均值	标准差	t
童心	男	488	3.62	0.60	−0.49
	女	412	3.64	0.58	

3. 儿童童心水平的年级差异分析

对不同年级小学生的童心水平进行单因素方差分析。由表 4 可知,上海市浦东新区育童小学各年级小学生的童心水平存在显著的年级差异,通过事后分析(LSD)发现,小学四年级的童心水平相对来说最高。

表 4　不同年级小学生创造力水平的平均数差异检验

变量	类别	样本量	平均值	标准差	F
童心	一年级	197	3.53	0.51	4.08**
	二年级	195	3.66	0.59	1<2(*)
	三年级	164	3.59	0.58	1<4(***) 2<4(†)
	四年级	184	3.76	0.54	3<4(**)
	五年级	160	3.59	0.60	5<4(**)

注:†代表显著性 p 小于 0.1;*代表显著性 p 小于 0.05;**代表显著性 p 小于 0.01;***代表显著性 p 小于 0.001。

（二）儿童童心的整体发展趋势分析

从图 2 可以看出，育童小学儿童的童心发展总体呈增长的发展趋势，且在小学四年级时的童心水平及好奇心、求知欲和创造力 3 个维度的得分均相对最高。

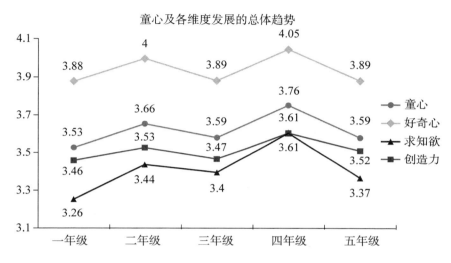

图 2　育童小学儿童童心的总体发展趋势

结果表明，上海市浦东新区育童小学小学生的童心水平良好，虽然不存在男生和女生的性别差异，但在不同的年级之间存在显著差异。从整体发展趋势来看，小学生的童心水平呈增长的趋势，在小学四年级时表现出最高水平，在好奇心、求知欲和创造力方面均有较好的表现。相对四年级来说，五年级的童心水平出现显著的下降。究其原因，五年级的小学生面临"小升初"的升学压力，花费较多的时间和精力应对考试，所以此时的童心水平会出现降低的情况。

二、影响童心的课堂心理环境因素

在课堂心理环境中，教学互动、学生特征和班级组织特征共同对儿童的童心产生影响。其中，"教学互动"的比重较大，教师与学生互动而产生的学生对教师的感知占据重要的影响地位，据此，本课题提出影响童心的课堂心理环境模型图，如图 3 所示。

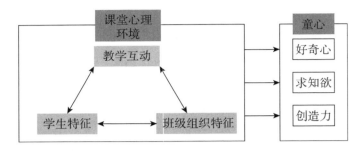

图 3　课堂心理环境影响儿童童心发展的模型图

根据课堂心理环境在教师与学生互动中的具体表现,课堂心理环境具体操作分为教师期望知觉、教师自主支持、课堂公平感知、学业情绪、班级环境。具体影响因素如图 4 所示。

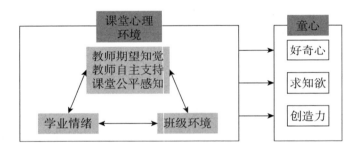

图 4　课堂心理环境具体因素影响儿童童心发展的模型图

具体而言,教学互动是学生与教师在教与学的互动过程中产生的感知觉,包括教师期望知觉、教师自主支持、课堂公平感知;学生特征主要以通过教与学互动过程产生的学业情绪为主要的表现方式;组织结构主要通过班级环境进行量化。

三、基于童心的课堂心理环境的构成要素

本课题基于上述儿童的童心现状和影响因素研究,建设能够引发儿童好奇心、促进儿童求知欲、发掘儿童创造力的课堂心理环境。由调查研究和探索发现,教师期望知觉、教师自主支持、课堂公平感知、学业情绪、班级环境均显著影响育童小学儿童的童心。

由结果可知,学生处于放松、平静和满足等积极低唤醒学业情绪中,最有助

于培养儿童的童心；其次，学生感知到的较高的教师期望、教师支持和课堂公平，良好的同学关系、师生关系和秩序纪律，较高的积极学业情绪和较低的消极学业情绪，均非常有利于儿童童心的塑造；最后，适度的班级竞争和较低的学习负担，也有助于儿童童心的唤起与培养。

由此，本课题根据上述结果，以上述学生对课堂心理环境的感知为测量对象，建构基于童心的课堂心理环境的构成要素。在对上述因素进行提炼的基础上，通过专家访谈和理论分析，目前，拟确立的要素包括以下 4 个方面，如图 5 所示。

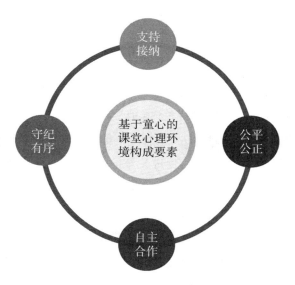

图 5　基于童心的课堂心理环境的构成要素

第一，支持接纳。师生之间和同学之间建立支持、接纳和友好的人际氛围，促使学生处于积极的学业情绪体验中。

第二，公平公正。在教学背景中，为学生提供公平、平等、公正的学习、沟通、发展等机会，增强积极的学业情绪体验。如保障儿童在课堂上的学习机会，给予儿童充分的学习时间；保障所有儿童的学习权，关注儿童是否在真实学习；保障儿童的学习资源，使同伴之间的互助互学得到均衡。

第三，自主合作。鼓励学生自主学习、相互合作、共同进步，减少消极的学业情绪体验。

第四,守纪有序。为学生提供秩序良好的班级环境,使学生遵规守纪,创造和谐有序的童心环境。

通过打造"支持接纳""公平公正""自主合作""守纪有序"的课堂心理环境,呵护童心,创设良性的师生互动,促使教师与学生的人格特征、心理状态和课堂心理氛围向善、向上,促进学生心智健康成长。

四、基于童心的课堂心理环境建设实施途径

本课题从践行基于童心的教育理念、打造基于童心的高效课堂、开展基于童心的团体辅导等措施出发,建设"支持接纳""公平公正""自主合作""守纪有序"的课堂心理环境。

(一) 践行基于童心的教育理念

践行基于童心的教育理念是建设基于童心的课堂心理环境的制度保障。

童心教育是我校努力打造的特色,也是学校现在及未来各项规划的根本导向。学校以童心为本,以"心理育人"为抓手,遵循儿童生命发展的次序,尊重儿童的成长规律,引发儿童的好奇心,促进儿童的求知欲,发掘儿童的创造力,营造儿童世界,让每一名儿童快乐学习、积极成长。

学校将结合新一轮发展规划,进一步明确童心教育的内涵,拓宽童心教育的内容,深化童心教育的组织方式,优化童心教育的实施策略,竭力保护童心,使生命焕发光彩。这为育童小学全力打造"支持接纳""公平公正""自主合作""守纪有序"的课堂心理环境提供了坚实的制度保障。

(二) 打造基于童心的高效课堂

打造基于童心的高效课堂是建设基于童心的课堂心理环境的实现形式。

建设基于童心的课堂心理环境需要打造童心课堂,可以通过建构童心课堂基本模型、创设童心课堂教学情境、设计体验式教学活动等途径得以落实。

1. 建构童心课堂基本模型

童心课堂的课堂形态是珍视童心、呵护童真、体验童乐,通过有效的教学互动,让学生真正感受到学习带给他们的快乐,变"教"学生为"激发"学生。从激发学生的学习动机出发,以"问题"开始,经历"引发好奇心""促进求知欲""发掘创造力"的动态过程,建构童心课堂的基本模型,如图6所示。

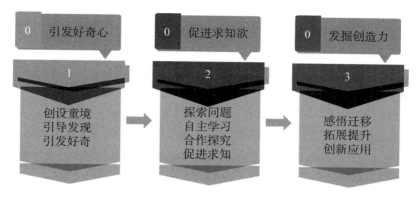

图 6　童心课堂基本模型

首先,创设童境,引导发现,引发学生的好奇心。通过直观演示、言语营造、引导对比等方式,将学生的好奇心逐渐转移到生活中的科学现象和课堂教学实验中,逐步引导学生形成科学探索精神及发散性创新精神。

其次,提出探索性问题,引导学生自主学习、合作探究,促进求知欲。教师在课堂教学中可以通过组织小组活动让学生之间写作交流,搭建合作的平台,解惑释疑。

再次,引导学生感悟迁移,拓展提升,实现创新应用。教师在课堂中可以鼓励学生勇于实践,将所学知识拓展延伸,灵活迁移应用。

通过童心课堂的打造,为学生提供"支持接纳""公平公正""自主合作""守纪有序"的课堂心理环境,从而有效提升小学生的童心水平。

2. 创设童心课堂教学情境

在课堂教学中,教师选择合适的教学情境,有利于学生对知识的掌握与理解。创设基于童心的课堂教学情境有助于为学生提供"支持接纳""公平公正""自主合作""守纪有序"的课堂心理环境,最终提升学生的童心素养。例如,可以通过如下 3 种策略创设相应的童心情境:

第一,运用实物提升情境创设的真实性。在课堂中实施情境教学时,可以借助照片、挂图、版画、实物、模型、标示、多媒体等创造直观的形象,让学生的多种感官同时参与学习。

第二,运用游戏增强情境创设的趣味性。在小学语文和英语等科目的教学中,学生面临着既难学又枯燥的知识点,如果老师善于运用丰富多彩的游戏活跃课堂气氛,就可以有效地调动小学生的学习积极性。

第三,运用表演提高情境创设的互动性。课堂表演是创设有效情境行之有效的教学手段。教师可以引导和鼓励儿童扮演教材中的主人公角色,或将动物角色拟人化,这有助于学生将相关的知识进行内化,同时也有助于培养学生自主学习的能力,让学生感知到教师的接纳支持,更有助于童心的培养与发展。

3. 设计体验式教学活动

体验式课堂教学法是指在教学中为达到既定教学目的,从教学需要出发,以学生为主体,为学生创造实际的或重复经历的情境,呈现、再现或还原教学内容。通过主动参与、自我感受、自主探究体验活动,学生在生生、师生交流中形成与文本的对话,进行知识建构、自我表达的教学形式。体验式课堂教学的基本环节可分为情感预热阶段、体验探究阶段、内化提升阶段。

(三) 开展基于童心的团体辅导

开展基于童心的团体辅导是建设基于童心的课堂心理环境的重要拓展形式。

团体辅导的咨询形式是营造团体情境,提供发展性指导。通常由一名专业人员主持,通过数次团体活动,在情境中共同体验,促进儿童掌握认识自己、认识他人的技巧,培养良好的情绪管理能力,改善人际关系,建立良好的师生关系,促进人格健康成长。

1. 提升儿童的社会情绪智力

点亮童心,健康人生,开展儿童社会情绪智力提升的团体辅导,旨为6—12岁有情绪困扰或希望提升情绪管理能力的儿童服务,通过活动提高他们的心理素质,促进其健康成长和全面发展,营造关爱儿童心理健康的良好氛围。可以围绕感觉的辨识和表述、感觉的面对和处理、社交技巧、自信提升 4 个主题展开讲解。

2. 增强儿童的团队合作意识

增强儿童的团队合作意识有助于建设基于童心的课堂心理环境,培养童心,呵护儿童的成长之美。该主题团体心理辅导活动的目的是提高儿童的合作意识以及与他人合作去解决问题的能力,如松鼠与大树、合力运气球和合力运气球终极版等活动。

3. 培养儿童突破思维定式

培养儿童突破思维定式,有助于激发儿童的好奇心、求知欲、创造力,可以采用讲授法、举例法、体验法、提问法等进行脑力激荡、创造力训练和视频体验等。如通过视频欣赏神奇的创造力,认识到思维定式的局限性,从而突破思维定式;通过"智闯雷阵""盲人看书""1+1=?"等活动,培养学生走出理性盲区,善于吸取经验教训,培养利用工具与资源等能力。突破思维定式,可以让学生领悟到思维的神奇,有效促进童心的培养。

五、基于童心的课堂心理环境建设成效

本课题秉承"童心为本"的教育理念,充分顺应和践行了当前义务教育阶段"双减"教育教学的新形势和新理念,取得了较为显著的研究成效。

1. 落实童心教育的核心理念

基于童心的课堂心理环境建设充分落实了童心教育的核心理念,儿童的童心得到呵护,身心更加健康幸福,在当前我国义务教育阶段"双减"教育教学的进程中具有特别的推广价值。

2. 提升教师的教学专业技能

基于童心的课堂心理环境建设切实提升了教师的教学专业技能,促进了教师的专业发展。如促使教师积极优化教学方式,促使教师积极探寻有效的教学策略,促使教师在教学中运用以激励为主的评价方式,并助力教师获得多项教学大奖。

3. 产生积极的社会影响

基于童心的课堂心理环境建设得到了社会的肯定,产生了积极的社会影响。"浦东德育"公众号等媒体以"校长谈德育:以积极课堂心理环境培育童心"为主题对学校的童心教育进行了专题报道。《新课程研究》杂志以"童心教育:小学心理育人的校本实践"为主题对童心教育进行了宣传。课题成果荣获上海市中小学幼儿园运用调查研究方法优秀成果评选一等奖、2021年上海市优秀教学成果二等奖、浦东新区第十届教科研成果一等奖。

六、基于童心的课堂心理环境建设思考

基于童心的课堂心理环境建设有效带动了学校整体育人模式的改革,为儿

童的童心发展和个性成长提供了巨大的成长空间。然而,真正的童心繁荣仅依靠课堂环境建设还远远不够,需要教师真正用心理解尚未充分成长的孩子,这对教师的专业发展提出了更高的要求。

基于童心的课堂心理环境建设的研究,需要在深度和广度上加以深化。可结合"童心教育""童心课堂"的创建与实践,系统思考学校"童心课程"的特征,突出学生培养目标对课程建设的统领,强化课程与办学目标的关联度,进一步完善学校 3 类课程,优化"童心课程"框架,加强 3 类课程之间的融合。

经过探索与实践,学校基于童心的课堂心理环境建设会继续立足现实,面向未来,在已经取得成果的基础上,找准差距和问题,深化童心教育的改革,为呵护学生童心、促进学生积极健康成长不懈奋斗。

游戏治疗视域下幼儿情绪行为问题团体辅导的应用研究

上海市浦东教育发展研究院　　马天宇①

一、研究价值

（一）现实问题

幼儿在日常生活中难免会遇到各种挫败和压力,这可能导致他们产生负面情绪和不良行为。特别是学龄前儿童还处于"以自我为中心"的发展阶段,尚不能很好地理解他人情绪和适当地表达自己情绪。因此,团体游戏辅导成了一个改善幼儿行为问题的有效途径,帮助幼儿发展温暖、友善、融洽的关系,在安全信任的庇护下察觉、表达和调节情绪。除此之外,家长和老师也能够通过幼儿参与团体游戏的行为中了解他们的内心世界,更好地沟通互动。

（二）理论价值

游戏治疗(Play Therapy)在当今世界上已经成了流行的预防和治疗 3—12 岁儿童心理问题的方法。国内对学前儿童情绪行为问题的研究仍处于起步阶段,现有研究大都从心理和医学角度出发对情绪行为进行探索,但缺乏全面的评估和诊断措施。因此,本研究旨在通过游戏治疗方法对学前儿童进行全面评估和干预,辅助幼儿建立良好的情绪健康和行为表现,推进国内学前儿童情绪行为问题的研究。

---

① 课题组其他成员:卢丽琼、许丽纹、陈敏、沈一萍、宋萍、蔡颖慧、钟慧、徐峥芸。

二、研究目标

通过梳理游戏治疗(辅导)和幼儿情绪行为问题的内涵定义、理论流派、适用对象、主要方法形式等文献资料,定位本土化研究的突破方向。

通过量表测试、儿童观察、家长访谈、问卷调查,了解幼儿在幼儿园日常生活中遇到的情绪行为问题的发生率、类型、特征。

通过游戏辅导、团体辅导工作,发展出帮助改善幼儿情绪行为问题的游戏辅导策略、技术与方法,积累有效案例,并进行辅导效果分析。

探索出一套能改善幼儿情绪行为问题,并且适合上海幼儿的本土化团体游戏辅导方案。

三、研究方法与过程

(一) 研究方法

1. 文献法

通过对国内外资料查阅和文献研究,了解国内外游戏治疗的理论和实践的研究现状,总结其实践方法、数据、结果和经验,形成文献综述,作为本课题理论指导和实践参考。

2. 准实验法

选择上海浦东的 3 所幼儿园作为实践基地,针对幼儿的情绪行为问题进行筛查,请家长根据幼儿的情况填写了阿欣巴赫儿童行为量表(CBCL)、儿童行为问卷(Rutter)和亲职压力简表前测;然后根据分数高低进行排序,对于潜在的研究对象(前测分值较高的幼儿)通过现场观察、教师访谈进行甄别。经过家长的知情同意后,将幼儿随机分成两组:一组为实验组,进行团体游戏辅导;另一组为对照组,不改变任何学习与生活条件,不对幼儿进行任何实验干预,在系列游戏辅导结束后对两组幼儿进行游戏辅导效果评估,依据前后测实验组与对照组的数据反映团体辅导的效果。

3. 行动研究法

通过跟踪 3 所幼儿园团体辅导工作的进展,在实施方案、效果评价、反思改进的往复过程中,探析幼儿园的团体游戏辅导发展特色和发展方向,不断尝试改进与发展,完善幼儿园的游戏辅导工作。

（二）研究过程

本研究实施过程历经了 3 轮迭代,不断探索有效的团体游戏辅导的实施方案。（见表 1）

表 1　课题研究 3 轮迭代过程

研究地点	第 1 轮（预研究）金科苑幼儿园	第 2 轮金爵幼儿园	第 3 轮金爵幼儿园+六一幼儿园
研究时间	2017 年 12 月—2018 年 5 月	2018 年 9 月—2019 年 1 月	2019 年 9 月—2020 年 4 月
量表筛查	以阿欣巴赫儿童行为量表（CBCL）为筛查工具,幼儿园大班的全体幼儿（141 名）家长和教师分别填写,选得分最高的幼儿为潜在情绪行为问题儿童,等组随机分为实验组（8 例）和对照组（8 例）	以 Rutter 儿童行为父母问卷为筛查工具,幼儿园中班的全体幼儿（136 名）中得分高于 13 分划界值的幼儿为潜在情绪行为问题儿童,等组随机分为实验组（8 例）和对照组（8 例）	在家长会上招募志愿者,以阿欣巴赫儿童行为量表（CBCL）、亲职压力简表为筛查工具,62 名家长志愿者主动填写,选取得分较高的儿童,等组随机分为实验组（20 例）和对照组（20 例）
基线观察+教师访谈	1 名观察者10 名幼儿＊2 小时（实验组对象）	2 名观察者12 名幼儿＊2 小时（实验组对象）	2 名观察者40 名幼儿＊2 小时（实验组+对照组对象）
确定研究对象	8 名大班幼儿	8 名中班幼儿	19 名中大班混龄幼儿（每所幼儿园 10 名幼儿,中途 1 名幼儿退出）
家长沟通	家长知情同意书+辅导前中后 3 次家长会	+建立家长微信群,每周定期及时沟通,基于家长情绪管理的团体辅导	+幼儿情绪管理微信推文
团体辅导	6 次秋季学期+寒假暂停+6 次春季学期	12 次连续开展	12 次连续开展
环境创设	园长室临时改造	专用游戏室	1 间专用游戏室+1 间由教室改造的游戏室
过程评估	游戏观察记录（视频+文字）	+研究者自评观察量表	+家长观察表+班主任观察表+干预结束 3 个月后,增加 1 次追踪测

（续表）

数据分析	实验组、对照组 CBCL 前后测比较，差异不具有统计学意义 理论假设与统计数据不相符	实验组幼儿的 Rutter 行为问卷量表分值均有减少，差异有统计学意义，儿童的不良情绪状况有所改善 对照组的好转情况不明显	干预措施有效的证据不够充分
问题梳理	1. 治疗师的专业素养 2. 量表的选择有效性 3. 家长与教师对幼儿评价的信息不对称 4. 家长的配合程度	1. 研究样本量较小，不具有推广价值 2. 量表的信效度 3.1/3 家长出于对幼儿的保护而拒绝参与研究	1. 团体游戏辅导对改善家长的亲职压力效果不显著 2. CBCL 对幼儿情绪敏感识别度欠佳

注：“+”表示在上一轮研究基础上补充的内容。

四、研究内容

（一）幼儿情绪行为问题的理论探究——从游戏治疗走向团体辅导

本研究在近 30 年来国内外游戏治疗文献研究的基础上，对游戏治疗的 4 种流派与发展历程进行回顾，并从游戏治疗目标、游戏治疗的功能、治疗者的角色与功能、游戏治疗的效果评估方式、对游戏治疗的理论进行梳理。其次，从研究主题、研究规模、研究周期、研究方法等角度对国内外儿童中心游戏治疗的研究成果进行评论。最后，对游戏治疗研究的趋势进行了展望，未来的研究需要加强我国游戏治疗的本土化研究，不断扩大游戏治疗的临床应用范围，完善游戏治疗师的培养。

（二）幼儿常见情绪行为问题的现状调查

本研究采用“分层—随机—整群抽样”的方法，根据上海市人口结构和幼儿园类型的比例，在上海市静安区和浦东新区两个行政区选取 11 所幼儿园，获得有效问卷 1130 份，有效回收率 99.04%。幼儿年龄在 3—6 岁之间，其中小班幼儿 408 人（36.1%），中班幼儿 339 名（30.0%），大班幼儿 383 名（33.9%），男生幼儿 578 名（51.2%），女生幼儿 552 名（48.8%）。结果显示，幼儿情绪总体情况良好，不同性别和不同年龄的情绪状况具有显著差异。调查显示，幼儿情绪行为问题的发生率在 4.7% ,对于筛查出分值较高的这部分幼儿将有可能在团体游戏辅导的干预中获得帮助与改善。

（三）幼儿情绪行为问题团体游戏辅导的环境设置

儿童团体游戏辅导室如何着手去建立？应该把游戏室建立在哪里比较合适？房间的大小应该多少合适？墙面需要有颜色吗？需要铺地毯吗？厕所是必需的吗？应该特别注意哪些问题？带着这些疑问，本研究团队依据团体游戏辅导的专业设置要求并兼顾现实的可能性，从选址、空间设置、室内装饰（地板还是地毯、墙面及颜色、门、窗）、氛围营造、游戏辅导材料等方面在上海的幼儿园中开始了实践探索。

（四）幼儿主要情绪行为问题团体游戏辅导的设计实施及效果检测

本研究对上海 3 所普通幼儿园（非特殊学校）5—6 岁左右的幼儿情绪行为问题进行团体辅导，采用等组前后测实验设计，实验组采用团体游戏治疗的方式，每周 1 小时对儿童进行连续 12 周的结构式团体游戏治疗干预和 3 次家长团体辅导，对照组不做任何处理。结果表明，经过团体游戏治疗干预，实验组幼儿的 Rutter 行为问卷量表分值均有所减少，差异有统计学意义，儿童的不良情绪状况有所改善。本研究旨在探索团体游戏治疗对幼儿情绪行为的改善效果，并为幼儿园中有情绪行为困扰的幼儿辅导提供参考借鉴。

五、研究结论

（一）团体游戏辅导的价值

团体游戏辅导是一种以儿童自然沟通方式为中心的关系治疗方法，可以促进幼儿社会情感的增长。在团体游戏辅导中，团体带领者与儿童发展出信任、安全的关系，促进师生之间相互友善的关系。当幼儿团体成员有相似的背景、性格特征或个人议题时，他们会自然而然地相互接近、互相学习、互相支持；当团体成员表现出非常需要这些社会关系时，儿童社交关系和社会情感发展的效果尤为明显。团体游戏辅导着力提供一个环境，使儿童能够在安全和接纳的关系中表达和探索自己，发展出良好的情绪表达与调适方法，改善儿童情绪状况。

（二）团体游戏辅导的效果探索

研究数据显示,团体游戏辅导干预对改善幼儿园儿童的情绪行为水平有积极的作用,但目前的研究暂未发现团体游戏辅导在家长的亲职压力方面有统计学意义的结果,此结果可能与以下几点原因有关:

1. 团体游戏辅导的方案注重亲和性

本次团体游戏辅导方案旨在构建安全、接纳的治疗关系,根据幼儿的认知发展水平,通过熟悉的游戏,使幼儿容易融入,在游戏过程中获得掌控感,并营造情绪宣泄渠道,释放压抑情绪,提升自尊和应对能力。

2. 团体游戏辅导的设置富有结构性

幼儿阶段是安全感和依恋关系发展的重要时期,固定的时间和地点、固定的团体与协同带领者、固定的团体成员、共同约定的团体规范和限制以及一致的带领风格,都是营造安全感与归属感的重要因素。利用结构化游戏辅导单元,协助儿童在开始、转换和结束阶段中体验一些表达、识别、调节与自我控制的方法,提高其对情绪的掌握。

3. 团体游戏辅导的材料选择具有方便性

媒材的选取是在游戏辅导中非常重要的部分,幼儿通过与自己现实有连接的游戏媒材表达自己的情绪,易上手、易投入、易于表达真实的内心。材料中有生活化的玩具,如绘本、情绪布偶等,可以让幼儿重演情绪故事得以表达与宣泄;有创造性表达玩具,如彩笔、彩泥、报纸、娃娃板屋等,可以让幼儿尽情表达自己和创意美感;有发泄攻击的玩具,如气球、小鼓等,可以让幼儿表达生气、敌意及挫折等情绪。

4. 团体游戏辅导的氛围激发团体凝聚性

共同的目标与活动对成员有吸引力,成员们在团体中感觉温暖、放松和信任,有认同感、归属感和价值感。团体成员在游戏中相互影响且具支持性,愿意在身体上靠近他人、了解他人感觉和反应,随着他人的话题改变自己的游戏方向与活动内容,学习好的行为和表达,遵循团体带领者的指导语来创新自己的游戏内容,增加幼儿积极的情绪体验。

5. 团体游戏辅导的研究恪守伦理性

在对游戏辅导的团体进行招募之前,研究者事先将研究的主要目的、研究内容、团体成员需要付出的努力、团体活动开展过程中的一些注意事项都告知幼儿园和学生家长,在取得家长参与研究以及对游戏辅导小组成员进行录像的同意之后,签署《知情同意书》。在进行研究过程中,对于因本次课题研究搜集而来的各项信息资料严格保密,研究者把参与者的真实姓名统一以代号来代替,参与者的照片采用马赛克的形式处理,以便于让研究参与人员能够得到充分的安全感和信任心。

6. 在团体游戏辅导对象的识别方面,教师比家长更具准确性

经过三轮研究验证,我们发现教师对儿童情绪问题的判断比家长更加准确,原因之一可能是教师受过专门的儿童心理培训,比起家长更加专业;原因之二是教师在幼儿园群体中有所比较,容易识别出需要个性化支持的对象。

7. 团体游戏辅导整合多种技术催化儿童的成长性

团体带领者从团体初期开始就致力于营造儿童之间的支持性关系,增加凝聚力和普同性,让儿童在安全与信任的氛围中表达想法,获得肯定与支持,让儿童有机会去体会负面情绪,并在看见团体带领者或其他成员的良好行为后会进行模仿与学习,修正儿童的认知,从而构建新的表达语言与调适方式,发展掌控自我感觉与周围环境及关系的能力。

六、研究的成效与展望

(一) 研究成效

团体游戏辅导可以有效改善幼儿园儿童的情绪问题,数据证明本研究中制订的团体辅导方案是可行和有效的。团体游戏辅导在幼儿园中将有积极的运用和推广价值。

1. 实践突破

研究通过量表筛查、基线观察和教师家长访谈等方式收集信息,确定研究对象,经历"前测—干预—后测"3 个阶段,全程观察、评估并分析团体游戏辅导对情绪行为问题幼儿的作用。(见图 1)

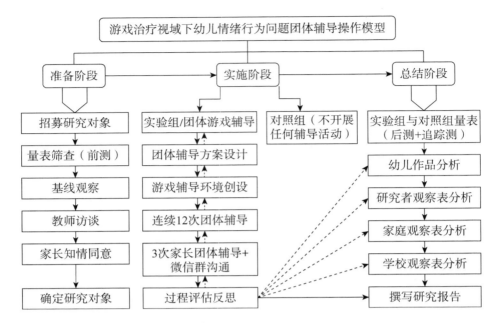

图 1　游戏治疗视域下幼儿情绪行为问题团体辅导操作模型

　　研究针对幼儿情绪行为问题的实际需要,每周一次,每次 50 分钟,连续 12 周开展行为干预,形成了系列幼儿情绪行为问题团体辅导方案。研究将游戏治疗理念与实践本土化,课题组带领 3 所幼儿园建设了有疗愈功能的本土化游戏辅导室,规范了团体游戏辅导的操作流程。研究开发了游戏辅导相关教师教育课程"玩出好情绪——以游戏为载体提升儿童的情绪管理水平"(上海市教师教育共享课程),在 2019—2021 年对上海市中小幼儿园教师开展 4 轮课程,共计 400 余名学员参与学习。

　　2. 理论创新

　　(1) 游戏治疗研究之文献综述(论文):《游戏治疗理论模式——基于儿童为中心的游戏治疗研究述评》。

　　(2) 游戏治疗视域下幼儿情绪行为问题团体辅导之方案设计和效果分析报告(论文)第一轮:《团体游戏治疗对 6 岁幼儿情绪行为问题干预之初探》。

　　第二轮:《团体游戏治疗对 5 岁儿童情绪行为问题的干预研究》。

　　第三轮:《团体游戏治疗对幼儿园情绪行为问题儿童的影响》。

　　(3) 游戏治疗视域下幼儿情绪行为问题团体辅导之前测量表数据分析(论

文):《学前儿童情绪行为问题评估方法与干预方式研究综述》。

（4）游戏治疗视域下幼儿情绪行为问题团体辅导的应用研究（编著）:《充满魔力的体验:儿童及青少年游戏辅导》。

（二）研究展望

目前国内对学前儿童游戏治疗的研究仍处于起步阶段,因此,建议后续的研究关注以下几个方面:

1. 积极推进学前儿童团体游戏治疗的实证研究

目前研究对象的年龄多为青少年群体,研究人群主要是自闭症儿童、注意力缺陷多动障碍儿童、贫困地区流动人口等边缘人群,建议细化研究对象,对儿童进行细致分类,关注对于正常儿童群体的情绪行为问题预防性的研究。目前的研究结果比较零散,原因之一可能是无法准确识别需要紧急干预的、潜在情绪行为问题的儿童,缺乏简洁有效的学前儿童情绪行为问题评估工具。本研究经历了3轮实验,以前人经验和上一轮研究为基准点,反复升级迭代,但是随着研究对象的变化,研究效果的不确定性需要在后续的研究中进一步验证。还可适当开展纵向研究考查国内学前儿童在不同时期的情绪问题行为的特点,以及对未来发展的预测作用。

2. 甄别适合开展儿童情绪行为问题团体游戏治疗的对象

第一,理想状态下,团体中幼儿的发展年龄或者生理年龄接近,需要辅导的需求相似,但在实际操作中发现要在同一所幼儿园300人左右找到8名以上年龄相仿、需求同质的幼儿非常困难。此外,在团体成员中必须包含一名"好榜样",给其他成员以行为示范。

第二,本研究最初假设,教师最容易识别某个幼儿需要心理健康辅导,但事实证明教师经验、家长感受、量表数据的一致性存在偏差。偏差的原因可能是孩子在学校和家庭的表现差异;可能是家长缺乏横向的比较对象,容易对幼儿情绪的判断产生偏差,使数据的波动幅度较大;也可能是因为家长或教师填写不当造成的假阴性或假阳性(阳性即某个幼儿超过心理量表临界值)的数据。因此,有必要对所有的潜在研究对象进行现场观察、教师访谈,整合多元信息以甄别研究对象。

第三,教师推荐的研究对象情绪行为往往比较严重,有的已经超过了团体游戏的辅导范围,因为有研究者认为注意力缺陷、多动障碍、攻击性行为不适合加入团体而更适合个别辅导。

3. 完善并开发本土化的学前儿童情绪行为评估工具

在团体辅导过程中必须有密切监控,仔细评估干预对幼儿情绪问题的影响情况。儿童情绪行为问题最关键的环节是进行全面的评估诊断,并以此作为确定干预的方案。但由于幼儿认知和表达水平限制,专业机构的医生在短时间内精确诊断有一定难度,因此,在幼儿园和家庭中及早识别并有效应对是减少情绪问题对儿童发展影响的关键。笔者基于本研究中的困难点——幼儿情绪行为问题的评估,又申请了2020年度上海学校德育"德尚"重点项目,将在这一领域进行深入的研究。

4. 探索具有中国文化本土特色的"家校师"结合的情绪幼儿团体辅导模式

没有人希望自己的孩子需要治疗,但是当孩子在成长过程中遇到困难时,需要寻求专业人士的帮助。"家校师"结合的情绪幼儿团体辅导提供了一种工作模式,在团体辅导开始、中期、终期开展家长会,明确家长的预期并确立信任关系;教导父母充当"治疗师的手臂",帮助家长与行为和情绪有问题的儿童建立有效的连接,同时减轻教师的压力。在团体游戏辅导过程中,辅导师与教师、家长加强沟通,建立微信群与家长及时联系,分享孩子的情绪发展近况并进行过程追踪,以提升家长的参与度和满意感。

幼儿高自尊行为养成的案例研究

上海市浦东新区惠南西门幼儿园　张　珏

上海市浦东新区惠南西门幼儿园在"用爱心编织快乐成长的摇篮"的办园理念指引下,秉承爱的融情教育理念开展深入研究。其中《幼儿园促进"新上海人"子女和谐发展的策略研究》在上海市青年教师教育教学研究课题成果评选中获二等奖,《基于表演活动的幼儿移情能力培养的实践与研究》被评为浦东新区第八届教育科研成果三等奖。我们遵循马斯洛的需要层次论"得到他人的尊重是人的仅次于最高层次的需要",提出了"幼儿高自尊行为养成的案例研究",以幼儿自尊发展现状为基点,通过分析研究幼儿高自尊行为的具体表现,根据幼儿的年龄特点多角度寻求幼儿高自尊行为养成的方式与策略,并借助个案研究,深度描述与分析养成的过程与成效,帮助幼儿自身健康发展,良好适应社会发展。

一、幼儿高自尊行为表现性特征的探究

教师学习幼儿高自尊行为养成的相关文献研究,借鉴参考幼儿高自尊行为表现性特征的已有研究成果。通过对一日生活中各类情境(集体教学、个别化学习、运动、游戏等)中幼儿行为的观察与解读,梳理总结幼儿高自尊行为的表现性特征。

(一) 现场观察

全园教师采用现场观察的方法,走入幼儿一日活动现场,收集幼儿高自尊行为的一手资料。比如,课题组将观察情境聚焦于"个别化学习",遵循"观察前准备—现场观察与记录—观察后研讨与分享"的研究模式,每学期开展 3 次全园现场观察与 4 次集中专题研讨。

（二）夯实理论

课题研究以实践为基础,而实践需理论来指导。课题组组织教师共读《如何培养孩子的高自尊》。该书是美国教育学家多萝西·科基尔·布里格斯的著作,他是儿童心理学家,多年来一直讲授儿童教育课程,文中将培养高自尊的原理和方法拆解细分后以案例的形式呈现,可操作性强。全书分为 7 个部分,共有 24 章,可由 24 位教师领读。在这 24 次共读活动中,老师们一起学习,一起研讨,一起交流身边的案例故事。

例如,由孙燕老师领读的第一章《镜子塑造自我意象》,在孙老师的带领下我们发现这一章为大家解读了两个要点。一是自我意象的塑造(自尊的萌发)。孩子通过聆听他人的言语,观察他人的肢体语言,来了解他人的态度和判断,从而构建自我意象。二是不同途径的自我意象塑造具有渐进的特性:自我发现—非语言信息—语言信息—周围人对待孩子的态度—孩子对自己的态度—自尊的萌发。

教师从相关书籍中找到了一些与实践相对应的理论,并能在理论的指导下开展新一轮实践,在不同的阶段用正确的方式给予孩子最接近真实能力的自我认知,帮助孩子在他认为重要的领域获得掌控感和胜任感,这对于高自尊的建立至关重要。

（三）罗列特征

基于现场观察的一手资料,课题组有针对性地查阅相关文献,罗列梳理 4 类幼儿高自尊行为表现,每一名幼儿高自尊行为表现都梳理了超过 10 条。

比如,结合一日情境中对幼儿高自尊行为进行的观察与分析,并查阅大量相关文献,课题组初步将幼儿高自尊行为表现确定为"自我认同、自我服务、情绪理解与调节、交往合作" 4 个方面,共梳理不同年龄段高自尊行为表现二级指标各14 条。

（四）细化甄选

考虑到实践中的可操作性,课题组对所有的幼儿高自尊行为表现进行了进一步细化,甄选最具代表性、典型性的外在表现来补充幼儿高自尊行为可操作化界定。在这个过程中,除了常规的头脑风暴等方法,课题组还采取了"案例分析法"来甄选最具代表性的幼儿高自尊行为表现。与之前同类研究相比,本研究梳理出的幼儿高自尊行为表现性特征在系统性、细致度方面更进一步。如："对自己的外表感到满意"，衍生出"有了新造型（新衣服、新头饰、新发型）时，会拉着老师或同伴主动介绍""能接受别人的积极评价，并感到高兴"这两个更具操作性的3级指标。经历了以上阶段，课题组完成了对幼儿高自尊行为的可操作化界定。

二、幼儿高自尊行为现状与问题的研究

2020年1月，以我园小、中、大班全体幼儿（753名）为调查对象，启用权威的幼儿自尊调查表格式，融合幼儿高自尊行为可操作化界定各年龄段指标，以"问卷星"形式开展幼儿高自尊行为现状调查。课题组对评测数据进行分析，形成小、中、大3个年龄段的测试报告，为后续的实践与研究提供了前测经验。课题组综合测试报告结果后发现：我园幼儿的"外表感"优势明显，自我表现有待提升；自主服务有意识，自我保护能力尚欠缺；能正确面对消极评价，对同伴情绪的关注度不够；能友爱同伴，交往方式相对匮乏。综上，本园幼儿"自我表现""自我保护""对他人情绪关注""交往方式"这4项高自尊行为表现相对较弱，因此，本研究将这4项高自尊行为的养成作为后续重点优化对象。

三、幼儿高自尊行为养成行动的研究

我们以幼儿园一日活动中各领域活动作为载体，采用时间取样、事件取样，通过对幼儿行为的识别与分析，适时提供支持策略，开展幼儿高自尊行为养成的典型案例跟踪研究，在幼儿园情境中探索幼儿高自尊行为养成的途径与方法，形成"融爱蕴美"高自尊行为养成特色课程。

（一）集体教学

集体教学活动中往往会有"退缩型"幼儿，他们通常不会积极举手发言，大部分情况下是因为答案不确定、不自信而导致在活动中"边缘化"。如果能依据幼儿的智力、心理特点、理解接受能力等情况来灵活调整素材，使其更贴近幼儿生活，使作品更符合不同层次幼儿的发展需要，就能大幅提高幼儿参与度，鼓励幼儿自我表现，从而在活动中获得自我胜任感。

1. 灵活调整素材，鼓励自我表现

教师应以班级现状分析为依据，遴选有针对性的集体教学活动内容，既尊重

差异,又关注全体,尽可能让每名幼儿都能通过亲身体验激发表达与表现,帮助幼儿感受到自我价值,以高自尊情感体验的获得促进幼儿高自尊行为的养成。

案例:以语言活动"大熊的拥抱节"为例,故事的原意是当做了对不起别人的事时,学会了解一些别人的感受,体验朋友相互宽容的情感。教师结合本班幼儿的实际情况提出了问题:"能否大方地在众人面前回忆叙说自己难堪的经历呢?"孩子们面面相觑,场面一度很尴尬。的确,坦然地正视并在同伴面前说出自己的缺点,对于那些低自尊的幼儿来说是很难的。教师选择及时调整和改变教材,将教学与幼儿实际生活中的情绪情感结合起来,通过虚拟角色大熊的引出,使幼儿避开自己,从动物身上影射到生活中的一些事,使情感情绪自然投入,并用自己的经历去解说,帮助幼儿迁移情感,积极表现,吐露自己的情感和感受。

在"大熊的拥抱节"延伸活动中,同伴间交流互动明显增多。在教师的启发下,班级中甚至出现了"圆桌会议",当出现有争议的行为时,幼儿会选择一起讨论并解决问题。很明显,集体教学活动有效促进了幼儿高自尊行为的养成。

2. 互动形式多元,助推交往合作

教师创设良好的互动交流机会与情境,在活动中通过谈话、贴标记、讲故事、看图片、判断对错、情境表演等多种形式调动幼儿积极参与互动。

在集体教学活动中,教师创设良好的互动交流机会与情境,鼓励幼儿积极参与体验,通过有效的幼幼互动,帮助幼儿获得来自同伴的肯定评价,帮助低自尊的孩子获得自我胜任感,强化高自尊幼儿的榜样意识。

(二) 个别化学习

教师要充分理解和尊重幼儿发展进程中的个体差异,支持和引导他们按照自身的速度和方式从原有水平向更高水平发展,切忌用一把"尺子"衡量所有幼儿。

1. 创造共情环境,提供有效支持

在师幼互动中,教师对于幼儿的理解和支持是至关重要的,对不同能力水平的幼儿,采用不同的回应方式,创造共情环境,这是推动幼儿共同实践、理解、合作、分享的有力支撑。

案例:以科学活动"有趣膨胀"为例,教师的本意是希望幼儿在探索的过程中,和同伴一起认真地观察材料放进水中时发生的细微变化,并能用语言共同交流,讲述自己的发现。但是当教师请孩子们分享自己的实验结果和成因时却发现孩子们无法将实验中的发现详细地描述出来,即使第一个发现了哪个材料先产生变化的辰辰,对于材料膨胀的原因仍然存在困惑。面对回答不出问题显得窘迫的孩子,教师没有马上纠正或者批评他,而是在肯定了辰辰积极思考的同时,对他的困惑也表现出理解,并在提供线索后建议他们再次实验,鼓励将实验的过程换一种方式记录:"请把你们的发现用图画的方式'告诉'大家吧!"教师的回应使得孩子们的探究积极性再一次被激发。辰辰和两个好朋友一起小心翼翼地把不同的材料放进容器里。"哇,面膜涨得好快!""大米有没有膨胀啊?"小伙伴们不断有新发现。再次探索的过程中,孩子们能认真地观察各种材料放进水中时发生的细微变化,并能用自己的方式记录下来后积极地和同伴讲述自己的发现。

2. 依托细致观察,捕捉学习价值

细致观察个别化学习活动可以发现,很多时候的指导并不是教师发起的,更多是幼儿间的同伴指导。这种随机的幼幼指导更容易让幼儿从中积累朴素的科学经验及精细动作经验。

案例:在个别化活动中,菁菁在指导同伴中感受到光源的距离与影子大小的关系,从仅以自我中心为辨识方位,转变为会提示同伴分辨"远近""重叠",并在挡光物体位置、光源照射角度等各个维度上通过实践感受简单光影原理。整个交流过程中,教师始终是以观察者的身份,鼓励菁菁和同伴沟通,讲述自己的发现,进一步激发了同组幼儿的探索欲与表达欲。

在个别化学习过程中,教师观察幼儿自我学习、自我探索、自我发现的能力,会发现很多有价值的信息。

(三)角色游戏

有趣的角色游戏区域设计可以极大吸引幼儿的注意力,能帮助他们更好地参与活动,使幼儿获得自我胜任感。教师在角色游戏的组织过程中应注意"激发兴趣、引发问题、注重体验、尊重差异、关注全体"。

在角色游戏的过程中难免会发生挫折与矛盾,教师可创设宽松的游戏情境稳定幼儿情绪,采取"隐形支持"的方式推进游戏进程,鼓励幼儿通过和同伴交流、沟通等方式解决困难,也会用同伴轮流、商量等方式解决问题,推进游戏进程。

矛盾冲突是幼儿学习与人交往的途径之一。当幼儿发生矛盾时,教师第一时间来到现场关注幼儿间矛盾发展,助力情绪调节。同时,教师将解决问题的权力交给了幼儿,幼儿间从一开始尝试用简单直接的方式解决冲突,到协商一个有效解决冲突的方法,大家友好相处,尊重规则。幼儿正逐步摆脱以自我为中心的意识,开始学会思考问题、解决问题。

（四）运动

幼儿阶段是儿童身体发育和机能发展极为迅速的时期,发育良好的身体、愉悦的情绪、强健的体质、协调的动作是幼儿身心健康的重要标志,也是幼儿学习与发展的基础。

1. 巧用"一物多玩",激发运动兴趣

幼儿的学习是以直接经验为基础在游戏中进行的。因此,教师要珍视运动的独特价值,巧用和妙用运动材料,最大限度地支持和满足幼儿通过直接感知、实际操作和亲身体验获取经验的需要。

运动中也应关注幼儿的兴趣与能力,强调师生间的平等有效互动,追求游戏材料的一物多玩,帮助幼儿逐级挑战难度,获得运动中的自我胜任感。

2. 善用环节设计,提升自我保护能力

通过"情境再现"的方式帮助幼儿观察自己与同伴的规范动作和良好行为,促进幼儿自我保护能力的提升。

案例:以体育游戏"年兽大作战"为例,虽然幼儿知道过关的要求是击倒年兽,但是成功率却不高,教师观察到的原因是投掷动作不规范:有的幼儿是从下往上抛的;有的直接向上扔;还有的同手同脚地投,不但无法击倒年兽,还容易受伤。于是教师采用"放鞭炮吓跑年兽"的环节,用甩炮进行投掷动作练习,设计由易到难的活动环节,让幼儿在打年兽中循序渐进地练习从投远到投准的投掷规范动作,并利用"情景再现"强化个别指导,帮助幼儿规范投掷动作,减少运动伤害。

在运动活动中,教师带领幼儿一起多次尝试规范动作,使幼儿的运动能力大幅提升,频频成功使幼儿更乐于参与各类运动,也能掌握更多规范动作与运动技巧,有助于提升幼儿乐交流、勇挑战的优秀运动品质,有效促进运动中幼儿高自尊行为的养成。

（五）多元资源联动，拓展幼儿高自尊行为养成的实施路径

幼儿的高自尊行为养成是建立在量与质的积累上，需要有日常接触和爱的浸润。我们注重将一日活动、环境创设、社会实践纳入高自尊行为养成课程，并吸收社区、街道、城市中不同人的资源来拓展幼儿高自尊行为养成的途径。

例如，我们邀请有心理教育特长的家长来园共同参与小班的"点亮童心"主题活动，与老师共同设计"让我自己来"展示区域，以多种形式呈现幼儿的高自尊行为，让幼儿在看看、说说、学学的过程中直观感受具体的高自尊行为表现，激发幼儿的榜样意识。我们还与社区联动，开展"慧爱自然""垃圾分类我监督""爱绿护绿我先行""光盘我们在行动"等系列活动。其中的"爱绿护绿我先行"，幼儿在社区绿化守护员的带领下，自主认领喜欢的绿植，制订保护计划，用简笔画等形式做好标识，并定期开展养护活动，在爱绿护绿的过程中获得"我就是我"的价值感。

四、幼儿高自尊行为养成的成效与分析

（一）幼儿高自尊行为水平后测分析

为检验本园幼儿高自尊行为优化的效果，距幼儿高自尊行为前测（2020年1月）两年后，2022年1月，以我园小、中、大班全体幼儿（753名）为调查对象，本课题组开展高自尊行为水平后测。本次后测采用的测验方法与前测相同，启用了权威的幼儿自尊调查表格式，融合幼儿高自尊行为可操作化界定各年龄段指标，借助问卷星开展全体幼儿高自尊行为现状调查，进行数据图表分析，并形成小、中、大3个年龄段的测试报告。仍以中班（参与人数相等）调查结果为例，分析幼儿高自尊行为养成效果如下：自我认同度高，自我表现能力提升明显；自我胜任感强，能保护自己；能合理调节情绪，对同伴的关注度明显提升；理解同伴行为，交往合作方式多元。由此可见，我园在课题实施过程中形成的"融爱蕴美"特色课程，是行之有效的幼儿高自尊行为养成的活动载体。

（二）教师课程领导力的提升与儿童权利意识的改变

教师的课程领导力（课程设计与实践能力）得到了锻炼。课题研究3年来，通过"学习—实践—反思—调整"的方式，每位教师平均设计并实施"融爱蕴美"主题实践活动十余次，全园积累优秀"融爱蕴美"实践活动专项方案约80余个，

案例故事100多篇。有位教师在访谈中说:"我每设计一个主题活动,都会自问'孩子们会喜欢吗''我怎么支持他们''这个活动能养成哪些高自尊行为'。"

教师的儿童权利意识明显增强。3年前课题研究刚开始时,教师对何为儿童权利的理解不够深入;3年后,80%的教师认为通过幼儿高自尊行为养成的主题活动增强了自己对儿童权利主体的理解和尊重,70%的教师认为自己在幼儿高自尊行为养成的主题活动中已经为幼儿提供了民主参与的机会和平台。有的教师说:"以前我在观察孩子、设计课程时,不自觉会以老师为主导,就是我要给孩子什么。但是现在,我会第一时间想什么是孩子需要的。"还有的教师说:"开展幼儿高自尊行为养成的主题活动后,我对幼儿的权利意识关注得更多了,会先考虑幼儿喜欢什么,再挖掘主题点开展活动。"

自我认同、正确面对消极评价、关爱同伴……高自尊行为的养成对于幼儿来说可谓受益终身。我们将坚持"融爱于心、蕴美于行",用爱去温暖,用情去渲染,让每一名惠南西门幼儿园的孩子都能健康快乐地成长!

开展"爸爸社团"活动促进幼儿园父子关系的实践研究

上海市浦东新区冰厂田幼儿园　张浩燕

一、研究背景

父亲参与幼儿园教育教学活动对幼儿的成长与发展有着重要的价值,父亲在幼儿家庭教育中起到关键作用,但是父亲参与教育孩子的现状令人担忧。幼儿园倡导亲子活动,开展各种各样的亲子游戏,不仅为家长和孩子提供加强亲子交流的好机会,增加亲子的感情,亲密亲子关系,而且对促进孩子的心理健康具有特殊而长远的意义。

《幼儿园教育指导纲要》指出:"幼儿园应与家庭、社会密切合作,与小学相互衔接,综合利用各种教育资源,共同为幼儿的发展创造良好的条件。"本研究以"爸爸社团"为切入点,深入研究幼儿园活动对亲子关系的影响程度和机制,对"幼儿园亲子活动""父子关系"等相关理论做一定的补充。研究以社团为载体,创新家园合作方式,通过在活动中为父子行为互动和情感交流创设平台,为父亲参与幼儿教育提供针对性指导,从而提升父亲的家庭教育水平,融洽父子关系,为幼儿成长提供更好的家园环境。研究通过问卷调查,了解班级中父亲与子女关系的现状及其存在的问题,提出应对策略与建议,通过挖掘父亲的特点及父亲教育资源的优势,设计"爸爸社团"的活动方案,梳理出父亲在社团活动中及在家庭中有效地进行亲子行为互动和情感交流的方式,从而增进父亲与子女的情感关系,为幼儿发展提供更良好的家庭成长环境。

二、主要观点

社团是具有某些共同特征的人相聚而成的互益组织。"爸爸社团"是幼儿园亲子活动形式的一种,即爸爸为了实现教育孩子的共同意愿,以爸爸个人的兴趣爱好为前提自愿参与,同时以幼儿兴趣为前提,幼儿共同参与的活动小团体。社团成员包括爸爸、幼儿和老师,活动的主题和内容多样。

父子关系是亲子关系的一种,分为血缘关系、社会关系、情感关系。本研究中的父子关系主要指向的是心理学意义上的父子情感关系,即在日常生活中,父亲与其学龄前子女之间的行为互动和情感交流。本研究中的父子关系指向的是父子依恋、父子冲突、父亲教养方式及父亲教养投入这4个方面的内容,参考借鉴尹霞云的博士论文《儿童与父亲的关系:影响因素及儿童的心理适应》。

通过调查研究,了解班级中父子关系的现状及其存在的问题,并以此为基础拟定"爸爸社团"活动方案,同时通过挖掘父亲教育资源的优势,梳理父亲在社团活动中及家庭中有效地进行亲子行为互动和情感交流的方式,从而达到增进父亲与子女的情感关系,为幼儿发展提供更良好的家庭成长环境的目标。

三、成果要点

(一) 梳理出父子关系的现状问题和影响因素

1. 父子关系的现状

通过大量的数据发现父亲视角和儿童视角的父子关系有相同也有不同,父亲普遍认为自己各方面都做得比较好,而儿童视角的父子关系更客观、真实地反映出了一些问题,对我们的研究帮助更大、更有价值。

(1) 父子依恋情况:父亲和孩子都喜欢在一起,喜欢拥抱,喜欢亲近彼此,但在安全感的满足方面,孩子在碰到害怕或者不高兴的事情时,更愿意去找妈妈,妈妈更能给予孩子安全感,孩子的依恋对象是母亲。

(2) 父子冲突情况:在父子冲突时,对于孩子的错误行为,大多数的孩子认为父亲会对自己进行严厉的批评或教导,但有效性不确定,有些父亲在处理问题时简单粗暴,缺少方法。

(3) 父亲的教养方式:大部分孩子认为自己的父亲是专制型的,甚至有生气型和打人型父亲。当孩子犯错时,大多数孩子认为父亲会打骂自己。

(4)父亲的教养投入:孩子认为父亲几乎不带孩子或者只是偶尔参与,只有一半的孩子认为自己的父亲会表达爱意和照顾孩子的日常生活,其他方面都参与得比较少。

2. 父子关系的影响因素

造成父子关系疏远、父亲教育意识薄弱、父亲教养投入时间少、教育方法专制粗暴、缺少科学方法等问题,与父亲的自身情况、父亲的素养、社会背景、工作压力、家人支持、夫妻关系和孩子本身的性格等因素都可能有关。原因主要有:一是父亲教育的意识与理念偏差,父亲自身缺少教育孩子的主观意愿;二是父亲对于父亲教育重要性的认识不足,在父亲的主观意识中男人要在外拼搏,教育孩子主要是妈妈的事情;三是父亲的育儿理论知识与实践经验缺乏,教育孩子缺少耐心,比较粗心,所以对待孩子简单、直白、粗暴。

3. 促进父子关系的思考

(1)要帮助父亲认识到父亲教育在儿童成长中的重要性,父亲的教育不能替代,父爱对孩子的健康成长起着重要作用。

(2)引导父亲多和孩子相处,多陪伴孩子,父亲要平衡好工作和家庭之间的关系,在工作之余要多留出时间陪伴孩子,多带孩子讲故事、做游戏、做实验、体育锻炼等,更可以利用自己的男性特质跟孩子进行高质量互动,促进父亲间更亲密的亲子关系。

(3)指导父亲注意教育方法,多平等沟通,建议父亲在和孩子的沟通中多一点耐心,能站在孩子的角度思考问题,发生矛盾多了解情况,了解原因,给孩子多一点关怀,尽量避免粗暴打骂,减少父子间的冲突。

(4)帮助父亲注重调整自身情绪,保持积极的心态,不把不良情绪带给孩子。父亲积极向上的情绪、健康的心态,会给孩子带来积极的影响,为孩子形成健康的心理素质提供良好的环境。

(5)鼓励父亲多参与家庭事务,关怀家人。父亲在重视工作的同时,也要多多参与家庭事务,关怀家人。

(6)母亲适当放手,支持鼓励父亲多参与到孩子的教育中来,肯定父亲的教育行为,和谐的家庭气氛更有利于孩子的身心健康成长。

（二）构建"爸爸社团"的管理机制和运行模式

社团组建前，通过召开"大手牵小手、爸爸伴成长"家长动员会，发放倡议书，利用班级微信群、小黑板等宣传平台，让家长们了解父亲在幼儿成长过程中的重要性，调动父亲参与活动的积极性。社团组建中，邀请爸爸和孩子一起出谋划策，一起讨论社团活动主题，根据爸爸们的特长和孩子的意愿，自主报名。社团组建完成后，确定"爸爸为主，老师支持为辅"的运行模式，由爸爸和老师一起策划、设计和组织活动，共同制订社团运行的章程和成员职责制度，共同创设社团环境。

（三）设计"爸爸社团"的活动形式

基于孩子好奇心强、探索欲强的年龄特点和爸爸大胆勇敢、知识面广、创造力强等特征，设计三大类社团活动的内容：核心课程、活动课程、主题课程。核心课程"爸爸创意社团"通过挖掘男性家长的特殊教育资源，根据爸爸的兴趣特长，自主设计课程，运用爸爸助教的方式，让爸爸以教育实践者的角色来到幼儿园中与不同的幼儿分享教育经验。在"绘本故事社团""亲子制作社团""热爱生活社团""吃吃玩玩社团"中，通过爸爸讲故事、父子手工、父子劳动、父子游戏等活动，激励孩子向爸爸学习开朗、自信、勇敢、坚强及独立精神。活动课程"快乐节日社团"结合节日活动，邀请爸爸参与各种节日活动，融入孩子的生活，了解孩子的想法，也让孩子感受父亲的魅力，体验和父亲在一起成功的快乐。主题课程"亲子游戏社团"围绕幼儿园的各个主题开展活动，在父亲的陪伴下进行亲子游戏、亲子制作等，为父子间创造更多家庭中交往的机会，让父亲在家庭中陪伴幼儿，促进父子间的亲密关系。

（四）创新"爸爸社团"活动内容

1. 父职教育讲座——理念提升来助力

开展"爸爸伴成长"父职教育主题讲座，分析目前父亲教育缺失的原因，阐述了父母亲教育的差别、父职教育的价值，帮助爸爸意识到父亲教育在家庭教育中的重要性，增强父亲参与子女教育的意识和能力。

2. "爸爸创意社团"——爸爸教育展风采

"爸爸创意社团"中的爸爸主动积极，充分发挥特长，策划活动，设计实施活动，彰显风采。"绘本故事社团"中，爸爸通过有趣的故事，激发孩子对爸爸的热爱和崇拜,体验像爸爸一样勇敢自信地面对一切。"热爱生活社团"中,爸爸从男性视角,通过小实验和小游戏,带给孩子有趣的知识经验,引起他们对科学的兴趣。"吃吃玩玩社团"中,孩子和爸爸一起品尝美食、玩玩游戏,用简单的形式给予孩子幸福的体验。"唱唱跳跳社团"中,爸爸为孩子带来精彩演出,让孩子感受到爸爸的多才多艺,也让孩子的爱包围着爸爸。

3. "快乐节日社团"——父爱伴我来成长

结合节日活动"神秘万圣""惊喜圣诞",爸爸走进幼儿园,在精彩的表演和有趣的游戏中,展现父亲特质,让幼儿感受父亲乐观开朗、积极向上的精神。"欢腾的国庆节"邀请军人爸爸来到幼儿园和小朋友亲密接触,让幼儿感受并学习军人刚强英勇、坚强勇敢、不服输的品质。"感恩父亲节"活动,孩子为爸爸制作领带和爱心便当,学会给爸爸送祝福,把对爸爸的爱表达出来。

4. "亲子游戏社团"——父子合作快乐多

"爸爸去哪儿"活动,爸爸和孩子一起走进大自然,来到长兴郊野公园,进行采橘子、接力赛、火车钻山洞等亲子游戏,锻炼健康体魄。还有"水果DIY""创意汽车""自制乐器"等家庭亲子游戏,父子制作水果拼盘,用废旧材料设计汽车、设计乐器,父亲用特有的视角、独特的创意,给予孩子不同的体验。"快乐健身"活动中,孩子和父亲一起在冬天健身锻炼,磨炼孩子的意志。

(五) 提炼"爸爸社团"的实施策略

1. 社团的组建需要吸引父亲主动参与

社团通过召开家长会、发放倡议书等方法,让家长充分了解父亲教育的重要性以及父亲教育缺失对孩子造成的不良影响,让家长认同社团成立的价值,吸引爸爸主动参与,提升爸爸对父职教育的意识。组建社团活动,广泛听取家长的意见和建议,提高爸爸参与活动的积极性,并让其根据自身兴趣与特长,确定社团活动类型和内容。

2. 活动的设计需要激发父亲热情献策

"爸爸社团"活动内容烦琐,费时费力,需要家长们有为幼儿奉献的精神,甘愿付出精力和时间,为活动献计献策。每次活动我们都会认真对待,用热烈的欢迎仪式来迎接每一位爸爸的到来,通过班级群、美篇,赞美、评选"我最喜爱爸爸"等活动来肯定爸爸的付出,激发爸爸的热情,提升爸爸的责任心和履职意识。

3. 活动的开展需要引导父亲有序进行

在家长自愿报名的基础上，以民主选举的方式，推选出"爸爸社团"中每个分社负责统筹部署的社长和副社长，社团成员设计实施，保证活动有序开展。每次活动的内容，组织者要有较为清晰的目标，对活动方案细化完善。活动后期在家园栏中制作花絮美篇分享活动经验。

4. 尊重意愿，教师思考细致、指导到位

活动坚持自愿原则，教师细致把关，将方案细化完善，介绍活动计划，根据孩子实际情况填写活动回执，确保幼儿与家长自愿参加，营造平等、信任、尊重的心理环境，让社团成员消除顾虑，充满信心地投入整个活动。此外，教师还要协助社团维持秩序，把握时机，适当提供帮助。

5. 活动的核心聚焦幼儿情绪和健康发展

"爸爸社团"以幼儿为核心，社团活动的开展和实施始终尊重幼儿身心发展的特点和规律。社团活动的开展须围绕幼儿年龄特征，充分考虑幼儿对父爱情感的需求。在活动的开展过程中始终关注幼儿的情绪体验，给予幼儿鼓励与支持，给幼儿快乐美好的体验。

四、研究成果的影响

"爸爸社团"的开展对亲子关系的改善产生了很大的影响，父亲和孩子之间的感情更加深厚，父子间的冲突得到改善，父亲的教养投入更多，父亲的教养方法更加科学。

（一）父亲教育意识提高

父亲更能认识到自己在孩子成长发展过程中的重要性。父亲纷纷表示，教育子女是父母双方的责任，父亲在家庭教育中的作用是母亲无法取代的，父亲在关注自己事业的同时，也要分出精力关心自己的孩子，父亲更能认识到父亲的男性特征带来的教育差异，意识到要和母亲相互配合、取长补短。

（二）父子关系更加亲密

父亲和孩子都能大胆表达对彼此的亲密感情。父亲与孩子建立了良好的关系，父子间更会表达对彼此的爱，都能用更积极的态度和期待去接触和交往，父子之间的感情更亲密更深厚了。在经过了两年的"爸爸社团"活动以后，孩子对父亲的依恋有了明显提升。

（三）父子冲突更少

父子之间的冲突问题得到明显改善。在教育孩子的过程中,当孩子和父亲之间的想法不一致时,父亲能与孩子耐心地沟通,了解情况,更加尊重孩子的想法,进行正面引导,给孩子的关怀多了,跟孩子的矛盾冲突少了。孩子对自己的认识也更加积极,违反规则的问题行为的概率减少了。

（四）父亲的教养投入更多

父亲抽出了更多的时间陪伴照顾孩子,给予的情感投入更多,给孩子更多的支持。爸爸平时下班回家更早了,不仅仅在经济上支持孩子,在生活上保护照顾孩子,还能积极培养孩子的责任感,鼓励孩子的学业成就,还积极地与孩子聊天,给孩子讲故事、做游戏、做实验、进行体育锻炼等,父亲的陪伴让孩子更加快乐。

（五）其他影响

对幼儿的心理产生积极的影响。爸爸参与的各项活动让孩子有更多的安全感,孩子们更有自信,更勇敢,更加乐意与他人交往,好奇心更强,更加乐于探索外面的世界,在碰到挫折时,能更加积极对待。

促进幼儿的个性发展。孩子可以根据自己的兴趣爱好自主选择社团活动,这使幼儿的主体地位得到提升,有助于个性化发展。

幼儿交往能力增强。"爸爸社团"活动的开展,为孩子们创造更多与他人交流的机会,孩子们在一次次的社团活动中,更积极主动地与爸爸们进行交流,塑造更多元的性格,不断提高交往能力。

丰富了幼儿园的基础课程。"爸爸社团"活动的内容丰富多样,社团活动的开展更开放、更多元,是对幼儿园基础课程的补充和丰富,孩子在活动中得到了多方面的锻炼。

改善家庭关系。爸爸在参与教育孩子的过程中,感受到了自己的妻子教育孩子的不容易,更加体贴关心妻子,妈妈看到爸爸的改变也会赞扬,夫妻关系更加亲密,家庭关系更加和谐。

"爸爸社团"活动的开展,让爸爸意识到了父亲教育的重要性,父子间的关系更加紧密,冲突降低,父亲参与孩子的教养更多,教育孩子的方式更加科学,还对幼儿的身心健康发展产生了许多积极影响,改善了家庭关系,丰富了幼儿园的课程,意义重大。

专业成长

运用"课堂教学行为分析软件"，改进教师课堂教学行为的实践研究

上海市浦东新区浦三路小学　　杜川嫣

一、研究背景

（一）国外课堂教学互动分析系统，为课题研究奠定基础

教师课堂教学行为分析研究，比较有影响的是美国学者弗兰德斯的互动分析系统。这种分析软件 FIAS 的分析方法使用过程复杂，对一般教师而言比较难实现。后续也有研究者对其进行了改进，但存在不同程度的问题。软件运用在国内结合我国教育实际进行教师课堂教学行为改进研究的还很少。

（二）"教师课堂教学行为分析"课程，成为课题研究突破口

2018 年，上海教师教育培训课程推出了"课堂教学行为分析器"，旨在指导教师运用软件进行课堂教学行为的研究。这给浦三路小学带来了启发，如何适应时代发展，把信息技术与课堂教学行为改进相结合，提高课堂教学效率，切实落实"减负增效"目的，是刻不容缓的大事。此研究主要是运用课堂教学互动分析的基本概念和理论及技术工具（观察与采集、导入与分析、反思与改进），对课堂教学师生互动行为进行分析与诊断，帮助教师掌握课堂教学定量分析法，辅助教师开展课堂教学行为研究。

（三）教师培训推行的课堂教学改进计划，成为课题研究的关键

浦东新区教师培训一直在推行教师课堂教学改进计划。基层学校在课堂教学改进中遇到一定的问题。如：教师课堂教学行为定性分析多、定量分析少，教师诊断课堂教学行为模糊、主观性强；教师课堂教学改进中课堂改进随意性强，

针对性缺乏。对教师课堂教学行为进行科学客观分析是教学管理中迫切需要的。课题研究通过教研组团队力量,发现软件提供的数据、图像上的异常,找到分析点,进而找出数据背后教师课堂教学行为存在的问题,改进教师课堂教学方式,使课堂教学改进更加精确、科学。

(四) 学校教师专业发展实际情况,使课题研究更具价值

课题研究与学校发展规划、教师专业发展目标相结合,推动学校办学质量提升。我校四年规划对教师提出创建"多元整合、多元互动、自我建构"优质高效课堂的专业发展方向。课题就是以课堂教学的"多元互动"为突破口开展研究。多元,最基本的含义是多种多样,具体是指多种教学资源和因素,包括教师、学生、教材以及教学环境等。借鉴到课堂教学中是指多种施教手段、形式以及内容。互动,即相互作用或相互影响。课堂中包括人与人(师与生、生与生)、人与机(计算机等媒体)、人与文本(教材)、人与环境(资源、课堂、校园、社会)等多种教与学的关系的全方位互动。

二、研究价值

(一) 本研究符合新时代学校教育发展

本研究以学生为主体,抓住教师课堂教学行为,即课堂教学教师呈现行为、互动行为、管理行为、指导行为等实践操作,深化课堂教学改革,提升教师课堂教学能力。契合当下上海市教育数字化转型提出的"数据驱动的因材施教常态化"的发展目标。

(二) 本研究借助软件精准分析课堂教学行为

在"教师课堂教学行为分析软件"形成的数据和教师课堂教学行为改进两者之间寻找相关因素。借助软件提供的数据、图像,精准、科学地分析教师课堂教学行为及其行为背后隐藏的教育教学问题,找出教师课堂教学行为的亮点与不足。

(三) 本研究重在课堂教学行为方式改进

本研究的重心放在教师课堂教学行为改进上。合理运用软件,形成教研组、教师个人课堂改进流程,营造教研组活动团队课堂改进的研究氛围。完善教师课堂教学诊断、改进、检测、反复 4 个阶段的实践方法。转变教师课堂教学理念,

继而转变课堂教学行为,让课堂教学贴近学生,促进学生自主、有效学习,最终提高课堂教学效率。

三、研究过程与方法

(一) 运用分析软件,改进教师教学行为的基本内涵

1. 教师课堂教学行为

这里特指课堂环境中,教师为实现课堂教学目标而采取包括教师、学生、教材和教学环境多元互动的各种"教"与"学"的行为方式。教师的课堂教学行为从教学环节,可以分为教师导入、提问、活动、练习、评价等教学行为;从功能价值,可以分为主要教学行为、辅助教学行为及管理教学行为;主要教学行为由语言呈现、互动、指导、管理等教学行为组成。

2. 教师课堂教学行为分析软件

它是在浦东新区教育发展研究院教师发展中心常务副主任朱一军引领下,针对基础教育中教师课堂教学情况开发的课堂教学交互行为分析软件。它是一种专业的课堂教学分析方法,由 3 部分内容组成,即一套描述课堂教学语言行为的编码系统、一套关于观察和记录编码的规定标准以及一个用于显示数据、进行分析、实现研究目的的矩阵表格,借助专业的统计计算辅助软件来获取对课堂教学行为情况的分析结果。

3. 运用"教师课堂教学行为分析软件",改进教师课堂教学行为的实践研究

它指学校借助"教师课堂教学行为分析软件"(即专业的统计计算辅助软件),以个人或教研组团队形式,对基础教育中教师课堂教学行为情况进行观察、记录、分析和研究。依据国家的教学大纲、课程标准、课堂教学规范要求以及有效的课堂教学目标,对教师课堂教学的不足进行"诊断、改进、检测、再诊断、再改进、再检测",此过程反复循环,最终达到改进课堂教学行为,提升课堂教学质量的目的。

4. 教师课堂教学行为的特征

我校在课题研究过程中,提炼出教师教学行为的 6 大特征,即目的性、主导性、科学性、创新性、示范性和艺术性。目的性、主导性是课堂教学行为中引导学生自主学习的前提条件,科学性、示范性是教师课堂教学行为的立足点,创新性与艺术性是教师课堂教学行为中引导学生解决问题的重要保证。

5. 教师课堂教学行为的组成

教师课堂教学行为是"教"与"学"的统一,我们把教学行为中的表现分为导入行为、提问行为、活动行为、练习行为和评价行为。每个教学环节又是由一个个具有一定功能的主要教学行为、辅助教学行为及管理教学行为组合而成。主要教学行为包括教师的语言呈现行为、师生互动行为、学习指导行为、教学管理行为等。课堂教学行为对于有效完成课堂教学任务起到不可估量的作用。

6. "课堂教学行为"与"课堂教学行为数据"之间的关系

课堂教学行为是为保证教学活动顺利开展而选择的行为,集合了多种不同的课堂行为。课堂教学行为与软件数据之间产生了密切的关系:借助数据更科学精准地分析判断课堂教学行为有效,找到了课堂改进的关键,确定了有效的教学目标和改进指南手册。

表1 "课堂教学行为"与"课堂教学行为数据"之间的关系

关系	课堂教学行为	数据
借助数据更科学地分析判断课堂教学行为有效	教师课堂教学行为是分析软件形成数据的依据	数据是师生课堂教学行为具体表现累积采集后形成的
	课堂教学行为是借助软件数据、图形和行为观察,科学、精准地分析教师数据后的教学理念、方法等得出的结论	数据需要与观察记录等相结合,通过分析诊断,才能找出教师课堂教学行为背后支撑的教学理念、经验、智慧、艺术等
借助数据帮助教师找到课堂教学行为改进方法	课堂教学行为改进是针对一节或多节课中出现的异样数据,进行诊断、分析,找到问题所在,并制订方法措施进行改进实施	数据背后反映出教师课堂教学行为的闪光点或不足,需要引起教师关注与重视
	课堂教学行为改进检测,是根据两节或两节以上系列课采集的数据对比、行为观察对比,进行分析判断而得出的结论。教师结合检测情况,可以确定下一步改进需要采取措施	根据同一教师课堂教学改进前后的数据对比、教学行为观察,可以分析出教师课堂教学行为改变的状况,是否得到改进,有无效果

（续表）

关系	课堂教学行为	数据
借助学校数据群,确定有效课堂教学行为目标和改进指南	不同层次教师课堂教学行为采集的数据、观察行为各不同。依据校骨干教师群数据、观察记录反映出的规律,制定我校有效课堂教学行为指标和改进指南,为青年教师成长指明方向	综合优秀课堂教学行为数据和观察记录,寻找规律,制订符合我校实际的有效课堂教学目标和改进指南手册

（二）运用分析软件,改进教师教学行为的基本步骤

我们把运用分析软件改进教师课堂教学行为的基本步骤分为"诊断—改进—检测—反复进行（再诊断、再改进、再检测）"4个阶段。（见图1）

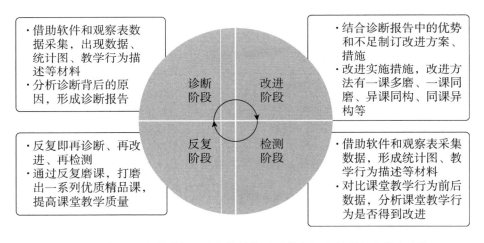

图1 运用"教师课堂教学行为分析软件",改进教师课堂教学行为基本步骤图

1.诊断

教师利用分析软件,输入与采集师生课堂教学交互行为过程的数据,导出与分析相关数据形成观察的数据条形图,用对比、分析、归类等方法来发现异常数据,据此研究分析背后教学行为在教学设计、实施、评价中存在的问题,得出改进诊断报告。诊断目的是发现问题、找出原因,查找出根本因素。诊断步骤是看教案了解过程;看录像分段采集数据;看条形图、分析数据背后的问题;看观察量表补充、综合分析,最后完成《教师课堂教学行为诊断报告》。通过诊断,教师可以发现课堂教学中的问题,找出问题背后的原因。

2. 改进

教师依据诊断报告中提出的不足和建议进行消化思考,学习优秀教师解决问题的方法,结合教学实际找到改进点。改进目的是提升教育教学观念,改进教学方法,提高教学效率。改进步骤是理性思考,制订改进方案,落实课堂。改进的方法多种多样,一课同磨、一课多磨、同课异构、异课同构等。通过改进,教师转变观念,提升科研能力,专业素养得到发展提升。

3. 检测

按照该教师原定的改进计划进行检查、考核,评估课堂教学行为是否改变,是否达到预期目标。检测分为两部分:中期检测与终期检测。分析教师一段时间内采用的改进方法是否有效,需要调整,保留数据作为实证。教师利用分析软件与之前的数据进行对比考量,评估改进效果。检测既是对教师教学行为调整的一种考量,又能对优秀的课堂教学行为进行推广,形成一个良性的循环。

4. 反复

反复阶段指再诊断、再改进、再检测。教师通过分析软件形成一套适合学生的有效学习方法。教研组针对教师的课堂教学行为分析,通过磨课,打磨出系列优质精品课,衍生出优的教学行为案例。通过反复阶段,促使教师的课堂教学行为得到提升。

(三)运用分析软件,改进教师教学行为的基本过程

运用分析软件,改进教师课堂教学行为的基本过程,结合表现形式又可以分成教师自我诊断改进和教研组集体诊断改进。

1. 教师课堂教学行为的自我诊断与改进

教师通过自身课堂实录,利用分析软件对课堂进行分析,结合分析数据对教学五环节进行诊断,归纳出亮点和不足,并调整课堂教学,再进行检测,不断反复上述过程,最终形成教学案例。(见图 2)

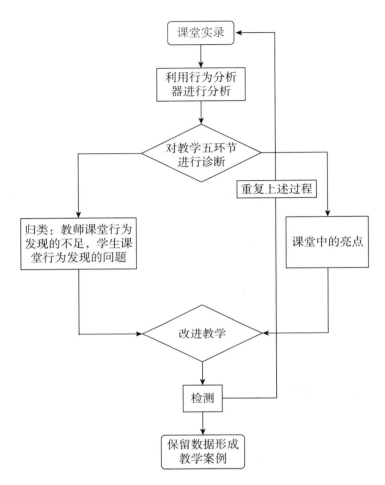

图2　教师自我诊断、改进课堂教学行为的流程图

2. 教研组教师课堂教学行为的集体诊断与改进

教研组通过组内互观课,利用分析软件对课堂进行分析,结合数据集体对教学五环节进行诊断,归纳出教师的亮点和不足,针对出现的问题调整改进,并再次检测,重复上述过程,形成完整的教学案例。教研组每位成员轮流通过上述教研活动,把各自的教学案例整理成案例集。(见图3)

总之,教师通过诊断、改进、检测,再诊断、再改进、再检测,这一循环反复的阶段,让教学中的不足得到改进,让亮点更亮。

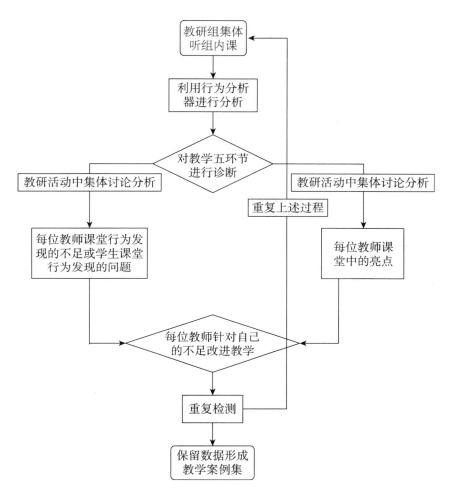

图3　教研组对教师进行集体诊断、改进课堂教学行为的流程图

（四）运用分析软件，改进教师教学行为的基本策略

运用分析软件改进教师教学行为过程中，我们主要采用了数据统计策略、分析比较策略、寻源追踪策略这3种策略。借助信息技术数据，科学精准地对师生课堂教学互动行为进行分析、改进，促使课堂教学效率提升。

1. 数据统计策略

对课堂教学中师生互动的行为进行数据采集、统计分析，从而对师生互动行为数据统计后呈现的规律性问题做出概率性的估计和推断。数据统计策略较多运用于课堂教学行为诊断中，可帮助教师检验自己的课堂教学改进是否有成效。

2. 分析比较策略

分析比较策略指观察者对课堂教学师生行为采集相关数据,记录观察表等,从而揭示课堂教学行为背后的本质规律,多用于课堂教学行为诊断和检测中。

分析比较策略使用可以分成两类。一类是用于同一节课的不同环节,采用教学行为的数据对比;另一类是同类型课,教师课堂教学改进前后,采用教学行为数据的对比。

3. 寻源追踪策略

寻源追踪策略指教师把追踪和寻源两者结合:一方面,要根据课堂教学的优势与不足寻找问题的根源;另一方面,要不断实践改进、跟踪检测,多用于课堂教学行为的再诊断、再改进、再检测阶段中。

四、实践成果与创新价值

(一) 实践成果

1. 大数据时代,教师课堂教学行为观念转变

大数据时代挑战着传统的教学模式,数据化教学成为教育发展的新趋势。分析软件通过对教、学、管、研多层面的数据集合进行分析,可及时找出存在的问题,优化教学方式,提高课堂效率。对教师课堂的反复诊断,经历一个长期的观测,使得教师形成一套改进后的较成熟的课堂教学行为,与之前的教学行为相比有明显的提高与改善。

2. 教师掌握软件运用技术,降低成本,精准找到改进点

课题研究过程中,教师学会数据采集、录入、形成条形图;学会设计观察量表,进行观察记录;学会依据数据、图形分析等,诊断不足;学会依据不足,制订改进计划;学会在课堂教学中改进教学行为。这使得软件运用常态化,频繁检测自己的课堂,科学系统地找到自身的亮点与不足,改善教学行为。

3. 学校通过骨干教师、青年教师课堂教学行为对比,明确教师培养方向

利用分析软件对学校骨干、青年教师的课堂教学进行分析诊断,对课堂中的优势及不足进行分析,将骨干教师与青年教师有效结对。骨干教师通过经验引领青年教师更快地形成成熟的课堂教学行为;青年教师在课堂行为中的亮点也给予骨干教师新的教学、带教经验,与时俱进互相影响,共同发展。

（二）创新价值

我们认为软件生成的数据，只是课堂教学现状的一个数据量化反映，它并不具备评价功能，数据只是数据，它不能评判这节课的这个地方上得是"好"还是"不好"。

研究的关键问题是如何运用"教师课堂教学分析软件"，为教师的课堂教学行为改进服务。难点是教师结合图表数据，分析数据背后隐藏的教师课堂教学设计、实施和评价中存在的问题。重点是激发教研团队一起来更好地研讨研究一节课。

在教研活动中研究教师课堂教学设计，从教学录像回放中探讨教师课堂教学中的行为表现，从数据中分析问题出现的原因。精细化地研究教学过程，并在集体讨论、研究中，触发教师的新思维和新方法，促进团队教学研修成效。教师能及时顺应现代教学变化，及时改变教育教学观念，通过"诊断、改进、检测、反复"发现课堂教学行为中存在的问题，通过不断调整、改进、完善，促使课堂教学质量的提升。这种使教师课堂教学得到更科学、有效、精准的改进方法，这就是研究的创新之处。

基于幼儿园男教师专业成长特质的梯队进阶式发展研究

上海市浦东新区东方幼儿园　　张　磊①

一、研究背景

随着我国学前教育事业的发展,男性从事幼儿园行业的数量逐年增长。一方面,迅速增长的幼儿园男教师数量,代表着学前教育事业的蓬勃发展,也为不断改革中的幼儿园课程注入了新思想和新力量;另一方面,各园所增加的幼儿园男教师也为幼儿园管理、教师专业发展、儿童发展等带来了新挑战。同时"幼儿园男教师"相关的研究视角雷同,大多从"男教师对幼儿影响""男教师对幼儿园影响"等角度开展研究,从男教师成长发展入手的研究几乎没有,无法满足幼儿园男教师发展的实际现状。将"教师专业成长特质"作为独立概念进行系统研究的也相对较少,概念缺少清晰和统一的界定,且对于普通教师专业成长过程几乎没有涉及。

二、研究价值

本项研究不仅能在理论上补充并丰富幼儿园男教师专业成长相关领域研究,更有利于促进幼儿园男教师个性化专业成长,也能为幼儿园管理者提供男性团队管理的有益建议。

幼儿园男教师,尤其是入职初期的男教师面临着专业成长的诸多问题,如教

---

①　课题组其他成员:顾冰宇、舒天运、施梦杰、尚近、朱文婷、朱幸嫣、顾俞、唐徐臻、宋晨迪、顾天宇、刘树樑。

学风格如何形成,性别优势如何发挥,与周围的男、女教师如何共事等,其中影响专业发展最大的问题是对发展方向、定位与规划的不明确。本研究梳理归纳了幼儿园男教师蜂巢梯队进阶模型,将教师分为不同发展阶段,并尊重每一位男教师发展的速率,允许不同层次的男教师个体"进阶";同一层次的男教师有合作也有良性竞争。这样的发展模式让幼儿园男教师的个性化专业成长路径更加明确。

近年来,随着幼儿教育的不断发展,各级各类幼儿园开始逐渐意识到男教师在幼儿园教育中的积极作用,并逐步引进优秀的男教师资源。男幼师不仅在社会形象、家庭责任、被关注度、思维方式、教学风格、互动交往等方面显示出自己的独特之处,更在专业成长路线上显示出特质。但以女性为主体的管理者,缺乏专门针对男教师的管理策略和专业发展支持经验,已有的以女教师为基础建立的管理经验不能简单套用于男教师群体。这样的管理状态无论对于园所自身的发展、男教师的发展,甚至相关女性教师的发展来说都是不利的。本研究基于一个成熟的男教师团队及园所,涉及相关环境营造、管理策略等,可在一定程度上为正在摸索中的男幼师团队管理提供一定的借鉴和参考,使男幼师的专业成长与幼儿园教育质量的优化呈现双赢局面。

三、研究设计

本研究对象以研究团队所在幼儿园(东方幼儿园)的全体男性幼儿园教师为主,同时借助我市市区两级男教师沙龙平台、各相关园所部分女教师等作为其他各项研究所需对象。

本研究通过调查问卷、内容分析、文本分析、访谈调查等方式,开展三阶段研究,即:第一阶段,厘清教师专业发展特质以及本市幼儿园男教师生存现状;第二阶段,通过男、女幼儿园教师的专业比较,归纳总结出幼儿园男教师的专业成长特质;第三阶段,根据专业成长特质制订幼儿园男教师梯队构建模型并进行评估。

预期达成以下两个目标:第一,通过对幼儿园男教师专业成长现状及影响因素的调查、分析、总结,逐步揭示出幼儿园男教师专业成长的特质和一般规律,为男教师进阶式梯队的形成与发展提供依据,促进男教师的专业成长;第二,通过对已有男教师梯队的经验总结、案例分析等进行幼儿园男教师梯队进阶式发展的行动改进及保障机制研究,促进幼儿园男教师个性化的专业成长。

四、研究结果

（一）厘清"教师专业成长特质"与"教师发展梯队"等相关概念

通过文献的检索和查阅,结合本课题研究目标和内容,我们将幼儿园教师的专业特质归纳为以下 5 个方面。

（1）专业知识:为胜任学前幼儿的教育教学,教师所必须具备的知识,是被教育实践证明了的、真实准确的、可以指导解决教育教学实践中问题的经验。

（2）专业能力:胜任幼儿园教师所需要具备的能力。

（3）专业理想:教师对于未来教师生涯的预见和期望。

（4）专业理念:教师长期蕴蓄和形成的教育专业价值取向和专业的追求。

（5）专业情感:教师对于教师职业的归属感和认同感。

本课题基于休伯曼的"生命周期阶段理论",将幼儿园教师的发展阶段划分为 1—3 年新手期(有职业的热情,同时处于求职探索自我发现阶段),4—6 年发展期(适应自己的工作,发展了自己的教学风格,职业认同更高,自我发展意识更强烈),7 年及以上成熟期(进入更深入的自我职业规划的思考阶段)。

（二）幼儿园男、女教师专业成长现状及主要影响因素

通过问卷,我们发现我市男教师普遍年龄在 35 岁以下,且教龄不足 10 年,女教师的年龄及教龄分布则较为平均。男教师在幼儿园普遍从事普通教师工作,极少部分担任幼儿园中层及园领导职务。幼儿园男教师的年收入集中在 6 万—15 万元,且半数以上收入在 6 万—10 万元区间内。男教师的配偶中同为幼儿园教师的比例非常突出。幼儿园女教师普遍感觉从业压力较大,压力打分高于满意度打分。男教师则相反。男教师在工作中的压力来源前三分别为:案头工作、课题研究、教学评估。男教师专业能力自评中排名靠前的能力分别为:与幼儿沟通交流的能力、与同事沟通交流的能力、教学活动实施能力以及科学文化知识等。同时,男教师自认更受到幼儿的喜爱。幼儿园男教师选择这份职业的初衷绝大部分是因为喜欢孩子,并且这份职业相对稳定。男教师认为做好这份职业最重要的前 3 项能力分别是:道德品质、与幼儿的沟通交流能力、教学活动实施

能力。大部分男教师对自己的收入状况不太满意，认为自己的收入为同龄人中的中下水平。男、女教师均将幼儿园教师这一职业在社会职业排序中排为倒数第4位，社会地位较低。这时，家人的支持与家长的信任对于男教师而言就尤为重要。

通过问卷，我们发现幼儿园男教师对于这份职业的认同感并不高，同时对于这份职业的未来期望并不高，相信若有合适的机会，部分男教师将会转行。这也反映出整个社会带给男性的压力以及幼儿园男教师较低的社会地位，会消磨男教师的初心，使其内心发生一定的变化，对男教师的职业认同感与未来期望产生负面的影响。问卷显示，男教师对于幼儿教师这一份职业的神圣有着充分的认识与理解，且非常热爱幼儿，这也是一名教师不断成长进步的内心初始动力，会促使他们不断努力提升，积蓄力量。另外，男教师某些专业能力（案头工作、课题研究等）的成长动力不足。问卷反映出男教师更愿意在工作中面对教学一线，与幼儿接触，而不愿面对枯燥的文字工作。这也许与男教师本身的性别特质有关。而这可能会导致男教师专业能力发展中的某种失衡，强项不断增加，弱项停滞不前。

（三）不同阶段幼儿园男、女教师专业发展的比较

通过分析不同阶段男、女教师的集体教学活动，我们发现，新手期男、女教师各项专业能力差异并不明显，但男教师从新手期到发展期呈现出稳步较快的能力增长，且增长程度大于女教师。发展期男教师和同期女教师在专业能力方面差距逐渐明显，虽然在课堂教学能力、教学设计能力的指标较新手期有所提升，但和女教师差距逐渐拉大。而在集体教学活动某些具体能力方面，同教龄的男教师始终占有优势。这可能和男性群体的人格特质有关。选择幼儿教师为职业的男性一般细腻、温柔且富有自信，因此在集体教学活动和幼儿互动的过程中，更倾向于作为玩伴的角色，能够调动幼儿积极性，给予幼儿充分的机会自主学习，更敢于为幼儿提供具有挑战性的探索环境，在开放性等方面始终展现出优势。

通过分析不同阶段男、女教师的个人成长规划，我们发现同阶段男教师相比女教师来说对于专业实践能力的追求会更多元，领域更广泛，男教师对于专业知识的追求会高于同阶段女教师，且无论哪个阶段的男教师相比同阶段女教师在专业理想上的追求都略高。同时，对专业能力与专业实践更关注，这也反映出男

教师在专业理想方面的诉求。男、女教师对于专业理念的追求没有显著的差异，随着教龄的提高，女教师在专业情感方面更容易出现职业倦怠和归属感偏差。

通过对于不同阶段男、女教师的访谈，我们发现，男教师在工作中思维更为活跃，愿意创新，尝试新事物，而不愿墨守成规，对未来有着更高的期望与追求。而女教师对于班级规则、幼儿安全等方面更为重视，预期目标也更为贴近日常工作本身。另外，男教师在家园沟通方面有着较为明显的优势。但同时，男教师对于本职业的认同感不如女教师，倾向于将幼儿教师作为现阶段谋生手段而非自身事业的男教师比例明显高于女教师。

（四）幼儿园男教师专业成长特质梳理

通过对于不同发展阶段男教师的教育随笔展开文本分析，我们发现：男教师对于自身的发展有着更高的期望和需求，若其期望与现实之间存在落差，男教师更容易出现失落或动摇的消极反应；有组织或团队让男教师"抱团成长"能有效缓解他们的成长压力，激发成长动力，更有效地解决实际问题和困惑；就目前整个男教师群体普遍处于职业生涯前中期而言，榜样的引领和示范起到了很重要的作用，为男教师的发展点亮前路；就专业发展而言，男教师更愿意寻求突破和创新，追求个性化发展，但也存在标签化现象。

对于部分男教师的进一步深入访谈中，我们发现，男教师对于自己专业成长特质认识不够全面，男教师往往将自己的专业成长特质与专业知识、专业能力等同起来，忽略其中还包括专业情感、专业理念、专业理想的内涵，而且多数男教师倾向于通过与女教师比较，确定自身优势。若男教师在工作前就具有一定的专业特长，如舞蹈、艺术、乐器等，则在工作中的自我认同感更高，表现也更为自信。男教师工作中的困扰指向各方面，其中时间不够成为提及频率最高的困扰。而相同发展阶段的男教师专业发展困扰相对集中。遇到困难时，男教师在专业上寻求帮助的方式可能取决于搭班教师和所在班组的氛围。男教师自我专业成长认同度高，新手期教师职业热情最高，职业期望围绕专业和幼儿；成熟期教师职业理想务实坚定，职业规划明晰。男教师对于男教师团队的依赖感表现强烈，认可度高。另外男教师对于展示的平台和机会渴求又珍惜，认为这是提升自己专业领域成长的重要方式和有效手段，而大多数男教师对于目前的专业发展表示满意，对于目前幼儿园给予的专业发展支持满意度高。结合前述所有相关男教师专业成长特质的研究,也为了更清晰地审视幼儿园男教师的专业成长特质,我们绘制了示意图。

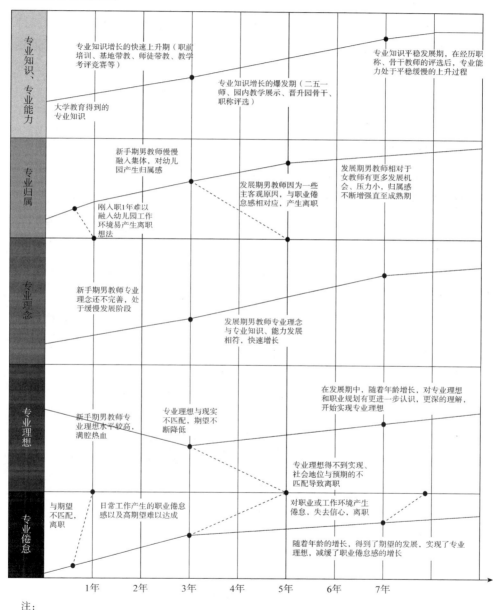

图1 幼儿园男教师专业成长特质示意图

（五）幼儿园男教师蜂巢梯队进阶发展模型雏形及相关机制

1. 初步构建幼儿园男教师蜂巢梯队进阶发展模型

我们构建了男教师蜂巢梯队进阶发展模型，组成要素是以教龄（即不同发展阶段）为核心，由专业知识、专业能力、专业理想、专业理念、专业归属与专业倦怠6大要素构成。内容如下：

专业知识：指导解决教育教学实践中问题的经验。

专业能力：胜任幼儿园教师所需要具备的能力。

专业理想：教师对于未来教师生涯的预见和期望。

专业理念：教师长期蕴蓄和形成的教育专业价值取向和专业的追求。

专业归属：教师在工作中感觉被别人或被团体认可与接纳时的感受。

专业倦怠：指长期从事某种专业，渐渐产生一种疲怠、困乏，甚至厌倦的心理，在工作中难以提起兴致，只是依照一种惯性来工作。（此项内容与上一项内容"专业归属"会直接影响幼儿园男性教师的流失、离职，故原本皆属专业情感的两项内容，在这里进行拆分。）

一般而言，蜂巢思维具有4个明显特征，即没有强制性的中心控制，次级单位具有自治的特质，次级单位之间彼此高度连接，点对点间的影响通过网络形成非线性因果关系。这4个特征在教师专业发展中同样适用。

在上述理论及设想的支持下，我们构建了蜂巢模型的初步雏形，详见图2。

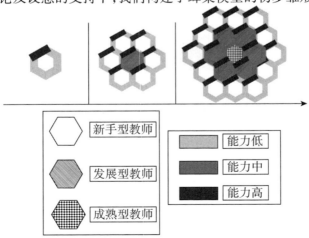

图2 幼儿园男教师蜂巢梯队进阶关系图

教师发展并不是单向的,在成熟期教师作为核心辐射四周发展的同时,四周的教师也对中心蜂巢起到了督促和监督的作用,同时稳固了中心蜂巢的牢固性。

2. 幼儿园男教师蜂巢梯队进阶发展模型 2.0

经历了一年多对幼儿园男教师梯队进阶发展的行动研究,也在实践中获得了更多经验。我们对蜂巢模型进行了再次优化。在蜂巢模型 2.0 中,我们尝试用立体的模型呈现方式来更好地诠释男教师发展的特质,结合男教师发展实际情况给出更深入思考后的管理策略。同时,我们在新的蜂巢模型中,将专业倦怠改为"抗专业倦怠"。

在新的模型中,每个单独的"蜂窝块"代表 1 名男教师。能力指向的边线变粗的过程,代表该教师某方面能力不断发展的过程,边线越粗代表能力越强。"蜂窝块"的俯视面代表不同发展阶段的教师,而其侧面则代表该教师已经经历或即将经历的不同阶段。

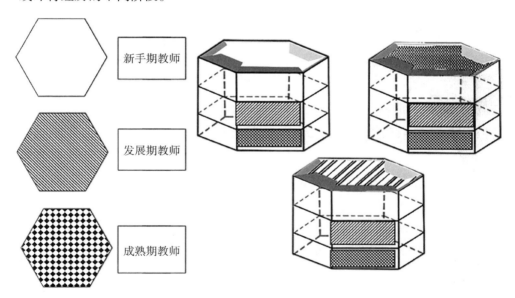

图 3 幼儿园男教师蜂巢梯队进阶发展模型 2.0 模块解读

立体化的转变动态性呈现男教师的成长,具象体现原本"进"的动态和"阶"的概念。每个模块都是男教师发展的实际情况,模块的升高和降低代表的是男教师发展的"进步""停滞""倒退"阶段,主要考量的是男教师 6 个发展维度的综合能力;而教龄作为"阶"的一个参考指标,是次要考量指标。群体模块的升高和形成梯阶形式,还取决于幼儿园管理团队对男教师队伍建设给予的向上助力以及对男教师个性化发展的建议,最终通过管理的顶层思考,达到推动男教师团队的发展呈现整体向上的趋势,并能维系队伍结构的稳定。

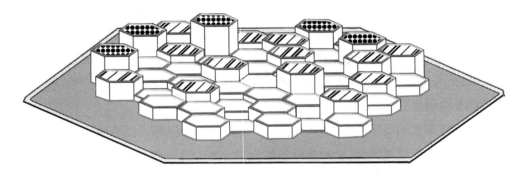

图4　幼儿园男教师蜂巢梯队进阶模型2.0

在前期研究中我们还发现,男教师团队稳定性往往会受到个体男教师的行为影响。模型将这些团队发展中可能产生影响的因素加入考量,这些"不稳定因素"并不会威胁结构的稳定性。

3. 基于幼儿园男教师蜂巢梯队进阶发展模型的园所管理机制

基于男教师梯队蜂巢进阶发展模型,我们从管理网络的架构、管理原则的明确、管理策略的实践3个方面着手开展行动研究,梳理相关的管理实践经验。

从管理架构上,男教师蜂巢梯队进阶发展管理的运行机制为"蜂巢养护式"管理机制。其最核心的特点是:外围管理与内部自主发展相结合,在做好顶层管理设计的前提下,适度放手给予男教师充分自主发展的空间。核心管理层以顶层架构、整体运作安排、发展调研监控对男教师自主发展进行外围管理;师训管理层为男教师提供平台、资源、支持的外围培养方案。男教师在内部的自主发展区域中通过直接管理(指导)、间接影响(榜样)、相互成就(合作),进行管理上的有效联结,最终形成内部动态的自我管理和自主发展。

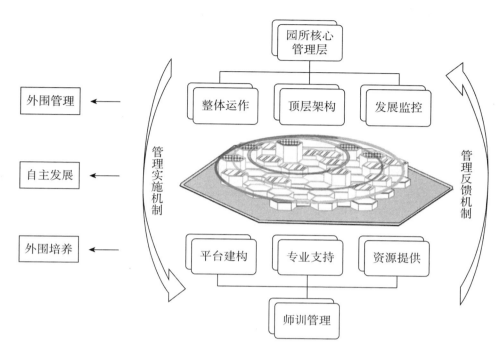

图5 男教师团队"蜂巢养护式"管理网络架构图

从管理原则上,首先,要注意集权与分权相结合原则。个性化发展是男教师非常重要的发展特点,中央集权或一言堂会严重影响男教师的个性化发展。其次,要关注群体与个体相结合的原则,包括"群体自主管理和个体自主管理"相结合以及"对群体的关注与对个体男教师的关注"相结合。

在实践中,我们梳理了以下几点经验。第一,坚持优质资源与平台的开发及利用,提升"蜂巢"的广度与厚度。第二,以"工作室""项目组""召集人"等不同形式助力梯队发展,散点开花。第三,探索、实践多种模式带教,助力不同发展期男教师专业成长。第四,以"高、精、尖"教学应用,激励、武装男教师团队。第五,以骨干、核心男教师的发展和输出树立典范,提振信心。

图书在版编目（CIP）数据

慧教育：浦东新区第十届教育科研优秀成果选粹 /
张伟主编. — 上海：上海教育出版社，2023.12
ISBN 978-7-5720-2454-2

Ⅰ.①慧… Ⅱ.①张… Ⅲ.①教育研究 – 科技成果 –
汇编 – 上海 Ⅳ.①G40-03

中国国家版本馆CIP数据核字(2023)第237346号

责任编辑　曹书婧　余佳家
封面设计　周　亚

慧教育——浦东新区第十届教育科研优秀成果选粹
张　伟　主编

出版发行　上海教育出版社有限公司
官　　网　www.seph.com.cn
地　　址　上海市闵行区号景路159弄C座
邮　　编　201101
印　　刷　上海普顺印刷包装有限公司
开　　本　700×1000　1/16　印张 20.25
字　　数　320 千字
版　　次　2024年1月第1版
印　　次　2024年1月第1次印刷
书　　号　ISBN 978-7-5720-2454-2/G·2166
定　　价　89.00 元

如发现质量问题，读者可向本社调换　电话：021-64373213